SUMMA PUBLICATIONS, INC.

Thomas M. Hines
Publisher

William C. Carter
Editor-in-chief

Editorial Board

Benjamin F. Bart
University of Pittsburgh

William Berg
University of Wisconsin

Germaine Brée
Wake Forest University

Michael Cartwright
McGill University

Hugh M. Davidson
University of Virginia

John D. Erickson
Louisiana State University

Wallace Fowlie
Duke University
(emeritus)

James Hamilton
University of Cincinnati

Freeman G. Henry
University of South Carolina

Norris J. Lacy
Washington University

Edouard Morot-Sir
*University of North Carolina,
Chapel Hill*
(emeritus)

Jerry C. Nash
University of New Orleans

Albert Sonnenfeld
*University of Southern
California*

Philip A. Wadsworth
University of South Carolina
(emeritus)

Orders:
Box 20725
Birmingham, AL 35216

Editorial Address:
3601 Westbury Road
Birmingham, AL 35223

Etudes sur la littérature féminine
au XVIIe siècle

Etudes sur la littérature féminine au XVIIe siècle

Mademoiselle de Gournay ✽ *Mademoiselle de Scudéry*

Madame de Villedieu ✽ *Madame de Lafayette*

par

Constant Venesoen

SUMMA PUBLICATIONS, INC.
Birmingham, Alabama
1990

Copyright 1990
Summa Publications, Inc.
ISBN 0-917786-81-5

Library of Congress Catalog Number 90-70979

Printed in the United States of America

All rights reserved.

Du même auteur:

Racine et le procès de la culpabilité. Paris: La Pensée universelle, 1981.

Corneille, apprenti féministe, de Mélite au Cid. Paris: Lettres Modernes, 1986.

Le Complexe maternel dans le théâtre de Racine. Paris: Lettres Modernes, 1987.

La Relation matrimoniale dans l'œuvre de Molière. Paris: Lettres Modernes, 1989.

Catadioptres, recueil de poésie. Andenne: Magermans, 1983.

Jeux de mots, recueil de poésie. Andenne: Magermans, 1986.

Table des matières

Introduction — 1

I. Autour d'un féminisme tronqué — 5

II. Mademoiselle de Gournay — 13
Un talent méconnu, 13 — A la recherche de Montaigne, 15 — *Le Proumenoir de Monsieur de Montaigne,* 17 — L'Œuvre de combat, 24 — L'Erudition dans l'*Egalité,* 27 — Bilan et Conclusion, 40

III. Mademoiselle de Scudéry — 43
Femme et Féministe?, 43 — Portraits de femmes, 45 — La Femme misogyne, 56 — Les Leçons de *Clélie,* 59 — Conclusion, 65

IV. Madame de Villedieu — 67
Ambiguïté de l'humeur, 67 — Les « Impubliables » *Billets galants,* 71 — Le Sourire après les larmes: les *Annales galantes,* 77 — La Gravité des *Désordres,* 89 — Conclusion, 93

V. Madame de Lafayette — 95
L'Actualité permanente de *La Princesse de Clèves,* 95 — Une thématique féminisante?, 103 — La Femme sur la sellette, 105 — La Tentation du péché, 107 — Les Aveux imparfaits, 111 — Evolution du « repos », 114 — Conclusion, 120

Conclusion — 123
Notes — 129
Bibliographie — 165
Index — 175

Introduction

Une certaine familiarité avec les grandes œuvres du XVIIe siècle n'est pas tout à fait sans écueils. Etant donné que ces œuvres jouissent d'une bibliographie critique impressionnante, on risque parfois de ne plus savoir très bien comment les interpréter, les entendre, voire les apprécier. Qui croyait connaître et aimer Corneille pour ses qualités cent fois évoquées découvre soudain, disons après la lecture fascinante de la thèse de Doubrovsky, que l'armure du vieux dramaturge était peut-être fêlée. Racine n'a plus jamais été le même après le traitement que lui ont réservé Mauron ou Barthes: il est même devenu un auteur ambigu. Molière est devenu la proie favorite de nos metteurs en scène audacieux, ou subit sans trop de dommages les rouages bien huilés de l'archétypie jungienne. Pascal incroyant ou La Rochefoucauld mécréant. La liste des mutilations ou des chirurgies esthétiques s'est allongée. Ce qui est plus grave, mais dans un sens plus rassurant, c'est que la plupart des grandes thèses, se contredisant souvent les unes les autres, ont toutes un air de vérité grâce aux talents dialectiques de ceux qui les exposent. Il faut bien payer le prix de l'intelligence.

Cette variété, cette diversité devant le phénomène littéraire tient précisément au fait que nous portons un jugement sur une œuvre d'art, ce « je-ne-sais-quoi » insaisissable qui exige que la communion avec la création d'autrui se fasse strictement sur un plan personnel. Qui dira donc le fondement (même éphémère) de la pulsion critique au moment où celle-ci se mesure à l'œuvre? Un chef-d'œuvre, clament les uns. Un vieillissement prématuré, soupirent les autres. L'âge du critique, son climat social, emprunté ou vécu, sa disposition morale, ses propres démons, voire ses rancunes ou ses sourdes rages, sa sérénité, sa générosité naturelle, tout peut influer sur son goût et sur son jugement. En fin de compte, Montherlant n'avait pas tort quand il disait, en parlant des interprétations divergentes de son *Fils de personne:* « Voici vingt-trois ans à peu près (...) que je répète que tout le monde a raison ». Après tout, « C'est à coup d'erreurs que les œuvres survivent », disait-il aussi.

L'entreprise critique peut donc être rassurée. Certes, elle trouvera toujours des censeurs sévères, mais ailleurs elle récoltera l'approbation mesurée ou enthousiaste. Mais comme elle oscille constamment entre le vrai et le vraisemblable, entre les faits et les conjectures, la lecture des classiques—on songe davantage aux grands—est quand même devenue une entreprise hasardeuse, surtout si elle est suivie de quelque docte commentaire, lui-même vérifié, contesté ou nuancé par d'autres commentaires, aussi doctes d'ailleurs que le premier.

Il reste malgré tout une échappatoire: à chacun de croire et d'aimer l'œuvre selon son cœur et sa raison. Le plaisir critique reste, après tout, un privilège de la liberté personnelle. Faut-il ajouter que nous ne nous en sommes pas privé.

Les risques du métier, comme on dit, sont cependant moins grands lorsqu'on se penche avec curiosité sur une littérature plus ombrée, moins prestigieuse aux yeux de cette postérité qui s'est toujours fiée au classement du palmarès existant. Non pas que les « minores » catalogués n'aient fait l'objet de soins érudits attendrissants ou de remarques pertinentes susceptibles de dénoncer nos préjugés traditionnels. Mais l'arsenal est moins impressionnant, moins intimidant, dirions-nous. Nous les abordons le cœur plus léger. Le poids bibliographique reste généralement plus supportable. Nous avons presque l'impression que nous faisons leur connaissance dans un climat d'innocence et d'ouverture. Le droit de juger pour soi paraît plus légitime, plus décent, moins présomptueux. Les études qu'on lira ici, ou que l'on parcourra, ont sans doute bénéficié du charme de la latitude critique, sans toutefois se complaire dans une sorte d'indifférence bibliographique.

Madame de Lafayette parmi les « minores »? Il y a de quoi froncer le sourcil. Pourtant, *La Princesse de Montpensier* est fort mince sous les conseils, et peut-être sous la plume de Ménage. Segrais a trempé dans *Zaïde,* type de nouvelle mauresque qui, seule, n'aurait pas fait la gloire de son auteur. Quant à *La Comtesse de Tende,* nouvelle historique écrite bien avant *La Princesse de Clèves,* longue de quelques pages, elle risque peu de gonfler le prestige de Madame de Lafayette qui en serait l'auteur. Il ne reste donc, vraiment, que *La Princesse de Clèves,* un chef-d'œuvre. Il eût été

Introduction

insolent de parler de ce roman sans évoquer sa riche bibliographie, une remarquable exception parmi les meilleurs ouvrages du second rayon. Que tous les amoureux de Mlle de Chartres se rassurent: nous ne dévalorisons pas cet unique chef-d'œuvre de Madame de Lafayette. Au contraire, et « Stendhal ne se trompait pas lorsqu'il mettait au-dessus de tout le roman de Mme de Lafayette. Peut-être hélas avait-il raison aussi de penser qu'il n'existe plus guère de lecteurs pour cette œuvre trop haute et pour ses trop secrètes beautés » (Antoine Adam). Quoi qu'il en soit, *La Princesse de Clèves*, plus que n'importe quelle autre œuvre du XVIIe siècle, continuera à exiger de chaque lecteur sa réponse personnelle. C'est le parti que nous avons pris, car les « interprétations » ne sont toujours que des suggestions, aussi intelligentes que possible. « Ainsi perdure le miracle de la littérature qui, conférant l'immortalité aux héros de romans, a donné à leur créateur l'illusion de ne pas mourir tout à fait » (Jean Cordelier).

On nous reprochera moins d'avoir rangé Mlle de Gournay, Mlle de Scudéry et Madame de Villedieu parmi les auteurs moins importants du siècle, du moins selon nos critères séculaires. La première représente toutefois un cas exceptionnel dans l'histoire de la culture: une femme démêle un monument d'érudition qui, à plusieurs égards, était la synthèse de la pensée française du XVIe siècle. C'est grâce à Mlle de Gournay que les *Essais* de Montaigne se répandent. C'est aussi grâce à elle que la misogynie traditionnelle est momentanément prise au dépourvu et avait lieu de s'inquiéter de la vaste érudition que déployait une vieille fille perchée sur les barricades d'un féminisme balbutiant. Sans être fille, femme ou maîtresse de rois, elle a été la première femme savante, sans que ce titre n'ait de coloration moliéresque. C'est là un extraordinaire mérite que nous n'avons plus le droit d'ignorer.

Mlle de Scudéry et Madame de Villedieu, savantes à leur manière, mais beaucoup plus discrètes, ont été mieux servies par l'érudition contemporaine. La première n'est plus seulement célèbre grâce aux conjectures malicieuses autour des *Précieuses ridicules*. On a redécouvert son œuvre et on y a aperçu un témoignage inestimable pour la connaissance d'une certaine psyché féminine au XVIIe siècle. Madame de Villedieu, longtemps oubliée, a été réhabilitée récemment, comme il se devait. Avant Racine, avant Madame de Lafayette, elle restaure les droits de la passion, les douleurs de l'amour, le drame féminin. Elle a été pour Mlle de Scudéry ce que, deux cents ans plus tard, Zola sera pour Victor Hugo. Ici le rêve, là la réalité. Et il y a plus. L'une et l'autre ont peut-être été les auteurs les plus lues en leur temps. C'est dire qu'elles ont joué un rôle prépondérant dans la formation de la casuistique amoureuse, soit qu'elles la définissaient, soit qu'elles en étaient les témoins éloquents.

Ainsi, l'une après l'autre, Mlle de Gournay, Mlle de Scudéry, Madame de Villedieu et Madame de Lafayette élargissent le panorama psychologique de leur siècle. Elles y inscrivent la présence féminine, non comme un objet décoratif, mais comme une partenaire active et représentative d'un mode de vie et de pensée qui, sans elle, n'offrirait du passé qu'une image dénaturée du réel. C'est précisément avec un plein respect de l'*Autre* que ces études ont été écrites.

※ ※ ※

I

Autour d'un féminisme tronqué

*L*a littérature féminine jouit aujourd'hui d'un beau succès d'actualité auprès d'un public libéralisé. Ce qui ne gâte rien, c'est que cette littérature a été et est encore souvent servie par des talents remarquables. Personne ne contestera la place d'une Madame de Staël, d'une George Sand. Colette a été promue au rang des meilleurs écrivains français. Plus près de nous, Marguerite Yourcenar a été la première femme à briser le traditionalisme de l'Académie française[1]. En dehors de la France, la littérature québécoise des dernières années est pour ainsi dire dominée par des femmes de très grand mérite: Anne Hébert, Marie-Claire Blais, Nicole Brossard. Il est donc devenu courant et opportun de consacrer des études à l'écriture féminine. Personne ne s'en plaint, mais il faut néanmoins se méfier de quelques pièges, comme d'exalter des faux talents (que nous n'avons pas à montrer du doigt), ou d'accrocher une étiquette féministe à toute œuvre écrite par une femme.

Il est vrai que depuis quelques années le féminisme a remporté de belles victoires dans de nombreux domaines, y compris le domaine littéraire. Des études générales ou détaillées ont été écrites à son sujet; des articles, des essais lui ont été consacrés ou en ont du moins tenu compte[2]. La mode est devenue vogue, peut-être vague, bientôt raz-de-marée?

Le dix-septième siècle s'est généreusement prêté à une vision féministe[3]. C'est que contrairement au siècle de Montaigne, le dix-septième semble avoir été témoin d'une sorte de rassemblement féminin, étiqueté comme « mouvement précieux »[4]. Que ce « mouvement » (on devine donc une action commune) ait existé ou non[5], qu'il ait nourri l'imagination de Molière ou son opportunisme parisien, qu'il ait même permis quelque émancipation féminine aboutissant à l'éclosion de la « femme savante », importe moins que les éventuelles attaches de ce que l'on nomme « l'esprit précieux » avec une définition acceptable du « féminisme ».

Mais il faut d'abord s'entendre sur un point. Peut-on galvauder un vocable qui n'est entré dans la langue que vers 1837, et lui faire embrasser toute voix féminine récriminatrice? Ou ne convient-il pas d'imposer au féminisme en littérature, œuvre ou critique, des limites et des normes qui, en fin de compte, le désignent comme un phénomène particulier et non comme un concert cacophonique de plaintes, aussi justifiées soient-elles? En d'autres mots, il faut s'entendre sur les termes d'une définition. Après tout, si toute querelle de ménage, appelée aujourd'hui, avec une pointe d'intellectualisme, « guerre des sexes », devenait la projection spontanée d'un féminisme latent (ou dormant), puis explosif, alors il faudrait redéfinir la thématique de la *Farce de Maître Pathelin,* et de toutes les œuvres, avant et après, qui ont cru bon d'explorer la relation parfois orageuse entre un homme et une femme, même lorsqu'ils s'étreignent!

La difficulté vient de ce que le rapport entre les sexes, en particulier mais non exclusivement[6], a fréquemment été affecté par des reproches de part et d'autre. L'histoire de la condition féminine montre amplement que les femmes avaient (et ont encore) des raisons de maugréer; si dès lors elles exprimaient leur mécontentement, soit parce que les hommes songeaient plus à la guerre qu'à elles (Lysistrata), soit qu'ils les traitaient en esclaves[7] ou, plus subtilement, en êtres inférieurs[8], elles auraient pu, dans l'optique élargie d'aujourd'hui, se déclarer de fières féministes. Christine de Pisan, par exemple, a été qualifiée de « première féministe »[9] de la littérature française, même si ses écrits n'ont pas changé grand'chose en son temps à la discrimination sexuelle qu'elle dénonçait. De la même manière on a parlé du féminisme modéré de Marguerite de Navarre[10], estimant que son refus de soumission charnelle, ou son insistance sur la nécessité de l'amour matrimonial, coloraient sa pensée et ses émotions de fines touches féministes. Louise Labé a également été « enrégimentée », si l'on peut dire, même si son « féminisme » s'est borné à la reconnaissance du talent littéraire féminin, et est confiné à l'épître dédicatoire à Clémence de Bourges, en tête d'un *Débat d'Amour et Folie* (1555)[11].

En fait, le XVIe siècle, berceau d'une « querelle des femmes » largement documentée[12], n'est pas sans quelque protestation féminine que l'on confondrait volontiers avec les spasmes naissants d'un féminisme engagé. Marie de Romieu, à cet égard, est plus importante que Louise Labé, puisqu'elle publiait en 1581 un *Discours de l'excellence de la femme*[13] où elle proclame la supériorité, non seulement des qualités morales des femmes, mais aussi de leurs ressources intellectuelles. Récemment aussi, une étude parfois passionnée a tenté de rallier Nicole Liébault aux luttes dites féministes de son siècle[14]. Mais *Les Misères de la femme mariée* apparaissent surtout comme la douleureuse expérience personnelle d'une femme aigrie, mariée trop jeune à un homme trop vieux. Les cris de protestation de Nicole font sans doute écho aux frustrations de quelques-unes de ses compagnes mal mariées, mais le blâme tombe autant sur les mœurs parentales que sur le dégoût qu'inspireraient l'arrogance et l'insensibilité du sexe fort. On n'a d'ailleurs pas manqué de faire remarquer que ce genre de féminisme gémissant risque même de ne pas être très représentatif de son temps[15]. Sans nier ou négliger la revendication féminine isolée, on peut se demander s'il n'est finalement pas prématuré, ou anachronique, de parler de féminisme au XVIe siècle, surtout si l'on entend par là un effort *concerté* pour libérer la femme de certains jougs et des contraintes sociales les plus courantes.

Par ailleurs, dira-t-on, n'y avait-il pas des femmes libérées au siècle de Brantôme? Que oui. On sait que la cour des Valois, décrite un siècle plus tard avec plus de charme que de réalisme par Madame de Lafayette, avait des figures de proue, voire des amazones des plus influentes. On songe évidemment à Diane de Poitiers. Mais ces dames, militaient-elles en faveur de l'égalité entre les hommes et les femmes? Suivaient-elles une politique, ou une stratégie réfléchie qui visait à balayer la discrimination sexuelle, ou œuvraient-elles principalement pour elles-mêmes, mues par l'ambition personnelle et le goût du pouvoir? Ce n'est certes pas auprès de cette élite, vivant en vase clos, que l'on aurait trouvé quelque prise de conscience collective en faveur du sort des femmes. On mesure donc toute la distance entre le féminisme contemporain, le seul dont la définition ait une valeur sociale reconnaissable, et l'attitude féminine en pleine Renaissance; on pourrait utilement méditer les dernières paroles de Germaine Greer dans *La Femme eunuque*[16], s'adressant à ses consœurs: « Les femmes privilégiées tenteront de vous enrôler dans la lutte pour les réformes, mais les réformes sont rétrogrades ». Sans approfondir la dernière partie de cette assertion, on peut dire que les « femmes privilégiées » ont beaucoup évolué depuis trois cents ans!

Il faut donc se résoudre à ne pas répandre le féminisme comme une manne bienfaisante sur toute revendication féminine que la tradition littéraire aurait léguée. Il ne s'agit pas tout simplement d'enregistrer la voix féminine qui se plaint de son père ou de son mari; ou la voix de celles qui se méfient des hommes parce qu'elles ont été victimes de leur infidélité[17]. Ou encore la voix des grandes « romantiques » qui regardent l'amour comme une mystique inviolable. Car dans ce cas, nous ne serions jamais sortis du féminisme depuis que Eve, en petite futée, n'écoutait plus la voix de son maître et s'en alla, en compagnie du diable, croquer la pomme.

Mais, objectera-t-on, il y a *des* féminismes, les uns plus modérés ou plus radicaux que les autres[18]. S'opposer au code viril, avec douceur ou violence, en minaudant ou en hurlant, c'est affirmer ses tendances féministes, c'est même faire preuve d'allégeance! Ce qui signifierait, ni plus ni moins, que depuis que le monde est monde nous avons assisté à une sourde lutte entre « l'hominisme » (on voudra bien excuser ce néologisme farfelu), qu'on a négligé d'étudier comme phénomène social, et le « féminisme ». On oublierait donc que le cercle vicieux du féminisme épouse tout simplement la forme d'une arène. Pourtant, il y a là, nous semble-t-il, une simplification de la cause féministe, sinon un affaiblissement. Identifier une revendication qui se voudrait spécifique avec tout affrontement entre les sexes opposés, c'est confondre l'expérience du quotidien avec une idéologie combative. Féministe et femme de tête ne sont pas forcément synonymes. Comme le rappelaient opportunément deux auteurs féministes, en précisant le but de leur ouvrage qui remonte à une bonne dizaine d'années: « offrir aux lecteurs, peut-être déroutés par *l'actuelle inflation du discours sur les femmes,* un exposé aussi complet que possible sur le féminisme du moyen âge à nos jours »[19]. Galvaudage, inflation. Le tout est de savoir où commence le féminisme identifiable et où il finit. Et pour remettre le dix-septième siècle sur le tapis, on pourrait dire en fin de compte que si Mlle de Gournay semble avoir eu une physionomie féministe, Madeleine de Scudéry en porte seulement le masque; on peut dire la même chose de Madame de Villedieu et de Madame de Lafayette qui, ni l'une ni l'autre n'ont la stature, voire l'ambition d'un auteur aux couleurs féministes.

Pourquoi cependant refuser le véritable discours féministe[20] à des femmes qui, de toute évidence, ont largement contribué au développement du phénomène culturel féminin au XVIIe siècle? C'est que le féminisme, à toutes fins utiles, n'est pas tout simplement un discours sur l'amour déçu. Ainsi, pour ne s'en tenir momentanément qu'au cas de Madeleine de Scudéry, on peut dire que ce que l'on découvre chez elle, c'est une quête de la relation amoureuse idéale, plus cérébrale que charnelle. Madeleine de Scudéry, en tant que femme, cherche à se situer par rapport à l'homme;

c'est dire qu'elle maintient une dépendance spirituelle qui, fondamentalement, reste marginale à une authentique démarche féministe. Pour Mlle de Scudéry il ne s'agit pas de méditer le problème de l'égalité entre homme et femme, quitte à conclure à la nécessité d'une action positive et libératrice; il s'agit plutôt de hiérarchiser (et de purifier) ses propres exigences érotiques, directement liées au rôle assigné à l'homme en tant qu'amant ou galant. Nous verrons d'ailleurs aussi que Madeleine de Scudéry n'hésite pas à condamner sévèrement certaines conduites féminines de son temps: hostilité étonnante qui, à sa manière, pourrait rappeler certaines dissensions au sein du féminisme contemporain[21].

En fin de compte, qu'est-on en droit d'attendre du féminisme, quelles que soient ses variantes qui portent principalement sur le *type d'action* qu'il s'agirait d'entreprendre, *contre* ou *avec* les hommes? Tout d'abord que le féminisme affirme l'autonomie et la spécificité de la femme, sans référent viril; bref, qu'il reconnaisse la psyché féminine sans avoir un recours systématique au jeu comparatif et discriminatoire entre les sexes. Ensuite qu'il ait l'intention claire et nette de militer en faveur de la cause féminine et de mobiliser autant que peut une volonté féminine collective en vue de modifier le contrat social existant, fondé sur l'inégalité, entre homme et femme. « Depuis que le concept (du féminisme) a été forgé en France, la doctrine s'est accompagnée d'actions multiples pour élargir les droits et le rôle des femmes dans la société. C'est pourquoi la définition du féminisme devrait aussi inclure les pratiques et non seulement la doctrine »[22]. C'est le moins que l'on puisse demander à l'esprit de la lettre, hier ou aujourd'hui. Tout féminisme positif mise sur l'évolution de la condition féminine et, pour ce faire, ne craint pas, à l'occasion, une démarche révolutionnaire. Le féminisme négatif[23] (et auto-destructif) est celui qui galvaude sa propre définition en se confondant avec la plainte, l'amertume, le reproche, le blâme, accentués de cris ou de larmes, ponctués d'accusations et de procès d'intention. Ce « féminisme », essentiellement égocentré, donc de très faible rayonnement social, n'a jamais abouti ni à une transformation ni à une amélioration sensible du statut féminin (qu'on relise Nicole Liébault). En littérature il s'est manifesté, sans grands lendemains, entre autres, dans les *Lettres portugaises* de Guilleragues[24], ou dans les *Lettres et Billets galants* de Madame de Villedieu[25]. Puis avec plus d'éclat, mais de médiocre portée, dans *La Princesse de Clèves* [26].

Reste, bien entendu, la production littéraire sous forme de petits traités ou même d'ouvrages opulents (Hilarion de Coste consacre 595 pages aux dames illustres![27]) dans le sillage de la « querelle des femmes », dont on a voulu mousser l'importance pour l'émancipation féminine au XVIIe siècle[28]. Des noms ont été exhumés: Miremont, Brachart, Vigoureux, L'Escale, de Meynier, tous prenant la défense des femmes dans des œuvres dont la diffusion et le rayonnement risquent d'avoir été modestes. On parle beaucoup de vertu et, à l'instar d'Hilarion de Coste, on a souvent l'œil sur les grands de ce monde, ce qui réduit considérablement le soi-disant effort (ou diffusion) « féministe » de ces ouvrages. On peut, certes, faire plus de cas de *L'Honneste Femme* de Jacques du Bosc[29], mais on ne manquera pas non plus de remarquer que le cordelier, animé des meilleures intentions, oriente surtout l'éducation des femmes du côté de la sociabilité et des « belles manières », sans parler d'un certain mépris pour les plaisirs de la chair. Ainsi, les nouvelles « sciences » acquises par les dames avaient principalement une utilité mondaine[30]: à ce point de vue, du Bosc, l'abbé de Pure, Jacquette Guillaume (dont l'ouvrage date de 1665) parlent le même langage. En vérité, tout au long du siècle, la plupart des « féministes », en majorité des hommes, s'occupent à faire l'éloge de la « féminité » faite de grâce, de charme et de vertus mondaines, plaisant tant au cœur de l'homme! Quelques titres peuvent faire sourire: *La Fine Philosophie, accommodée à l'intelligence des dames* (1660) de René Bary; *Les Avantages que les femmes peuvent recevoir de la philosophie et principalement de la morale* (1667), aimable livre d'étiquette de Louis de Lesclache. Si « féminisme » il y a, il est peu apte à promouvoir l'égalité ontologique de la femme.

Dans « le fatras d'histoires et de légendes sur lequel les apologistes du sexe étayent leurs puériles démonstrations »[31], les écrits de Mlle de Gournay, traitant de l'égalité des sexes, représentent une belle exception, car elle n'a que faire de mondanité; il s'agit avant tout d'ouvrir l'esprit féminin à la vraie science, à l'érudition. Mlle de Gournay a donc été pour la première moitié du siècle ce que Poullain de la Barre sera pour la seconde, car ce disciple intransigeant de Descartes fera « du féminisme (de son époque) l'exposé le plus logique, le plus net et le plus complet qui ait jusqu'ici apparu »[32]. Pourtant, et c'est beaucoup dire, ni Mlle de Gournay ni Poullain de la Barre n'ont enfiévré les esprits de leur temps. On s'est moqué de la première[33], et le second « ne fut applaudi que de quelques précieuses et ne souleva aucune émotion »[34]. Le féminisme, assurément, n'était pas encore une « cause célèbre », comme disent les anglo-saxons.

Autour d'un féminisme tronqué

Les études que nous proposons portent sur l'œuvre de quatre écrivains féminins du XVIIe siècle, qui marquent quatre étapes importantes de l'écriture féminine. La première, Marie de Gournay, représente l'accès à l'érudition, à l'éducation féminine, à l'affirmation même de la puissance intellectuelle des femmes, sans que la sensibilité y soit sacrifiée. La deuxième, Madeleine de Scudéry, élève la femme à un niveau moral inhabituel, la proclamant reine du cœur et de la civilité, exigeant, s'il le faut, qu'elle y sacrifie sa sexualité et, d'une certaine façon, sa féminité traditionnelle. La troisième, Madame de Villedieu, appartient en propre à l'époque où la sensualité du jeune Louis XIV fit de nombreux ravages. Après Mlle de Scudéry (mais aussi simultanément), elle restaure l'aspiration voluptueuse à l'amour. Elle renoue avec la violence passionnelle d'une Louise Labé, mais, contrairement aux toutes grandes amoureuses, elle sait, à l'occasion, déployer un humour coquin qui feutre les cris de la passion. Enfin, Madame de Lafayette, ni pudibonde ni lubrique, embrasse du regard la difficile relation hétérosexuelle, et la dissèque avec une égale sévérité pour les hommes et les femmes. A la manière de son vieux compagnon, La Rochefoucauld, elle distille son cynisme et le répand sur une humanité qui, aux dires de Pascal, s'aveugle et se perd dans le divertissement. Toutes les complexités du cœur et de l'âme féminins, toutes les exigences d'une féminité en émoi, savoir, respect, passion, foi, émergent de cette littérature féminine qui, autant que celle des Corneille ou des Racine, fascinait hommes et femmes au XVIIe siècle.

Il n'était pas dans nos intentions d'étudier les « œuvres complètes » de ces femmes dont le mérite et le talent nous touchent encore. Un choix, des préférences, le charme de l'arbitraire, ont guidé nos analyses. « Œuvres choisies », démarche anthologique, voilà le chemin emprunté. Par ailleurs, notre but, on l'aura deviné, n'était pas d'accrocher quelques fleurons de plus à l'histoire du féminisme français. S'il existe au XVIIe siècle une écriture féminine au sens large du mot[35], un filigrane psychologique commun, une sourde préoccupation collective mais non concertée, une sorte de solidarité inconsciente et irrésistible entre des femmes écrivains, toutes intellectuelles, presque malgré elles, nous voudrions en retrouver ici les lignes de force, la motivation, la spécificité relative, sans détruire l'autonomie, la personnalité même, de chacune d'entre elles. Marie le Jars de Gournay, Madeleine de Scudéry, Madame de Villedieu, et Madame de Lafayette, si elles avaient été condamnées à vivre ensemble, auraient sans aucun doute formé une société fort orageuse. Mais, en empruntant le mot de Sainte-Beuve, elles n'en constituaient pas moins une extraordinaire et remarquable « famille d'esprit ».

* * *

II

Mademoiselle de Gournay[1]

> Cette bonne Démoiselle a fait des observations sur le *Langage François, sur la Poésie & sur les diminutifs*. Ce n'est pas ce qu'il y a de meilleur dans ses ouvrages, il y a un peu trop du foible de son sexe & d'entêtement pour les vieux mots, & et les anciennes maniéres de s'exprimer en notre Langue[2].

Un talent méconnu

*Q*uarante ans après sa mort, le préjugé tenace qui l'avait hantée toute sa vie venait encore troubler le repos de Marie le Jars de Gournay: Adrien Baillet lui reproche le « foible de son sexe », « épitaphe » que la docte demoiselle aurait récusée jusqu'à son dernier souffle. En dépit de l'immense service qu'elle avait rendu à son siècle d'adoption[3], qui était de faire mieux connaître les *Essais* de Montaigne—ce dont Pascal, entre autres, ne se plaindrait pas—, elle serait vouée à une relative obscurité, à peine remarquée dans une notice peu flatteuse des *Jugemens des sçavans*, ou moquée en son temps dans une historiette de Tallemant des Réaux. Venue d'un autre monde—n'avait-elle pas pleuré lors de la mort du bon roi Henri IV?[4]—, Mlle de Gournay ne sut trouver grâce aux yeux de la plupart de ses contemporains, plus ou moins affranchis de l'esprit de la Renaissance, ou carrément modernistes. Seuls des savants, des humanistes, comme Juste Lipse, Grotius, Heinsius ou Dominique Baudius, qui l'appelait la « sirène française et dixième muse »[5], reconnurent son talent et son savoir. Comme elle n'avait nulle indulgence pour « les donzelles à bouche sucrée »[6], en qui l'on reconnaît les précieuses embryonnaires, on ne s'étonne pas qu'elle n'ait jamais été très soutenue par les dames. Entêtée comme pas une, et passablement rancunière[7], Marie de Gournay était destinée à livrer combat seule.

L'histoire littéraire, après elle, est restée partagée quant à la valeur de son œuvre. Pierre Bayle a reconnu son mérite, et il a rendu hommage à sa résistance à la langue nouvelle des Malherbe et autres Vaugelas:

> Tout bien considéré, écrit Pierre Bayle, cette demoiselle n'avait pas autant de tort qu'on se l'imagine, et il serait à souhaiter que les auteurs les plus illustres de ce temps-là se fussent vigoureusement opposés à la proscription de plusieurs mots qui n'ont rien de rude et qui serviraient à varier l'expression, à éviter les consonnances et les équivoques. La fausse délicatesse a fort appauvri notre langue[8].

Au dix-neuvième siècle, d'aucuns lui consacrent un chapitre superficiel[9]; d'autres analysent son œuvre avec sympathie, sinon admiration[10]. En 1910, Mario Schiff lui consacre une étude érudite, la première qui ne range pas Marie de Gournay parmi d'autres femmes écrivains, plus illustres et moins entêtées. Les années 20 voient paraître un ouvrage au titre prometteur: *Histoire de la littérature féminine en France*[11], mais son auteur, dans les quatre pages qu'il consacre à Marie de Gournay, a bien des sévérités, qu'il s'agit de relever ici car elles représentent l'idée assez générale qu'on se fait de la demoiselle. Jean Larnac la compare sommairement avec Louise Labé (ce qui est déjà absurde en soi), et écrit: « ... la première se parant de toutes les grâces de la femme; la seconde ne voyant le salut que dans la masculination »; Mlle de Gournay « eut le tort de ne voir la vie qu'à travers les livres et de verser dans la pédanterie »; puis, cette allusion fielleuse: « Est-ce parce qu'elle songeait trop à Montaigne qu'elle méprisa tout ce qui fait le charme de la vie féminine? ». En somme, Marie de Gournay « a eu le tort de vouloir singer l'homme »[12]. Les féministes, même les plus modérées, reconnaîtront aisément ici la prose sexiste et ridicule de ceux qui, une fois pour toutes, ont opéré le clivage intellectuel et psychologique entre les sexes. Marie ne serait pas féminine parce qu'elle veut imiter l'homme. Elle trahirait la sensibilité de sa nature en se vouant à des travaux qui devraient, de toute évidence(!), restés réservés aux hommes... Il est heureux que cette image peu flatteuse ait été quelquefois corrigée, comme dans le commentaire d'Adrien Cart[13] qui reconnaît implicitement dans l'opposition de Marie de Gournay à la nouvelle poésie des disciples de Malherbe une sensibilité esthétique que seul le Romantisme, voire le Symbolisme fera renaître: la doctrine de Mlle de Gournay est une «Belle et haute doctrine qui, en 1626 ou en 1641, n'avait aucune chance d'être admise: il faudra attendre le Romantisme ou plutôt même le Symbolisme pour retrouver formelle cette affirmation sereine des droits du poète» (p. 55). Ainsi, s'il est vrai que Mlle de Gournay ne ressemblait pas exactement à la plupart des femmes de son temps, avait-elle forcément moins de sensibilité? L'examen d'une partie de son œuvre le dira.

A la recherche de Montaigne

Dans une notice biographique écrite par elle-même[14], Marie de Gournay exprime sa fierté d'être née de parents honorables: son père était «personnage d'honneur et d'entendement», mais il meurt jeune (en 1577) et il la laissa «petite fille orpheline», expression touchante où l'on pourrait deviner une pointe d'apitoiement sur soi, voire un doux reproche au père qui «l'abandonna». Il faut dire par ailleurs que Marie de Gournay fit ce récit «objectif» de sa vie, alors qu'elle était âgée de soixante-seize ans: son regard, troublé ou embué par les ans, a pu s'attendrir au souvenir de son enfance, revoyant la «petite fille» de douze ans qu'elle avait été. Sa mère, étant de son temps, était naturellement peu encline à l'élévation intellectuelle, ce qui n'empêchait pas Marie de Gournay, avec un bel esprit de contradiction, d'éprouver le désir intense de s'instruire à l'occasion «des heures pour la pluspart desrobées». Et lorsqu'à l'âge de dix-huit ou dix-neuf ans, elle découvre par hasard les premiers *Essais* de Montaigne, c'est immédiatement l'enthousiasme, presque le délire. On devine aisément chez elle une âme «romantique» («mystique» conviendrait mieux à son époque), éprise d'un esprit supérieur, rêvant d'une rencontre avec le mentor de ses fantasmes les plus innocents(?). Cette rencontre, on le sait, eut lieu en 1588, et ce fut de part et d'autre un accueil des plus chaleureux: dorénavant, du vœu même de Montaigne, elle serait sa «fille d'alliance». Mlle de Gournay aimait l'esprit de famille à l'ombre du savoir: elle deviendrait donc la «sœur d'alliance» de Léonore[15], fille de Montaigne, et de Juste Lipse, également un admirateur des *Essais*.

En réalité, on a peu de raisons de croire que la relation de Marie de Gournay avec Montaigne dépassât la très cordiale civilité intellectuelle. Le fameux éloge que Montaigne fit d'elle, à la fin du chapitre XVII, du Livre

II, cause sans doute quelque embarras, mais on se demande aujourd'hui si ce passage est entièrement de la main de Montaigne, ou si Mlle de Gournay elle-même n'y a pas satisfait sa vanité lors de la publication des *Essais* en 1595. En effet, le passage en question n'apparaît pas dans l'« Exemplaire de Bordeaux » de 1588. Maurice Rat, qui a annoté l'édition de la Pléiade, n'est point troublé par cette lacune, car « il y des signes de renvoi sur la page, et le feuillet joint a dû se perdre »[16]. Soit. Mais l'éloge possède quand même un tour dithyrambique assez peu caractéristique de Montaigne. Qu'on en juge:

> J'ay pris plaisir à publier en plusieurs lieux l'esperance que j'ay de Marie de Gournay le Jars, ma fille d'alliance, et certes aymée de moy beaucoup plus que paternellement, et enveloppée en ma retraitte et solitude, comme l'une des meilleures parties de mon propre estre. Je ne regarde plus qu'elle au monde. Si l'adolescence peut donner presage, cette ame sera quelque jour capable des plus belles choses, et entre autres de la perfection de cette tressaincte amitié où nous ne lisons point que son sexe ait peu monter encores. La sinceritié et la solidité de ses meurs y sont desjà bastantes, son affection vers moy plus que surabondante, et telle en somme qu'il n'y a rien à souhaiter, sinon que l'apprehension qu'elle a de ma fin, par les cinquante et cinq ans ausquels elle m'a rencontré, la travaillast moins cruellement. Le jugement qu'elle fit des premiers *Essays,* et femme, et en ce siecle, et si jeune, et seule en son quartier, et la vehemence fameuse dont elle m'ayma et me desira long temps sur la seule estime qu'elle en print de moy, avant m'avoir veu, c'est un accident de très-digne consideration[17].

Il est un peu curieux que cet éloge suive celui des « plus notables hommes », hommes de guerre, chanceliers, poètes, et qu'il soit aussi le seul à évoquer une femme qui, à défaut de notoriété publique, avait seulement eu l'honneur d'être parmi les intimes de Montaigne. En 1595, Mlle de Gournay, qui a trente ans, est loin d'admettre qu'il s'agit d'un texte apocryphe. Au contraire, elle en confirme l'authenticité en s'excusant de l'avoir reproduit:

> Lecteur, n'accuse pas de temerité le favorable jugement qu'il a faict de moy, quand tu considereras, en cet escrit icy, combien je suis loing de le meriter. Lorsqu'il me louoit, je le possedois: moy avec luy, et moy sans luy, sommes absolument deux[18].

Mais en 1635, dans une édition nouvelle dédiée au Cardinal de Richelieu, Marie de Gournay, maintenant âgée de soixante-dix ans, modifie considérablement le passage qui la concerne[19]. « Modestie », a-t-on dit[20]. Peut-être, encore que son assurance entêtée n'avait pas été entamée par l'âge. Il est plus plausible de mettre sa décision de tronquer le texte de 1595 au compte d'une sagesse qui ne brûle plus du feu troublant de la jeunesse, avide d'être admirée (qui est une forme de désir) ou de se croire admirée et prêtant donc innocemment sa propre plume au cher disparu.

Il n'est pas dans l'intention de ces remarques de mettre l'intégrité de Marie de Gournay en doute. Ni de suggérer quelque ragot d'alcôve. Ce qui reste important, c'est d'imaginer sa sensibilité féminine, touchée qu'elle fut, presque bouleversée par la stature intellectuelle de Montaigne. Elle l'a aimé, surtout dans une dépendance spirituelle dont les éditions successives des *Essais* (1595, 1617, 1635) portent l'émouvant témoignage. Et lorsqu'elle écrit ingénument, vraisemblablement en 1588, *Le Proumenoir de Monsieur de Montaigne*, elle donne libre cours, à la fois à sa vibrante féminité, à ses révoltes intérieures de femme brimée par son temps, et à sa sexualité interdite.

Le Proumenoir de Monsieur de Montaigne

Le Proumenoir, publié pour la première fois en 1594[21], n'a pas toujours eu bonne presse: « plein de rhétorique prétentieuse »[22]; « la recherche des beautés de détail étouffait l'effet de l'ensemble »[23]. Récemment, par contre, cette œuvre de jeunesse a été réexaminée avec un peu plus de sympathie. En comparant *Le Proumenoir* avec sa source—le *Second Discours des Champs Faëz,* de Claude de Taillemont—, Marjorie Ilsley[24] souligne la nette supériorité du récit de Marie de Gournay: le thème de l'amour est traité avec plus de réalisme, le niveau moral est plus élevé, la peinture de l'âme féminine a du mérite. Le fait que la trame du roman est interrompue par de longues digressions[25] ou des citations savantes relève, non pas d'une maladresse, mais de la tradition du roman au XVIe siècle. Toujours selon Ilsley, cette structure ne constitue pas un défaut, mais une indication des intentions de Marie de Gournay: les digressions montrent précisément sa vocation « féministe »[26] (dix-huit pages dans l'édition de 1594, pourtant supprimées dans certaines versions ultérieures[27]), car c'est là où elle plaide déjà pour une meilleure éducation de la femme, pour son droit à la liberté, pour la sagesse de la chasteté et la valeur de la fidélité. L'éducation assurera à la femme l'indépendance de son âme (sa spécificité)—« faisant principalle profession de maintenir l'ame chez elle » (p. 43), dit-elle—et la sauvera du « pestilent desastre de dependre d'autruy » (p. 44); en outre, le savoir est garantie de vertu et de chasteté:

> ... & quiconque soit celuy qui premier leur defendit la science comme allumette de lasciveté, je croy que c'est pource qu'il cognoissoit si peu les lettres qu'il craignoit qu'elles l'en missent au roüet le second jour de leur estude, mon pere. Le vulgaire dit qu'une femme pour estre chaste ne doit pas estre si fine: vrayement c'est faire trop peu d'honneur à la chasteté que de croire qu'elle ne puisse estre trouvee belle que des aveugles. (p. 42)

Déjà dans ces pages elle exalte l'indépendance féminine, sorte de célibat moral que seule acquerra la femme instruite:

> Joint qu'une femme qui auroit peu se munir à bon escient de suffisance & de mœurs, ne sçauroit rencontrer homme pour grand qu'il fust, qu'elle juge trop bon à luy demander le mariage. (p. 44)

Nul doute que ce sont là paroles « féministes ». Que son arrogance féminine ait déplu à tous ceux qui préféraient le charme de la soumission féminine à tout appel à l'émancipation et à l'indépendance, on le comprend. A trente ans, Marie de Gournay avait des hardiesses et des revendications qui fomentent la révolte. Ses détracteurs essaieront donc d'étouffer son œuvre et sa voix sous la grossièreté de leurs plaisanteries et de leurs quolibets. Ce qui n'a pas empêché Marie de Gournay, en 1622 et en 1626, de poursuivre sa croisade avec l'*Egalité des hommes et des femmes,* et avec le *Grief des dames:* l'âge n'a jamais affecté ses convictions ni son agressivité.

Mais revoyons d'abord *Le Proumenoir de Monsieur de Montaigne,* écrit par une jeune femme enfiévrée par la réalisation d'un rêve d'adolescente. L'histoire en est pathétique, axée sur l'aimable mais malheureuse Alinda, promise au roi des Parthes en échange de la liberté du roi de Perse, père/oncle (substitutif) d'Alinda. Le thème liminaire porte donc sur le sacrifice de la volonté et du désir personnels (non définis) d'une jeune femme, afin qu'une figure paternelle puisse vivre en liberté. La soumission au(x) père(s) —Orondatès, vrai père d'Alinda, a la faiblesse « d'abandonner » sa fille au profit de la raison d'Etat—et le sacrifice de la sexualité féminine indépendante sont exigés. L'héroïne, par affection filiale, consent à faire taire les protestations du cœur. Elle découvre cependant très vite qu'il n'est pas si facile de ne plus ressentir l'inclination de sa féminité. En effet, lors du voyage qui doit la conduire à Antioche, elle rencontre le séduisant Léontin, « les graces duquel rendoient sa jeunesse & sa beauté si dangereuses (...) La beauté creüe & simple, est faicte pour estre regardee, celle qui a les graces à sa suitte, pour estre redoutee » (p. 12). Redoutable Léontin qui « faisoit avaler (à Alinda) la(sic) poison de l'amour en la coupe de l'adulation » (p. 18). Alinda, passionnément aimée de Léontin, s'abandonne enfin à son amour, et consent à fuir avec lui. Première trahison du père—Orondatès—qui, touché d'une soudaine maladie, ne peut les suivre. Double trahison, car la fuite d'Alinda coûtera sans doute la mort du roi de Perse, son père substitutif. C'est ici, malgré les apparences, que commence l'expiation de la faute d'Alinda, qui consiste à vouloir assumer librement sa sexualité féminine. A la suite d'un naufrage, les jeunes amoureux échouent sur les rives d'une contrée sauvage de la Thrace, où le riche Othalque leur offre l'hospitalité. Une fois de plus les charmes d'Alinda sont irrésistibles: « Mais il n'eurent pas encores jouy de ce repos huit jours, que les mesmes yeux qui avoient vaincu Leontin n'ayant ny dissipé leurs forces en ce premier effort, ny detrempé leurs visves flammes en la mer, commencerent d'allumer peu à peu le rude sein du Thrace qui n'avoit auparavant accoustumé que la guerre & la chasse des bestes sauvages » (p. 26). Othalque tombe éperdument amoureux d'Alinda, tandis que Léontin, victime des ruses d'Othalque et de la séduction d'Orthalde, sœur d'Othalque, trahit l'amour d'Alinda. Pièges mortels du cœur, embûches de l'amour, infidélité de l'homme volage, voilà ce qu'aura souffert Alinda pour avoir osé aimer. Coupable et désespérée, il ne reste plus à Alinda qu'à mourir, et à effacer à tout jamais la faute même de sa sensualité, symbolisée par l'enfant qu'elle porte en son sein: « ... & les dieux soient loüez dequoy le germe qui commençoit à s'animer en mon ventre obtient ceste faveur de leur bonté qu'il perisse avant que de naistre, de peur qu'il n'ait le creve-cœur d'ouyr conter un jour le lamentable destin de sa mere » (p. 40). [Cette maternité avortée—ou féminité-maternité mort-née—est même plus explicite dans l'édition de 1599: « pauvre enfant, dit Alinda, tu souffriras la mort & n'auras point encore jouy de la vie: & le ve(n)tre maternel te servira de sepulcre & de meurtrier »]. A la faveur d'un subterfuge, Alinda se fera tuer sur l'ordre d'Othalque à qui elle a fait croire qu'elle exigeait la mort d'une vieille servante qui lui avait manqué de respect. Après avoir écrit à Léontin une lettre qui doit lui apprendre les raisons de sa mort, elle prend la place de la servante dans le lit où elle doit être égorgée. Léontin, fou de douleur et de remords, se tue sur son corps. Ainsi meurent ceux qui ont souillé la chasteté, Alinda en trahissant ses pères et sa fidélité filiale, et en s'abandonnant aux folies de sa sexualité; Léontin en s'adonnant au charme trompeur de l'inconstance.

C'est à dessein, bien entendu, que nous avons mêlé à la trame du récit quelque réflexion à faible tonalité psychologique. C'est que *Le Proumenoir* peut être lu, voire expliqué, à plusieurs niveaux[28]. Il est dommage que Mario Schiff, qui ne semble pas avoir eu beaucoup de sympathie pour le sujet de son livre, ait écrit que « Cette histoire dont le titre seul est intéressant s'appelle: *Le promenoir de M. de Montaigne* »[29].

Le Proumenoir est, en premier lieu, un roman sentimental consacré à la peinture de l'amour: « On en compte une cinquantaine entre 1593 et 1610 », écrit Antoine Adam[30]. Mais contrairement au roman sentimental traditionnel, où « l'amour (...) s'interdit le désir et la faute »[31], *Le Proumenoir* puise dans une tradition antérieure, fortement inspirée par *l'Aminte* de Tasse, où vibre « une sensualité aiguë et délicate »[32]. On a même suggéré que c'est le côté illicite, sujet à scandale, des amours d'Alinda et de Léontin, qui expliquerait le silence de Montaigne après que Marie de Gournay lui avait soumis son œuvre[33]. Quoi qu'il en soit, *Le Proumenoir* brûle d'une flamme amoureuse à peine contenue. Qu'on en juge. Lorsque Léontin découvre Alinda baignant dans son sang, « il se va jetter estendu sur le corps a travers du sang & de la presse » (p. 63). Et « le peu de sang qui restoit plus en elle, regorgeant sous ceste estroicte serre, vint a luy jallir au visage » (*ibid.*). Fou de douleur, Léontin « baise sa bouche blesme: n'inspireras tu plus la vie en mes veines? Puis son oreille: n'entenderas tu poinct la voix de ma penitence? » (p. 65). Il se tue et « Le corps tombe a costé d'Alinda, les plaies joinctes, qui sembloient amoureusement s'entre-accueillir & ce nouveau sang, chaut & bouillant, voulloir r'animer l'autre par son infusion » (*ibid.*). Est-il interdit, devant de telles images, de penser à la symbolique d'une ultime et vaine copulation?

Il n'est pas non plus impossible que la sensibilité de l'héroïne fût précisément calquée sur (ou inspirée par) celle de Marie de Gournay, fidèle dans sa grande admiration pour Montaigne, amoureuse (pourquoi vouloir nier ce qui eût été parfaitement naturel?) mais culpabilisée par son sens de l'honneur et par ses vœux de chasteté. Mlle de Gournay était un peu théâtrale, ce qui ne veut pas dire qu'elle manquât de sensibilité: elle puisa une recrudescence d'émotion dans la puissance et la suggestivité des mots, comme il arrive aux poètes, aux rhéteurs. Plus de trois ans après la mort de Montaigne, le 2 mai 1596, elle écrit (ou répond?) à Juste Lipse qui lui avait appris la disparition du grand homme dans une lettre datée de mai 1593:

> Monsieur, comme les autres méconnaissent à cette heure mon visage, je crains que vous méconnaissiez mon style, tant ce malheur de la perte de mon père m'a transformée entièrement! J'étais sa fille, je suis son sépulcre; j'étais son second être, je suis ses cendres. Lui perdu, rien ne m'est resté ni de moi-même ni de la vie, sauf justement ce que la fortune a jugé qu'il en fallait réserver pour y attacher le sentiment de mon mal[34].

Paroles dignes d'une pleureuse grecque, mais qui n'en sont pas moins imprégnées de sincérité. Paroles aussi d'une femme (elle a trente et un ans) qui associe (avec pathos, il est vrai) la perte de Montaigne à la mort de son propre être charnel: elle est dorénavant « sépulcre », elle est « cendres ». Selon Pasquier, elle « ne s'est proposée d'avoir jamais autre mary que son honneur, enrichi par la lecture des bons livres »[35]. Alinda et Marie de Gournay « meurent au monde », l'une égorgée, l'autre au milieu de ses souvenirs et de ses rêves. A ce point de vue, Marie de Gournay annonce les précieuses.

Le Proumenoir, on l'a vu, se prête également à une lecture dite féministe. Il suffit d'en dégager les longues digressions sur le rôle de la femme dans la société, sur l'amour et la beauté de la chasteté (une justification personnelle qui hante Marie de Gournay), sur l'égalité des sexes. Ce sont déjà l'*Egalité des hommes et des femmes* et le *Grief des dames* qui sont en germe dans *Le Proumenoir*[36]. Mlle de Gournay aime théoriser, comme son maître, et c'est sans doute la partie du roman à laquelle, de nos jours, on prêterait volontiers quelque importance. Mais ce n'est certes pas la partie la plus révélatrice de l'œuvre, car tout traité, qu'il soit féministe ou non, écrit à la fin du XVIe siècle ou aujourd'hui, est tenté de céder au sérieux de la réflexion, de la rationalisation et de la puissance dialectique; un traité calcule, mesure, essaie de maîtriser l'élan du cœur et de la passion. La fiction, par contre, aussi frivole ou puérile qu'elle paraisse, recouvre la profonde authenticité de son auteur, masque ses désirs, ses luttes, ses espoirs. La fiction possède un filigrane où palpite la vie, où s'agitent l'âme troublée et le cœur en liesse, où s'abandonne ou se confesse l'éros angoissé. L'histoire d'Alinda et de Léontin, sirupeuse ou naïve, si on veut, révèle un rêve et un destin. Elle lève aussi le voile sur la sensibilité de Mlle de Gournay.

Henri Coulet fit remarquer à propos du roman sentimental avant *l'Astrée,* qu'il était souvent écrit par des écrivains amateurs « qui ont voulu tromper leur ennui, occuper leur loisir, raconter une aventure qui les touchait de près ou confesser indirectement leurs peines amoureuses »[37]. Marie de Gournay n'échappe pas à cette règle. Outre qu'elle exprime des idées « féministes » dans *Le Proumenoir,* ce qui était une certaine façon de se dire affranchie de l'emprise de Montaigne, elle y exorcise ses fantasmes érotiques et sa dernière inclination au démon de la chair, s'assurant ainsi du triomphe permanent de sa chasteté. N'étant plus que « sépulcre » et « cendres », elle mènera désormais la vie chaste de la veuve, exactement selon les vœux de l'Eglise[38] ou, plus précisément, le veuvage tel que François de Sales le conseillerait dans son *Introduction à la vie dévote.* On ne s'étonne pas qu'elle ait écrit à Montaigne, le 26 novembre 1588, dans l'épître qui précède *Le Proumenoir:* « Mon pere recevez ici l'adieu de vostre fille, glorifiee & beatifiee de ce tiltre ». Elle se préparait déjà à la sainteté ou, en termes profanes, à la chasteté éternelle[39].

Alinda-Marie est une jeune (et dans la fiction, jolie) adolescente[40] à qui les dures lois de la société virile refusent l'émancipation émotive (substitut dans le roman sentimental pour l'émancipation intellectuelle). Elle devient la chose de ses pères, l'un craintif et faible, l'autre dépendant du sacrifice d'Alinda pour recouvrer la liberté. Ainsi, en dépit de l'infériorité psychologique de la figure paternelle et mâle, Alinda—comme toutes les filles qui lui ressemblent—doit céder au code viril et, par voie de conséquence, étouffer en elle sa sexualité propre. En filigrane toutefois de ce rapport père-fille (le roi de Perse est une sorte de père adoptif), qui est courant et a valeur sociale, on devine la dépendance intellectuelle de Marie de Gournay vis-à-vis de Montaigne (autre figure paternelle puisqu'elle est sa « fille d'alliance ») et l'obligation où se trouve sa frêle jeunesse de repousser toute tentation charnelle: ses liens avec Montaigne doivent s'épanouir dans la chasteté absolue.

Mais refuser sa sexualité féminine (dans un sens, sa spécificité), c'est refuser le charme, la séduction, la beauté, l'emprise sur l'homme, qui caractérisent traditionnellement la femme. Le sacrifice d'Alinda, ou celui de Marie de Gournay, se débat dans la brume d'un fantasme de conquête amoureuse. On a fait remarquer très justement que la pierre d'achoppement de l'égalité des hommes et des femmes est « dans ce que même les plus féministes des femmes ne renoncent pas à considérer comme leur apanage: la beauté de l'être féminin »[41]. Dans le cas de Mlle de Gournay (celui d'Alinda est limpide) on note que c'est par la beauté féminine que « Mlle de Gournay explique (...) l'interdiction que fait S. Paul aux femmes de prendre la parole dans les assemblées religieuses: trop grand serait le risque que leurs auditeurs perdent la tête devant leurs charmes »[42]. Le passage de l'*Egalité des hommes et des femmes* montre que la beauté, même pour Marie de Gournay, reste l'arme privilégiée de la conquête féminine. On ne s'étonnera donc pas si l'histoire de la belle Alinda se déroule bientôt sous l'enseigne de la séduction féminine. L'auteur y satisfait son amour-propre, quitte à se culpabiliser par la suite. Léontin, puis Othalque, ne résistent pas à la beauté d'Alinda, car *elle sait plaire*. La vanité sous-jacente d'Alinda (et de Marie de Gournay) sera toutefois sévèrement punie. Léontin ne sera qu'un amant volage et inconstant; Othalque est un homme arrogant et cruel. Longtemps avant la Princesse de Clèves, Alinda-Marie apprendra à ses dépens que l'homme amoureux n'est jamais un être fiable, et que, tout compte fait, l'amour romanesque qui veut se transposer dans la vie n'est qu'un leurre. L'expérience d'Alinda est donc aussi une catharsis, pour elle-même et pour Marie de Gournay, sa mère spirituelle.

En plus de souffrir pour s'être abandonnée à sa sensualité, Alinda-Marie éprouve le remords cuisant d'avoir trahi l'intégrité (ou pureté) de l'affection filiale: « de quelle punition les Dieux auront aujourd'huy jugé ton enfant digne pour l'offence qu'elle t'a faite » (p. 60), gémit-elle. Coupable d'avoir osé aimer sensuellement, au mépris de la chasteté que lui offrit le lien paternel, Alinda immole son corps et sa beauté. Elle immole aussi l'enfant qu'elle porte, ultime vestige de la chasteté trahie. Mais c'est aussi, symboliquement, l'immolation d'un fantasme créateur qui, contre le père adoptif, s'est complu dans l'éros séducteur. A la fin du *Proumenoir*, tout rentre dans l'ordre: Alinda est rendue à l'asexualisation que confère la mort; Léontin, l'amant trompeur, se punira (dernière complaisance au triomphe féminin): désormais plus un seul homme ne troublera le repos d'Alinda. Grâce à l'écriture, Marie de Gournay, enfin libérée de l'éros onirique, consacrera sa vie à un ordre spirituel et intellectuel, en assumant pleinement son « veuvage » et sa chasteté. Elle sacrifie une part de la croissance féminine, la part charnelle. Comme les précieuses après elle, Marie de Gournay rejeta l'hétérosexualité, ce qui—il faut bien le dire—est souvent interprété par la critique actuelle comme une démarche féministe. Nous ne sommes pas sûr que ce sacrifice, ou cet abandon, ou cette libération (à chacun de choisir), soit authentiquement féministe. Il y a là, en effet, un refus vital (un geste négatif) qui risque de dénaturer l'épanouissement triomphant du devenir féminin.

Certes, cette « lecture » du *Proumenoir,* et ces quelques conclusions, se prêtent à des objections, surtout si l'on se méfie systématiquement de toute référence psychanalytique dans une œuvre de fiction. Nous l'avons cependant proposée parce qu'elle restaure au cœur de l'œuvre de Mlle de Gournay une sensibilité et une option féminines dont la critique ancienne l'avait trop longtemps privée.

L'Œuvre de combat

Une trentaine d'années après *Le Proumenoir,* Mlle de Gournay se mêla directement à la « querelle des femmes » en écrivant un plaidoyer passionné en faveur de son sexe. *L'Egalité des hommes et des femmes,* suivie de près par le *Grief des dames,* est d'abord un témoignage de sa vaste érudition; c'est aussi, et peut-être davantage, une affirmation énergique de la qualité féminine. Et selon des vues contemporaines, l'*Egalité des hommes et des femmes* représente un éloquent manifeste féministe. Albistur et Armogathe lui consacrent, ainsi qu'au *Grief des dames,* des pages éloquentes, et concluent en disant: « Dans la préface à l'édition des *Avis ou présents* (1641), Marie de Gournay nous invite à décider de l'originalité de son œuvre féministe »[43]. Ces deux œuvres de Mlle de Gournay prennent certainement la défense de la condition féminine au XVIIe siècle, et s'élèvent particulièrement contre le triste état de l'éducation féminine; qu'elles soient en même temps authentiquement féministes n'est peut-être pas aussi facile à démontrer.

Le petit traité de 1622 est dédicacé à Anne d'Autriche, la plus illustre femme de France, âgée de 21 ans, « en l'Orient de vostre aage », lui dit Mlle de Gournay. Ce qui ressort de cette épître dédicatoire, c'est que la vraie grandeur est dans la vertu, et non, implicitement, dans une éventuelle supériorité des hommes. C'est grâce à cette vertu royale, inspirée et soutenue par « l'instruction opportune (...) des mors »—les grandes œuvres morales du passé—, affirme Mlle de Gournay, qu'Anne d'Autriche sera « une des plus fortes preuves du Traicté qu'(elle) offre à ses pieds, pour maintenir l'egalité des hommes et des femmes ».

Ainsi, deux éléments essentiels de la dialectique de Marie de Gournay dans l'*Egalité* ressortent de l'épître: d'une part elle situera toute valeur humaine sur un plan strictement moral; d'autre part la lecture des œuvres du passé, selon elle, est la seule qui puisse garantir vertu et grandeur. C'était une façon habile de justifier l'œuvre d'érudition qu'elle offrit humblement à la reine.

La première partie de l'*Egalité*, longue de trois pages[44], égrène une série d'arguments passablement irrationnels, où domine surtout l'ironie. En effet, les hommes qui méprisent les femmes sont précisément ceux à qui nulle femme ne voudrait ressembler! D'ailleurs, ce sont ces mêmes hommes qui prétendent qu'une femme manque de dignité et de savoir parce que la nature l'en a privée; le disant, ces hommes montrent leur ignorance en se fiant aux croyances populaires et aux on-dit. Bientôt, témoignages anciens à l'appui, Mlle de Gournay démontrera que l'égalité morale et intellectuelle de la femme a été solidement établie depuis des temps immémoriaux. Elle ne cherchera pas tout de suite à convaincre les ignares par la raison, ni par des exemples. La parole de Dieu, et celle des Pères de l'Eglise et des « hommes qui ont servy de lumiere à l'Univers » constituent, selon elle, la base la plus persuasive de sa démonstration.

On reconnaît aisément ici la méthode des *Essais:* étayer constamment la réflexion personnelle de preuves apportées par des textes d'autorité. Nous sommes loin de la *tabula rasa* de Descartes; Marie de Gournay, disciple de la lourde érudition humaniste, étouffera ses adversaires hypothétiques sous le poids d'un passé autoritaire, incontesté et inégalé. On sait que pour l'édition des *Essais* en 1617, elle s'était livrée au dépouillement consciencieux du texte, l'offrant cette fois avec des annotations dans la marge « du nom des auteurs cités et de la version du latin d'iceux ». Effort remarquable[45] que Marie de Gournay, à l'instar de Montaigne, impose à son tour au lecteur du traité. En effet, dans l'*Egalité* elle accumule noms et vagues références, avec l'air confiant, sinon arrogant, de croire que ses lecteurs ou lectrices (un public, certes, à ne pas négliger) pouvaient d'emblée identifier les passages auxquels elle se référait ou auxquels elle faisait tout simplement allusion[46]. Il importait toutefois d'emporter l'adhésion du lecteur intelligent, et respectueux du passé, quitte à lui demander une confiance absolue dans l'érudition de Marie de Gournay. Aussi émaille-t-elle généreusement son traité de noms prestigieux: Platon, Socrate, Xénophon, Plutarque, Sénèque, Antisthène, Aristote. Même le moins célèbre Velleius Paterculus est évoqué. C'est donc en premier lieu une illustre panoplie de l'élite gréco-latine qui doit épouser et soutenir la cause de Marie de Gournay. Si démarche féministe il y a, il est assez curieux que la contribution féminine à la sagesse antique soit fort modeste, se limitant à l'éloge de Diotime et d'Aspasie, deux témoins dont la crédibilité reste contestable, comme nous le verrons. En réalité l'*Egalité des hommes et des femmes* s'appuie sur une dépendance intellectuelle (suspecte) de l'univers viril, quel que soit son éclat. L'ombre de Montaigne, chargée de l'arsenal antique, plane partout sur l'*Egalité*. Et à force de faire appel à l'argument d'autorité, Mlle de Gournay soumet ses convictions « féministes » au tribunal des sages qui, à peu d'exceptions près, sont tous des hommes. Il en sera de même lorsqu'elle évoquera les Pères de l'Eglise, saint Paul, ou des hommes qui étaient presque ses contemporains: Erasme, Politien, Cornélius Agrippa. La faiblesse « féministe » du traité réside donc d'abord dans cette dépendance, voire dans cette soumission. Une autre faiblesse, peut-être plus grave, se trouve dans l'usage (presque désinvolte) que Mlle de Gournay fait des textes anciens. En effet, on découvre après examen que les auteurs à l'appui de la thèse de Mlle de Gournay ne sont pas toujours les farouches défenseurs de la femme que la zélée demoiselle prétend voir en eux. Dans sa hâte à répandre la bonne nouvelle, Marie de Gournay n'évite pas les pièges de la facilité, de la citation tronquée ou de la sollicitation de texte. Le côté fallacieux (involontaire, espérons-le) d'une argumentation fondée sur l'érudition trahit les dessous sensibles, émotifs, de l'écriture. Au lieu d'être une œuvre dictée par la raison, l'*Egalité* est inspirée par les élans du cœur.

Pour l'analyse linéaire de l'*Egalité des hommes et des femmes,* nous renvoyons aux excellentes pages de Marjorie Ilsley (*op.cit.*), ou à celles, même plus vivantes, que lui consacrent Albistur et Armogathe (*op.cit.*)[47].

L'Erudition dans l'*Egalité*

A notre connaissance, une analyse critique de l'érudition du traité n'a pas encore été proposée[48]. Dans quelle mesure Mlle de Gournay fut-elle fidèle à ses sources? Fit-elle suffisamment preuve d'esprit critique? Ne se laissa-t-elle pas emporter par l'ardeur de ses convictions, au lieu de restituer ses « preuves » dans leur juste contexte afin d'en juger à bon escient? Autant de questions qui cherchent moins à la prendre en défaut qu'à découvrir une sensibilité féminine à fleur de peau dont Marie de Gournay ne put se départir.

Avant toutefois de faire passer les citations ou allusions de Mlle de Gournay au tamis de la vérité, précisons que le côté « phallocratique » des Anciens, tout comme celui des Pères de l'Eglise, voire des figures dominantes comme saint Paul, nous est mieux connu aujourd'hui qu'au temps de Marie de Gournay. Personne n'oserait plus ranger Platon ou Socrate, ni Xénophon ni Plutarque, ni aucun de leurs contemporains, sous la bannière d'un « féminisme » militant. En fait, « Les Anciens confirment de leur autorité propre ce que la Bible déjà enseignait, c'est-à-dire l'inégalité providentielle de l'homme et de la femme en ce qui concerne la vie civile et domestique »[49]. La misogynie est une attitude séculaire qui a fortement coloré la pensée philosophique ou religieuse[50] du passé. Marie de Gournay, qui avait lu et relu Montaigne[51], devait le savoir, sinon en détail, du moins dans les grandes lignes. Mais, soit qu'elle passe outre la leçon « anti-féministe », soit qu'elle préfère l'ignorer et brandir des références qui prouveraient le contraire, toujours est-il que la sagesse antique, de tradition gréco-latine ou judéo-chrétienne, lui sert de solide rempart contre le mépris du mérite féminin.

Platon et Socrate, selon Mlle de Gournay, « assignent (aux deux sexes) mesmes droicts, facultez et functions, en leurs Republiques et par tout ailleurs ». En dépit de l'hyperbole—« par tout ailleurs »—, l'allusion à *La République* de Platon s'appuie sur un passage où Platon, par la bouche de Socrate, estime que l'égalité est souhaitable:

> Suivons donc notre principe et attribuons aux femmes le même naturel et la même éducation qu'aux hommes, et voyons si cela convient ou non (...)
> Si donc nous imposons aux femmes les mêmes fonctions qu'aux hommes, il faut aussi leur donner la même éducation. (...)

> Nous convenons, en effet, qu'à des natures différentes il faut des occupations différentes, et d'autre part que la nature de la femme est différente de celle de l'homme, et nous n'en soutenons pas moins en ce moment qu'à ces natures différentes il faut donner les mêmes occupations. (...)
> (il) n'y a pas dans l'administration de l'Etat d'occupation propre à la femme, en tant que femme, ni à l'homme, en tant qu'homme; mais les facultés ayant été uniformément partagées entre les deux sexes, la femme est appelée par la nature à toutes les fonctions, de même que l'homme[52].

La cause de l'égalité semble donc parfaitement entendue, mais Marie de Gournay omet (volontairement?) la suite des superbes déclarations de Socrate:

> ... seulement, la femme est dans toutes (occupations) inférieure à l'homme. (...)
> Il y a donc chez la femme, comme chez l'homme, une même nature propre à la garde de l'Etat; elle est seulement plus faible chez l'un, plus forte chez l'autre[53].

Cette « mise au point » socratique est accablante dans la mesure où elle ternit l'éclat attendu de l'égalité des hommes et des femmes en concluant sur une note nettement discriminatoire. Mlle de Gournay ampute le texte de Platon d'un élément gênant: son érudition est sans défaut, mais son cœur, qui mène le débat, l'emporte sur sa raison. Fière de l'appui (suspect) de Platon, Mlle de Gournay évoque alors la supériorité intellectuelle de la fameuse Hypathia[54] (Hypatie), philosophe et mathématicienne grecque, disciple de Platon et d'Aristote, victime enfin de la populace sous l'instigation probable de saint Cyrille. L'*Egalité* néglige ce dernier détail. Mais peu importe. Hypathia, Diotime, Aspasie, voilà des femmes du passé, dont l'intelligence égale bien celle des hommes les plus célèbres.

Diotime, nous rappelle Mlle de Gournay, fut la « maistresse et Preceptrice » de Socrate. Passons sur le fait que Diotime représente fort probablement un personnage fictif[55], ce que Mlle de Gournay ne pouvait pas savoir. Diotime était, selon Socrate « sur un chapitre (de l'Amour) (...) savante comme aussi sur une foule d'autres »[56]. Il semble toutefois que Marie de Gournay n'ait pas saisi le ton ironique de Socrate, que l'érudition moderne a relevé: « Socrate fait mine (ironie), écrit L. Robin, d'être venu vers Diotime comme à l'école d'un maître, et le ton de celle-ci est professoral à souhait: elle parle en sophiste accompli »[57]. Il n'est d'ailleurs pas étonnant que ce soit Diotime qui ait été chargée d'un discours sur l'amour. Elle est femme, donc sujet et objet d'amour; elle est aussi prêtresse platonicienne, car son discours est « dans le champ propre du mythe platonicien (...) De faire voir dans l'amour un lien entre le sensible et l'intelligible, un stimulant pour l'âme en vue de son ascension vers la Beauté idéale »[58]. En somme, le rôle assigné à Diotime est parfaitement traditionnel, ou discriminatoire: subtilité dialectique qui, de toute évidence, avait échappé à Marie de Gournay. Beauté et Amour sont les termes du discours masculinisant. Pas une seule féministe authentique ne s'y laisserait prendre aujourd'hui.

C'est chez Plutarque, traduit par Amyot, que Mlle de Gournay, ravie sans être bégueule, a découvert le remarquable talent d'Aspasie:

> Mais quant à Aspasia, les uns disent que Pericles la hanta comme femme sçavante et bien entendue en matiere de gouvernement d'estat: car Socrates mesme l'alloit aussi veoir quelquefois avec ses amis, et ceulx qui la hantoyent y menoyent aucunefois leurs propres femmes pour l'ouir deviser, combien qu'elle menast un train qui n'estoit gueres beau ny honneste, pource qu'elle tenoit en sa maison de jeunes garces qui faisoyent gaing de leurs corps[59].

Il n'est évidemment pas question que Marie de Gournay s'attarde aux mœurs légères d'Aspasie[60]. Mais elle a dû retenir qu'

> ...il y a cela comme de veritable histoire, que ceste femme avoit le bruit d'estre hantee par plusieurs Atheniens pour apprendre d'elle l'art de rhetorique[61].

Il n'aurait pas été inutile que Marie de Gournay consultât le *Ménexène* de Platon, auquel Plutarque fait directement allusion en disant que son commencement avait été « escrit par maniere de jeu et de risee »[62] En effet, c'est dans son *Ménexène* que Platon-Socrate adopte un ton fort plaisant pour se moquer des orateurs, et, par association d'idée, d'Aspasie elle-même. En traduisant son Plutarque, le grave Dacier fit remarquer que le *Ménexène* est « fort beau et plein de traits d'une satire très fine »[63]. Marie de Gournay ne semble pas avoir compris que Socrate voulait souligner le grotesque d'un discours funéraire et qu'il en confiait l'expression parodique à Aspasie. Le discours sera donc plein de clichés et de lieux communs, et Aspasie devient ainsi l'instrument des moqueries de Socrate. La laconique allusion que Marie de Gournay fait à Aspasie dans son *Egalité* masque les véritables intentions de Platon-Socrate, sinon leur sexisme subtil et railleur. Une fois de plus la cause féminine l'emporte chez Marie de Gournay grâce à la vivacité de ses émotions.

Mlle de Gournay retrouve Socrate dans le « Sympose de Xenophon ». Elle écrit à son propos qu'« on void assez que s'il lache quelque mot au Sympose de Xenophon contre leur prudence [des femmes], à comparaison de celle des hommes, il les regarde selon l'ignorance et l'inexperience où elles sont nourries, ... ». Il va de soi que Marie de Gournay interprète très librement les paroles de Socrate dans le « Sympose », ou le *Banquet* de Xénophon. Elle confond sans doute « prudence » (dans l'acception ancienne de « compétence, sagesse ») et « vigueur physique », puisque le seul passage du *Banquet* dont il pourrait être question est celui où Socrate commente la danse d'une jeune femme pour les convives du banquet:

> Ce que fait cette jeune fille, mes amis, est une preuve entre beaucoup d'autres de ce que la nature féminine n'est en rien inférieure à celle de l'homme, sauf pour son manque de force et de vigueur. Ainsi, que ceux d'entre vous qui ont une femme n'hésitent pas à lui enseigner ce qu'ils voudraient qu'elle sût[64].

Il est donc vrai, selon Socrate, que seules des qualités physiques accordent à l'homme quelque supériorité, car le contexte de la danse empêche que l'on donne à « vigueur » un sens moral. Cette bonne foi est cependant démentie par la fin du passage cité. En effet, de la même manière que le conseillait l'Ischomaque de l'*Economique*[65] de Xénophon, Socrate invite tout mari à enseigner à sa femme ce qu'il estime lui convenir le mieux: « lui enseigner ce qu'ils voudraient qu'elle sût ». La connaissance féminine sera limitée (et délimitée) par la volonté virile, maritale ou patriarcale. Marie de Gournay n'évoque pas cette imposition maritale, car elle veut faire flèche de tout bois, contente enfin d'avoir glané quelques grains d'une maigre moisson dans le vaste champ socratique.

Marie de Gournay revient alors à Plutarque, auteur d'un traité sur les *Vertueux faicts des femmes (De Virtute Mulierum),* qui font partie des

« Moraulx » (ou *Moralia*), traduits par Amyot[66]. « Plutarque (...), écrit-elle, maintient que la vertu de l'homme et de la femme est mesme chose ». Dommage que Mlle de Gournay ne précise pas de quelle « vertu » il s'agit, car le mot possède un large éventail d'acceptions, allant de la « force, vigueur, tant du corps que de l'âme » jusqu'à « la disposition de l'âme, ou habitude à faire le bien »[67]. Le contexte du traité de Plutarque indique clairement qu'il s'agit du « courage » des femmes en temps de crise. Les exemples de Plutarque—les Troyennes, les Phocidiennes, etc.—illustrent des actes de courage que le moraliste avait l'intention de rapporter. Il n'est pas inutile de rappeler ici les remarques liminaires de Plutarque, dans la traduction d'Amyot:

> Et me semble que Gorgias estoit plus raisonnable, qui vouloit que la renommee, non pas le visage, de la femme fust cogneuë de plusieurs: & m'est advis, que la loy ou coustume des Romains estoit tres bonne, qui portoit, que les femmes, aussi bien que les hommes, apres leur mort fussent publiquement honorees à leurs funerailles des louanges qu'elles auroient meritees. Et pourtant incontinent apres le trespas de la tres vertueuse Dame Leontide, je discourus des lors assez longuement sur ceste matiere avec toy, lequel discours ne fut point à mon advis sans quelque consolation fondee en raison philosophique: & maintenant suyvant ce que tu me requis alors, je t'envoye le reste du propos, pour montrer que c'est une mesme vertu celle de l'homme, & celle de la femme, par la preuve de plusieurs exemples tirees des anciennes histoires, . . .[68].

On remarquera que Plutarque suggère de ne pas tenir compte du charme féminin (« non pas le visage »), mais du seul mérite, distinction honorable que Marie de Gournay ne relève point. Elle oublie aussi de souligner le respect des Romains envers la femme décédée. Une fois de plus Marie de Gournay néglige des subtilités, alors que celles-ci auraient pu servir sa cause. Elle se concentre uniquement sur toute suggestion d'égalité ou sur n'importe quelle comparaison égalitaire entre l'homme et la femme (la dernière partie du passage), voire sur un trait de supériorité féminine, afin de découvrir ce qui, selon elle, est une irrécusable pièce à conviction.

Cette façon un peu cavalière d'explorer (ou d'exploiter) les textes anciens se retrouve dans l'*Egalité,* lorsque Mlle de Gournay rappelle, triomphante, que l'auteur des *Vies des Hommes Illustres* parlait des

« Lacedemoniens ce brave et genereux Peuple, (qui) consultoit de toutes affaires privées et publiques avec ses femmes ». En effet, dans la « Comparaison de Numa et de Lycurgue » les Lacédémoniennes sont louées:

> Pourtant dit-on qu'elles étaient audacieuses, viriles et magnanimes contre leurs maris mêmes les premiers: car elles étaient entièrement maîtresses en leurs maisons, et en public encore avaient-elles loi de dire franchement leur avis touchant les principales affaires[69].

Mais Plutarque avait fait précéder ce passage d'une longue explication sur le rapport entre les sexes à Sparte:

> Mais le Laconien retenant sa femme en sa maison, et demeurant le mariage en son entier, pouvait communiquer sa femme à qui la lui demandait, pour en avoir enfants; et qui plus est, plusieurs, ainsi que nous avons dit ailleurs, priaient eux-mêmes les hommes, desquels ils espéraient avoir race de beaux et bons enfants, et les mettaient eux-mêmes avec leurs femmes[70].

Bref, tout un contexte matrimonial tendait à éliminer les effets de la jalousie, ce qui entraîna une sexualité fort libre, autant pour l'homme que pour la femme:

> ... "la garde des filles à marier" (...) de Lycurgue étant par trop libre et trop franche, a donné aux poètes occasion de parler et de leur donner des surnoms qui ne sont pas guère honnêtes, comme Ibycus les appelle Phénoméridas, c'est-à-dire montrant la cuisse, et Andromanes, c'est-à-dire enrageant d'avoir le mâle ...[71].

C'est évidemment cette liberté sexuelle qui rendait les Lacédémoniennes si « audacieuses », dans leur ménage et dans leurs exploits érotiques. Marie de Gournay suggérait une égalité civique, voire légale. En fait, on en est loin. Les femmes de Sparte étaient moins soumises que leurs consœurs des autres villes. Elles avaient reçu une « mâle éducation » et elles s'y conformaient: de là ce passage de la « Vie de Lycurgue » dont Marie de Gournay a également pu s'inspirer:

> Dont procédait que les femmes lacédémoniennes avaient bien aussi le cœur de dire et de penser d'elles ce que répondit un jour Gorgone, femme du roi Léonidas, laquelle, ainsi que l'on trouve par écrit, comme une dame étrangère devisant avec elle lui dit: « Il n'y a femmes au monde que vous autres Lacédémoniennes qui commandiez à vos hommes », elle lui répliqua incontinent: « Aussi n'y a-t-il que nous qui portions des hommes »[72].

En dépit de l'héritage aristotélicien[73], Mlle de Gournay n'hésite pas à faire appel à Aristote pour venir plaider la cause de l'égalité des hommes et des femmes: « Quant au Philosophe Aristote, écrit-elle, puisque remuant Ciel et terre, il n'a point contredit en gros, que je sache, l'opinion qui favorise les dames, il l'a confirmée . . . ». Elle songe probablement à l'*Economique,* livres I et III (si le livre III est de la main d'Aristote[74]) où le philosophe se penche sur les relations entre mari et femme. Mais Aristote a la même attitude que Socrate dans le *Banquet* de Xénophon, c'est-à-dire que la femme doit jouer un rôle traditionnel, soumise et obéissante en tous temps:

> Puis, le moment venu de donner ses fils ou ses filles en mariage ou de recevoir chez elle [l'épouse] les jeunes couples, là encore, qu'elle s'en remette entièrement à l'autorité de son mari, qu'elle réfléchisse avec lui et s'incline en même temps devant les décisions qu'il prendra, (...) Une femme soucieuse de la bonne harmonie de son foyer doit estimer que l'autorité de son mari s'impose à elle comme la règle de sa propre vie, qu'elle lui a été imposée par Dieu, indissolublement attachée à l'état de mariage et à sa situation d'épouse . . .[75].

Marie de Gournay n'aurait pas dû évoquer Aristote, car il est un témoin de mauvaise foi. Mais elle s'accroche (désespérément?) à la réputation et à la sagesse des Anciens, sans trop se soucier de leur misogynie ou, dans le cas d'Aristote, de sa foncière phallocratie. La dialectique et les preuves de Mlle de Gournay suivent malheureusement une pente qui dénonce quelque étourderie.

Marie de Gournay était une femme hautement sensible. Elle est savante, certes, mais la cause qu'elle défend (il s'agit d'elle-même et de toutes les femmes) est reflétée dans un égocentrisme irrésistible qui affecte la probité de sa démonstration. Dans *Le Proumenoir* elle avait été le modèle spirituel de son Alinda. Dans l'*Egalité* sa pensée intime et ses convictions frémissantes sur la légitimité du devenir féminin éclatent constamment en des gerbes d'émotions. Ce traité érudit est avant tout le reflet d'une âme.

Parmi les auteurs latins, Tacite occupe une place de choix. Marie de Gournay a consulté les *Annales* et *La Germanie*. Des *Annales* elle tire argument que ceux qui ne comprennent pas le mérite des femmes ignorent la valeur que les anciens peuples lui reconnaissaient :

> Et buffles faudroit-il encore declarer, écrit-elle, des Peuples entiers et des plus sublins, entre autres ceux de Smyrne en Tacitus: qui pour obtenir jadis à Rome presseance de noblesse sur leurs voisins, allegoient estre descendus, ou de Tantalus fils de Jupiter ou de Theseus petit fils de Neptune, ou d'une Amazone, laquelle par ce moyen ils contrepesoient à ces Dieux.

On remarquera, en passant, le tour hyperbolique —« entiers, sublins »; par ailleurs il est peu probable que la descendance d'une amazone soit un argument efficace. En fait, Tacite rapporte ces détails dans le Livre IV, parlant d'une rivalité entre villes qui étaient toutes désireuses d'ériger un temple en honneur de Tibère :

> De leur côté, les délégués de Smyrne, après avoir évoqué leur ancienneté, que la ville eût pour fondateurs Tantale, fils de Jupiter, ou Thésée, de race divine lui aussi, ou l'une des Amazones, s'empressent de passer aux titres sur lesquels ils comptaient le plus, etc.[76].

Il est évident que Tacite insiste davantage sur des vanités patriotiques et peut-être même sur le côté quelque peu puéril des rivalités (Tacite détestait Tibère!) que sur le mérite « sacré » d'une Amazone. La déduction de Marie de Gournay frôle le farfelu.

Les « preuves » tirées de *La Germanie*[77] ne sont pas plus sérieuses.

> Les Germains, lit-on dans l'*Egalité*, ces belliqueux Peuples, dit Tacitus, qui apres plus de deux cens ans de guerre, furent plustost triumphéz que vaincus[78], portoient dot à leurs femmes, non au rebours.

Mademoiselle de Gournay 35

S'agit-il d'une victoire féminine ou d'un simple trait de mœurs rapporté par Tacite? « La dot n'est pas apportée au mari par l'épouse, écrit l'historien, mais par le mari à l'épouse »[79]. Il n'est surtout pas question de proclamer, selon le voeu de Marie de Gournay, que l'égalité a été réalisée chez les Gaulois, même s'ils « avoient au surplus des Nations qui n'estoient jamais regies [que] par ce sexe (féminin) ». Tacite était moins enthousiaste que Marie de Gournay:

> Contiguës aux Suiones vivent les nations des Sitones; semblables à eux pour tout le reste, ils n'en diffèrent que sur un point: ils obéissent à une femme: tant ils dégénèrent non seulement de la liberté, mais de la servitude elle-même![80].

Enfin, une dernière référence à Tacite[81] (que Mlle de Gournay nomme dans l'édition de l'*Egalité* de 1641):

> ... ce mesme Historiographe Latin nous apprend, qu'où la force regne, l'equité, la probité, la modestie mesme, sont les attributs du vainqueur; s'estonnera-on, que la suffisance et les merites en general, soient ceux de nos hommes, privativement aux femmes.

Marie de Gournay énumère ici des qualités morales (dont la *modestie* est la plus féminine) qui mettent hommes et femmes sur un pied d'égalité. Sa source doit être *La Germanie* où Tacite raconte que la tribu des Chattes a vaincu celle des Chérusques, amollie par une trop longue paix. Le texte latin conclut: « ubi manu agitur, modestia ac probitas nomina superioris sunt » (XXXVI)[82]. « Modestie » et « Probité », deux mots que Marie de Gournay emprunte, sans se rendre compte que « modestia » signifie ici « modération », et que « probitas » devrait être traduit par « loyauté »[83].

Sénèque est mentionné deux fois[84] dans l'*Egalité,* et son premier témoignage est un des rares que Marie de Gournay ait plus ou moins évoqué à bon escient. Elle écrit que

> Seneque d'autre part publie aux Consolations; qu'il faut croire que la Nature n'a poinct traicté les dames ingratement, ou restrainct et racourcy leurs vertus et leurs esprits, plus que les vertus et les esprits des

hommes: mais qu'elle les a doüées de pareille vigueur et de pareille faculté à toute chose honeste et loüable.

Il s'agit ici d'une allusion à la *Consolation à Marcia,* fille de Cremutius et « femme de cœur et de tête, digne en tous points de son père par l'intelligence et le caractère »[85]. Sénèque a pour elle la plus grande admiration:

> Si je ne savais, Marcia, que tu es aussi étrangère à la faiblesse d'âme de ton sexe qu'aux autres imperfections humaines et que ton caractère a quelque chose d'antique qui le fait regarder comme un modèle, je n'oserais m'attaquer à ta douleur, etc.[86].

Mlle de Gournay passe sous silence l'unicité de Marcia, sans « la faiblesse de son sexe », car ce sont les envolées oratoires de Sénèque qui l'intéressent davantage:

> Mais qui donc osera dire que la nature ait moins généreusement doué les femmes et qu'elle ait rétréci le champ de leurs vertus? Elles ont, tu peux m'en croire, autant de force que les hommes; elles trouvent en elles, quand elles veulent, les mêmes ressources morales; elles supportent avec autant de courage la souffrance et le chagrin, dès qu'elles y sont accoutumées[87].

C'est cet hommage vibrant à la féminité exaltée que Marie de Gournay se devait de rapporter.

Etant une source et une inspiration constante dans les écrits de Marie de Gournay, Montaigne, ce « tiers chef du Triumvirat de la sagesse humaine et morale en ses Essais », vient parfois lui prêter main forte. Ainsi, lorsqu'elle écrit que « cette authorité que Platon leur (aux femmes) depart en sa Republique: et qu'Antisthene nioit toute différence au talent et en la vertu des deux sexes », elle calque plus ou moins un passage des *Essais,* III, V. Montaigne, en effet, avait écrit plus laconiquement que « le philosophe Antisthene ostoit toute distinction entre leur vertu et la nostre »[88]. Marie de Gournay ajoute « talent ». Elle a pourtant dû se rendre compte en lisant le *Banquet* de Xénophon que ce même Antisthène, qui y paraît en compagnie de Socrate, n'était pas tellement respectueux envers les femmes. En parlant de sa « richesse » (il n'avait jamais le sou!), il dit:

> Si j'éprouve en ma chair un désir amoureux, la première venue fait mon affaire; aussi les femmes dont je m'approche me comblent-elles de caresses, parce que nul autre ne consent à aller avec elles[89].

La femme, objet sexuel, prostituée et avide de plaire. En somme, Antisthène est plutôt un témoin gênant.

Enfin, un mot de Paterculus qui « nous apprend, qu'aux proscription[s] Romaines, la fidelité des enfans fut nulle, des affranchis legere, des femmes tresgrande ». Velleius Paterculus (19 av. J.C.-31 apr. J.C.) est l'auteur d'une *Histoire Romaine*[90] où l'on lit qu'

> Il faut cependant noter qu'à l'égard des proscrits très grand fut le dévouement de leurs épouses, moyen celui de leurs affranchis, quelconque celui de leurs esclaves, nul celui de leurs enfants[91].

C'est dire que les femmes faisaient preuve d'une plus grande soumission à leur maris tombés en disgrâce. Mais, selon Marie de Gournay, la « foy (...) comprend toutes les vertus principales », ce qui est une étrange manière « féministe » de chanter les louanges des femmes.

Il va de soi que l'antiquité gréco-romaine n'a parlé de l'égalité des hommes et des femmes que du bout des lèvres. Marie de Gournay se laisse cependant emporter par sa passion et sa sensibilité féminine (sa « féminitude » dirait-on aujourd'hui). Elle veut convaincre avec des arguments d'autorité, mais elle ne se rend pas compte que sa dialectique, nourrie d'érudition, reste accrochée, presque servile, à la parole virile du passé. « Fille d'alliance » de Montaigne, son soi-disant « féminisme » laisse un goût amer de dépendance intellectuelle. Dans de telles conditions on devine aisément que le traitement des Pères de l'Eglise, ou de saint Paul, a été, lui aussi, quelque peu arbitraire[92].

Disons à la décharge de Mlle de Gournay qu'elle a cité ou évoqué saint Basile et saint Jérome avec plus de circonspection que dans le cas de ses sources dites gréco-latines. C'est en 1616 que paraissait à Paris la première traduction française des homélies de saint Basile, par Jean de Saint-François. C'est un passage de ce texte que Mlle de Gournay cite librement dans l'*Egalité:*

> La vertu de l'homme et de la femme est mesme chose, puis que Dieu leur a decerné mesme creation et mesme honneur: *masculum et foemininam fecit eos.*

En regard d'une traduction moderne[93], la citation dans l'*Egalité* est fidèle. Qu'on en juge: «... L'Ecriture a ajouté: *'Homme et femme il les créa.'* La femme aussi possède, comme le mari, le privilège d'avoir été créée à l'image de Dieu. Egalement honorables sont leurs deux natures, égales leurs vertus, égale leur récompense et semblable leur condamnation »[94]. « Voila donc la deposition de ce puissant pilier, et venerable tesmoing de l'Eglise », écrit Mlle de Gournay. L'argument d'autorité est ici invulnérable.

Il en est de même lorsqu'elle écrit que « Dieu mesme leur (les femmes) a departy les dons de Prophetie indifferamment avec les hommes », allusion sans doute aux *Actes des Apôtres* de saint Luc, où on lit: « Vos fils et vos filles prophétiseront, ... », et « Il y avait quatre filles vierges, qui prophétisaient »[95]. Même saint Paul, dans la première *Epître aux Corinthiens,* parle des femmes qui prophétisent, mais dans un contexte moins favorable, comme on pouvait s'y attendre: « Toute femme qui prie ou prophétise le chef non violé fait honte à son chef, elle est comme une femme rasée (XI, 5) »[96]. Et quelques lignes plus bas: « Car l'homme ne vient pas de la femme mais la femme, de l'homme, car l'homme n'a pas été créé pour la femme mais la femme, pour l'homme (XI, 8-9) »[97].

Ce n'est donc ni avec saint Basile, ni avec saint Luc ou saint Jean (que Mlle de Gournay appelle « Jean l'Aigle »), que le mérite, voire l'égalité de la femme sont compromis [98]. Parmi ses témoins elle range également saint Pierre, dont le témoignage reste cependant un peu plus suspect. Dans la première *Epître de Pierre,* le chapitre III commence de la façon suivante:

> Femmes, soyez de même soumises chacune à votre mari pour que ceux qui seraient rétifs à la parole soient gagnés sans paroles par la conduite de leur femme (...) Telle fut Sara qui obéissait à Abraham et l'appelait son seigneur, ... (III, 1 et 6)

Pierre conseilla ensuite aux maris d'habiter

> de même intelligemment chacun avec votre femme comme avec un être plus faible et honorez-la comme cohéritière de la grâce de la vie, pour que rien n'empêche vos prières (III, 7)[99].

Quant à saint Jérome, selon Marie de Gournay, il « escrit sagement à nostre propos; qu'en matiere du service de Dieu, l'esprit et la doctrine doivent estre considerez, non le sexe ». On sait que saint Jérôme ne fuyait pas la compagnie des dames, mais il leur conseillait surtout la virginité (voir sa lettre à Eustochium[100]), car chez les Pères de l'Eglise, « c'est la chair que l'on flétrit, la femme sexuée que l'on vilipende »[101]. Saint Jérôme, plus violent que généreux, sexuellement irritable, comme il ressort de certaines de ses lettres[102], n'est le défenseur de la femme que dans la mesure où celle-ci consent à abandonner son être charnel. « La virginité est un don de nature, les noces un don du péché »[103], écrit-il. L'assertion a de quoi plaire à Mlle de Gournay. Par ailleurs, les seules connaissances que saint Jérôme réserve aux femmes portent sur la compréhension des Ecritures. Pour le reste, « Ne te fais point passer pour femme d'esprit, capable de tourner joliment odes ou épigrammes . . . »[104]. Ce témoin, en fin de compte, risque d'être aussi gênant que saint Paul.

« Les textes de saint Paul seront une des grandes sources d'un courant antiféministe chrétien », a-t-on écrit[105]. Marie de Gournay cherche pourtant à l'excuser d'avoir défendu le ministère aux femmes, non par mépris, dit-elle, mais parce que les femmes pourraient distraire les hommes « de ce qu'elles ont de grace et de beauté plus que les hommes »! Il s'agit là d'une interprétation saugrenue de l'attitude paulinienne. Pourtant, saint Paul est clair:

> . . . que les femmes se taisent dans les églises. Il ne leur est pas permis de parler; mais qu'elles soient soumises, comme dit la Loi.
> Si elles veulent apprendre quelque chose, qu'elles questionnent leurs maris à la maison, car il est honteux pour une femme de parler dans une église (*Ire aux Corinthiens*, XIII, 34-35)[106].

Dans la *Ire à Timothée,* saint Paul est encore plus limpide:

> Que la femme apprenne en silence, en toute soumission; et je ne permets pas à la femme d'enseigner ni de prendre autorité sur l'homme, mais de garder le silence. Car Adam a été fait le premier, et Eve ensuite (II, 11-13)[107]

D'autres textes où saint Paul prêche la soumission de la femme à son mari sont trop connus pour qu'on les répète (voir *Aux Ephésiens,* V, 22-24; *Aux Colossiens,* III, 18). Marie de Gournay les passe tout simplement sous silence.

Bilan et Conclusion

Dans l'ensemble les preuves du mérite des femmes, qu'elles soient tirées de sources païennes ou chrétiennes, restent faibles et peu fiables. On s'étonne qu'on ait pu écrire que « l'idée de présenter une défense des femmes dont tous les éléments seraient empruntés à des hommes était heureuse »[108]. L'idée nous paraît plutôt maladroite, surtout si l'on veut démontrer le « féminisme » de Mlle de Gournay. Mais ce qui fait sans aucun doute le charme de l'*Egalité,* c'est la passion qui l'inspire et qui, en dépit d'une évidence accablante, refuse de reconnaître la misogynie du passé comme source de la misogynie du présent. Marie de Gournay est grisée par la célébrité des hommes illustres qu'elle convoque au tribunal de la vérité. Dans le *Grief des dames* (publié quatre ans après l'*Egalité*), où elle donne libre cours à sa colère contre les hommes, lettrés et courtisans, qui refusent de prêter une oreille attentive à la parole féminine, Marie de Gournay réitère sa confiance en l'autorité du passé:

> Si je daignois prendre la peine de proteger les Dames, j'aurois bien tost recouvré mes seconds en Socrates, Platon, Plutarque, Seneque, Antisthenes, ou encores, Sainct Basile, Sainct Hierosme, et tels esprits...

Il y a là un entêtement, une conviction du cœur, qui caractérisent si bien l'univers intellectuel de Marie de Gournay. Sa pensée est dominée par ses émotions: elle ressent puissamment en elle-même sa spécificité féminine qui refuse obstinément toute discrimination sexuelle; elle est toutefois victime du piège de son érudition, où elle ne trouve, sans les reconnaître, que des témoins de mauvaise foi. Il y a donc quelque chose de désolant (et de triste même) dans cette quête de l'égalité des hommes et des femmes, qui se fie avec quelque candeur au langage des hommes. Le « féminisme » de Marie de Gournay, inspiré par la misogynie voilée du passé, se retourne contre elle parce qu'elle l'a nourri d'une argumentation masculinisante, au lieu de lui faire dire tout simplement, mais avec une égale passion: « Ecoute ma différence »[109]! Mais il aurait fallu qu'elle soit disciple de Descartes, et non de Montaigne...

On se sent donc contraint de dire que Marie de Gournay semait à tous vents les noms de ceux qui, par moments, avaient eu un mot aimable (et souvent conciliant) pour les femmes. Depuis les philosophes de l'Antiquité, en passant par historiens, apôtres, Pères de l'Eglise, jusqu'à Montaigne, « coudoyant » Erasme, Henri Corneille Agrippa, Baldasar Castiglione, le discours viril sur la femme est la plupart du temps, sous des dehors de générosité, un tissu de galanterie, de paternalisme et de condescendance. On a essayé de prouver le contraire en allongeant la liste de ceux qui prirent part à la « querelle des femmes »[110]. Mais que de noms obscurs pour une cause si lumineuse! Et dès qu'un témoin sympathique affiche quelque stature intellectuelle, quelque renommée rassurante, sa défense ou ses louanges s'enlisent dans les ambiguïtés de son œuvre. Le tort de Marie de Gournay est d'avoir été séduite par des sourires de bienveillance. Ce qui manqua à son « féminisme », et forcément à l'efficacité de ses plaidoiries, c'est la méfiance. Dans ces conditions, l'*Egalité des hommes et des femmes,* ainsi que le *Grief des dames,* constituent des vœux ardents, fondés sur la naïveté et soutenus par des élans passionnels, plutôt que des manifestes solidement raisonnés et péremptoires, destinés à promouvoir la cause de l'authenticité et de l'égalité féminines.

En dépit des moqueries et des injustes reproches dont elle a été l'objet, Marie de Gournay mérite sa place dans l'histoire de la pensée française et de la littérature féminine. Il fallait du courage en ce début du XVIIe siècle pour entreprendre la défense de son sexe à partir d'une dialectique qui s'appuyait un peu trop lourdement sur l'arsenal érudit. Il y avait aussi presque quelque scandale à voir une femme manipuler avec autant de fougue (et de savoir) un héritage savant habituellement réservé aux hommes. Marie de Gournay n'a pas hésité à pénétrer l'enceinte sacrée de l'érudition. Elle bouleversait les traditions. Elle prouvait, grâce à l'exemple de sa propre personne, plus même qu'avec ses arguments, qu'une femme était capable de s'instruire et d'émettre une opinion rationalisante fondée sur l'étude. Longtemps avant qu'il ne soit question de la « femme savante » (dont on se moquerait!), Mlle de Gournay démontrait brillamment la vitalité de l'intellect féminin.

Enfin, grâce à ses premières expériences littéraires, quand s'épanouissait sa féminité tourmentée, elle comprit que l'émancipation intellectuelle de la femme de son temps exigeait le sacrifice de sa sexualité, des plaisirs de l'amour et du confort de la dépendance.

❋ ❋ ❋

III

Mademoiselle de Scudéry

Femme et Féministe?

Dans un ouvrage critique assez récent[1], l'auteur, René Godenne, se plaint de l'état périphérique des études consacrées à Madeleine de Scudéry. L'œuvre de Mlle de Scudéry—que peu de critiques ont eu le courage et la force de lire en entier[2]—serait trop souvent « prétexte à considérations d'ordre social ou psychologique »[3]. Les biographies, par contre, sont ce qu'elles sont et, en prime, décrivent un milieu, un comportement social, une atmosphère de « dolce farniente » en dépit des longues foulées d'une écriture marathonienne.

Ne soyons pas trop sévères pour des études dites partielles qui, malgré tout, l'une après l'autre, lèvent quelque voile sur l'univers scudérien. Du reste, cet univers vaut-il la peine d'être exploré pour les seules qualités intrinsèques des interminables romans de Madeleine de Scudéry? Ou, si l'on préfère, pour les conseils mondains des « Conversations morales »?[4] N'est-il pas plus juste de dire que cet univers reçoit surtout son éclat de la valeur documentaire qu'apportent quelques passages choisis, ici dans *Ibrahim*, là dans *Le Grand Cyrus* ou dans *Clélie?* Et si les « Conversations », œuvre également interminable d'une septuagénaire alerte, ont bénéficié d'une récente et intéressante exhumation partielle[5], c'est parce qu'elles peuvent nous renseigner sur l'air du temps en une fin de siècle bientôt évaporée. « Les critiques s'accordent pour reconnaître que ces textes, la meilleure partie de son œuvre, offrent autant sinon plus d'intérêt pour le lecteur d'aujourd'hui, que les romans »[6]. En somme, l'œuvre de Madeleine de Scudéry, « dévorée » en son temps[7], est devenue une denrée littéraire que l'on ne déguste plus que par petites bouchées. Le repas pantagruélique est devenu collation.

Les quinze dernières années ont vu une recrudescence d'intérêt pour la personne de Mlle de Scudéry grâce à la poussée d'une critique féminisante. Une femme auteur à succès—presque une femme de carrière!—, ayant choisi le célibat afin de laisser épanouir son talent et sa personnalité, a certainement de quoi plaire à l'imagination féministe. Au terme d'une étude fouillée et chaleureuse[8], Nicole Aronson écrit qu'« Après une longue période de purgatoire, où son image a été réduite à celle d'une précieuse bourgeoise et repliée sur elle-même, les progrès du féminisme, associés à une meilleure compréhension de ce qu'on peut appeler préciosité, vont peut-être permettre de restituer à Mlle de Scudéry le rang qui doit être le sien »[9]. Il est vrai qu'on pourrait inscrire Mlle de Scudéry sous une certaine enseigne féministe si on souligne qu'elle « critique la condition des femmes et le mariage qui réduit la femme en esclavage »[10]. Mais ne s'agit-il pas d'un constat, plutôt que d'un combat? Le « féminisme » de Madeleine de Scudéry, se prélassant au pays de Tendre, reste malgré tout suspect lorsqu'on remarque combien il se teinte de mondanité, de galanterie (ou relation entre les sexes), de dépendance même par rapport à l'univers viril.

Plus engagé est l'article récent de Nicole Boursier[11], où on lit qu'« Avec *Clélie* Madeleine de Scudéry a proposé l'exemple d'une femme complète, 'honorée par elle-même' »[12]. Il y a là, certes, un langage, une aspiration et une conviction aux accents féministes. Personne ne s'en plaint d'ailleurs, sauf que la tonalité souffre d'un léger timbre anachronique, joignant la création d'une héroïne fictive exemplaire (fantasme féminin de la femme « sacrée ») à l'emancipation triomphante de la femme moderne. On a fort bien montré[13] que le portrait (un genre qui plaît à Mlle de Scudéry) de la femme aimée, dans la production romanesque galante du XVIIe siècle, variait peu: belle, héroïque, souvent déifiée et inaccessible, ce qui lui donne des airs superbes d'indépendance, voire de froideur. Ce sont, par exemple, dans la prose de Mlle de Scudéry, une Cleomire, une Philonide, une Sapho[14], c'est-à-dire une triple vision de l'être féminin, mais filtrée, purifiée par un désir de grandeur et de mythification. Un peu comme le rêve féminin de la sublimation. Est-ce là du féminisme, même vieilli, ou des pointes de mégalomanie?

Grâce aux études de René Godenne on aperçoit plus clairement le visage de l'amour et de la femme dans les romans scudériens. « C'est la vision étroite de l'amour proposée avec l'omniprésence—appauvrissante—

de la femme et de ses héros-pantins sortis tout droit d'une même imagerie creuse »[15]. On songe à l'anathème de Marmontel qui ne s'était pas privé de lire le *Discours sur le Dialogue des héros de romans* de Boileau[16]: « La civilité bourgeoise et maniérée que Mademoiselle de Scudéry prêtait à ses fades héros, leur insipide et plate galanterie, la froideur de leurs entretiens, la longueur et la monotonie de leurs phrases entortillées, étaient encore plus dégoûtantes que l'ignoble prolixité du romancier gascon (La Calprenède)...[17] ». Jugements fort sévères à l'entendement de ceux qui chercheraient à louer les qualités de romancière de Mlle de Scudéry. Jugements qui font peut-être aussi trop bon marché de la complexité psychologique[18] (compte tenu de l'époque) qui caractérise certaines femmes-clés dans l'œuvre. Car il surgit parfois du monde scudérien une psyché féminine qui ne se contente pas d'une simplification ou d'une schématisation de l'héroïne romanesque cent fois reconstruite. En effet, lorsque Mlle de Scudéry analyse—oui—une figure féminine familière, et de préférence aimée, même admirée, elle offre à son lecteur, non seulement un portrait précis, mais encore un microcosme détaillé de la société féminisante idéalisée sur laquelle elle entend régner. C'est en des pages descriptives privilégiées que l'univers scudérien s'illumine et avoue ses ambitions, son objectif, sa pulsation, son rêve ou sa réalité érotiques. Rien n'est plus révélateur que de lire, sans hâte, les portraits de la Marquise de Rambouillet et de Julie d'Angennes. Rien n'est plus instructif que de découvrir Mlle de Scudéry sous les aimables, et parfois redoutables traits de Sapho.

Portraits de femmes

Cleomire et Philonide

Les portraits de la célèbre Marquise de Rambouillet et de sa fille se trouvent au tome VII du *Grand Cyrus*. La première, sous le nom de Cleomire, apparaît comme une figure divine. De là une certaine impuissance à la décrire avec précision: « la delicatesse de son teint ne se peut exprimer » (p. 296) et « il sort je ne sçay quel esclat de ses yeux qui imprime le respect dans l'ame de tous ceux qui la regardent » (p. 296). Comme à l'approche d'une figure sainte, Madeleine de Scudéry (ou Telamis) éprouve dans son cœur, dit-elle, « je ne sçay quelle crainte respectueuse, qui m'a obligé de songer plus à moy estant aupres d'elle, qu'en nul autre lieu du monde où j'aye jamais esté » (p. 296). Cleomire est à la fois temple et déesse, inspirant l'amour, mais en même temps « de la crainte & du respect » (p. 297). Il ne s'agit d'ailleurs pas d'un amour ordinaire, car les yeux de l'être sacré « ont purifié tous les cœurs qu'ils ont embrasez » (p. 297). La galanterie cède ainsi la place à un mysticisme religieux, tant Cleomire apparaît au-dessus du commun[19]. Nous assistons ici à l'instauration d'un culte (religieux) de la femme exaltée, créature unique et inviolable, parée des plus hautes vertus morales, déesse de la pureté et de la chasteté, en présence de qui « point d'homme au monde (aurait) l'audace d'avoir une pensée criminelle » (p. 297). Cet être admirable, modeste, prude et sublimé, est la femme éthérée, avec « une tranquilité sur son visage, qui fait voir clairement quelle est celle de son ame » (p. 297). Cleomire est l'être féminin désincarné, même plus extraordinaire par le rayonnement de son âme que par sa beauté. Elle maîtrise ses passions, elle est esprit avant d'être chair.

On pourrait mettre cette description hyperbolique sur le compte de l'hommage mondain, du compliment dithyrambique d'une femme à une autre. Nul doute que Madeleine de Scudéry ne réponde ici aux lois gracieuses d'une politesse mondaine qui se laissait de plus en plus bercer par les excès d'une frivole préciosité. Mais n'est-ce pas la mode, précisément, l'air du temps et ses folâtreries langagières qui fournissent l'occasion de satisfaire un désir féminin de supériorité quasi divine? Quand la femme, dans la conscience virile du XVIIe siècle[20], n'est qu'un objet d'amour physique, ou ne justifie son sexe que dans la maternité, son seul recours pour affirmer sa féminité réside dans sa désincarnation, ou la spiritualisation de son mérite. La beauté joue un rôle important dans le portrait scudérien, mais en dernière analyse, « l'esprit & l'ame de cette merveilleuse personne (ici Cleomire), surpassent de beaucoup sa beauté » (p. 298).

En outre, elle possède un savoir hors du commun. Elle a « cultivé soigneusement » son esprit, elle s'est donc donnée à l'étude, elle « sçait diverses Langues, & n'ignore presques rien de tout ce qui mérite d'estre sçeu » (p. 298)[21]. Mais ce qu'elle sait, « elle le sçait sans faire semblant de le sçavoir » (p. 298); c'est dire qu'elle fuit tout pédantisme et toute ostentation savante, ce dont Mlle de Scudéry avait horreur, comme en témoigne sa charge contre Damophile[22] dans le Livre X du *Grand Cyrus* [23]. Un des traits le plus caractéristique de la femme idéale est donc qu'elle possède des connaissances qu'elle n'étale pas, car la modestie féminine s'y oppose. Féminité doit se confondre avec pudeur et réserve: si une femme juge les ouvrages de l'esprit, prose ou vers, elle le fera « avec une modération merveilleuse: ne quittant jamais la bienseance de son Sexe, quoy qu'elle soit beaucoup au dessus » (p. 299). Nous retrouvons ici la femme destinée à vivre à l'ombre du savoir, modeste, soumise aux impératifs de la société mondaine et à tout ce que Madeleine de Scudéry estimait être la spécificité féminine. Nous sommes loin, très loin de toute velléité féministe. Il y a plus. Cleomire, savante mais retenue, est tellement au-dessus de son sexe! On devine chez Mlle de Scudéry un léger mépris pour la femme moins ou peu cultivée (sorte d'Henriette des *Femmes savantes*), une sourde misogynie dirigée contre celles qui ne nourrissent guère le fantasme de briller modestement par l'esprit; celles qui préfèrent sans doute, à défaut de science, étaler leurs charmes.

Le portrait de Cleomire se termine par un rêve de conquête mondaine. La femme astrale, aux mille vertus, savante mais discrète, règne sur un royaume du paraître et du goût. Admirée, recherchée, même par le roi, elle est la reine triomphante de l'éthique et de l'esthétique mondaines,

> car depuis le Roy, il n'y a personne en toute la Cour, qui ait quelque esprit & quelque vertu qui n'aille chez elle. Rien n'est trouvé beau, si elle ne l'a aprouvé: on ne croit point estre du monde, qu'on n'ait esté connu d'elle: il ne vient pas mesme un Estranger qui ne veüille voir Cleomire, & luy rendre hommage: & il n'est pas jusques aux excellens Artisans, qui ne veüillent que leurs Ouvrages ayent la gloire d'avoir son aprobation. Tout ce qu'il y a Gens qui escrivent en Phenicie, ont chanté ses loüanges: & elle possede si universellement l'estime de tout le monde, qu'il ne s'est jamais trouvé personne qu'il l'ait pû voir sans dire d'elle mille choses avantageuses: sans estre esgalement charmé de sa beauté, de son esprit, de sa douceur; & de sa generosité. (p. 299-300)

L'obsession de Mlle de Scudéry (et son opportunisme, car les gens de cour constituaient son public le plus avide[24]) avec tout ce qui relève de la mondanité, seul climat social où une femme de qualité peut s'épanouir, ressort également du portrait qu'elle fait de Philonide (ou Julie d'Angennes) qui a « tout ensemble beaucoup de beauté, beaucoup d'agrément, beaucoup d'esprit, & toutes les inclinations nobles & genereuses » (p. 300). Elle « est tellement née pour le Monde, pour les grandes Festes, & pour faire les honneurs d'une grande Cour » (p. 301). Ce qui distingue toutefois Philonide de Cleomire, c'est le nombre extraordinaire de ses amis, voire de ses amants. Pour la femme-déesse, le respect et l'admiration s'imposent. Pour la plus jeune Philonide, capable encore d'inspirer des émotions et des passions, l'amitié surabonde, au point où Madeleine de Scudéry semble même y prendre un léger ombrage, car l'amitié représente pour elle un rare et précieux privilège. C'est pourquoi « on est quelquesfois espouvanté comment elle (Philonide) peut faire pour respondre à l'amitié de tant de personnes à la fois » (p. 301). Suivent alors des pointes douceureuses qui trahissent quelque agacement avec cette jeune personne au cœur en éventail. « . . . je suis pourtant persuadé (c'est Telamis qui parle), écrit Madeleine de Scudéry, quoy qu'elle puisse dire, qu'il n'est pas possible qu'elle aime autant de Gens qu'il y en a ». Philonide serait donc un peu cachottière, même un peu hypocrite? Mais qu'importe? « . . . on ne laisse pas d'estre content d'elle, & de l'aimer comme si elle aimoit effectivement » (p. 301-02). La fin du portrait de Philonide (personne « admirable », il va de soi) pourrait néanmoins cacher un sous-entendu qui, à tout prendre, n'aurait peut-être pas tellement plu à Julie d'Angennes. En effet, comme Philonide est « la plus officieuse du monde », toujours prête à rendre quelque service(?), « pour peu que les Gens qui sont avec elle luy plaisent », « il suffiroit pour devenir amoureux de Philonide, de passer une apresdisnée à sa Ruelle, quand mesme on y seroit sans la voir » (p. 302) . . . C'est à la faveur de l'obscurité, la ruelle étant complètement occultée, que l'on tombe amoureux de la jeune coquette. Sommes-nous parmi les ombres des alcôves? Madeleine de Scudéry avait, bien entendu, laissé entendre que seule la conversation de l'invisible beauté pouvait inspirer de l'amour. Le trait serait alors excessivement précieux, à moins qu'il ne fasse allusion à des jeux moins innocents que favorise « un de ces jours d'Esté, ou les Dames font une nuit artificielle dans leurs chambres, pour esviter la grande chaleur » (p. 302). Ce qui fut dithyrambe pour Cleomire risque de n'être que civilité artificieuse pour Philonide, sous le couvert de la chaleureuse amitié.

En réalité, les jeunes beautés et leurs airs galants qui attirent les amants empressés n'ont jamais plu à Mlle de Scudéry. C'est également dans *le Grand Cyrus* qu'elle aborde la question de la galanterie, autant pour l'homme que pour la femme. Nous verrons qu'elle y manœuvre avec beaucoup de subtilité, mais elle reste intraitable pour les femmes qui jouent trop de leurs charmes et qui se laissent aisément conquérir. C'est que l'idée même de l'amour sous sa forme la plus naturelle répugne à Madeleine de Scudéry. Elle est prisonnière de son univers saphique, où l'Eros, sous le masque d'un amant, n'a nul droit de pénétrer. C'est dans ce sens que Mlle de Scudéry embrasse l'éthique précieuse[25], elle qui avouait « dans une curieuse correspondance avec Mme Deshoulières, (que) ses romans qui ont tant célébré le parfait amour, étaient écrits contre l'amour »[26].

Au moment de la publication du *Grand Cyrus* (Tomes I-X en 1654), Madeleine de Scudéry frisait la cinquantaine, un âge où elle avait définitivement perdu toute illusion sur les plaisirs de l'amour coquin, si du moins elle en avait jamais eu. Il n'est donc pas étonnant qu'elle se pâme devant la grâce et l'ascendant de la Marquise de Rambouillet, déjà d'un âge mûr au moment où Mlle de Scudéry la rencontre pour la première fois et se met à fréquenter assidûment sa ruelle[27]. Julie d'Angennes, par contre, née en 1607, a exactement l'âge de Madeleine[28], et Tallemant des Réaux, hormis quelques réserves, brosse d'elle un portrait assez flatteur:

> Après Helene, il n'y a guères eu de personne dont la beauté ayt esté plus genéralement chantée; cependant ce n'a jamais esté une beauté. A la verité, elle a toujours la taille fort avantageuse: on dit qu'en sa jeunesse elle n'estoit point trop maigre, et qu'elle avoit le teint beau. Je veux croire, cela estant ainsy, que dansant admirablement comme elle faisoit, avec l'esprit et la grace qu'elle a tousjours eue, c'estoit une fort aimable personne. Ses portraits feront foy de ce que je viens de dire.
> Elle a eu des amans de plusieurs sortes. Les principaux sont Voiture, (...) mais Voiture estoit plutost un amant de galanterie et pour badiner, qu'autrement...[29].

Julie d'Angennes, « la prude Julie, considérée comme la première des précieuses »[30], brillait parmi les galants. Elle avait, comme on dit, du « succès »[31]. Et Voiture, « l'âme du rond », la vedette des joyeusetés mondaines, n'avait d'yeux que pour elle! Mais les sages mœurs de Julie ne méritaient pas les inquiétudes de Mlle de Scudéry devant « une multitude d'Amies & d'Amis, pour ne rien dire de ses Amans » (p. 301). De toute évidence Madeleine de Scudéry, moins courtisée, sauf par le fidèle Paul Pellisson[32], s'irrite à l'idée de quelque cupidité érotique. Elle avait sans doute de l'esprit, mais elle manquait d'humour et voyait d'un œil sévère (et peut-être jaloux?) les trop pressants hommages offerts à une femme qui sut séduire. Quand elle décrit Anacrise (Angélique d'Angennes), sœur de Philonide, elle s'extasie devant sa malice et son imagination; elle admire son esprit de raillerie, sa personnalité même et ses exigences qui font qu'il n'y a qu' « un si petit nombre de plaisirs qui touchent son inclination » (p. 304). En comparaison d'Anacrise, Philonide est toute bonne, facile à satisfaire:

elle « ne s'ennuye presque jamais: (...) & porte par tout ou elle va un esprit d'accommodement » (p. 303-04) ... ». Anacrise est élitiste. Philonide, on le devine, est un peu trop légère. Si trois clefs possibles, selon A. Niderst, sont Hiparche pour Voiture, Leontidas pour Montausier, et Alcidamie pour Julie d'Angennes, personnages du premier Livre du tome III du *Grand Cyrus*, on saisit mieux les subtiles sévérités de Mlle de Scudéry. En effet, ces personnages font partie de « L'Amant jaloux, quatrième histoire » de l'« Histoire des amants infortunés »: « amoureux d'Alcidamie, Leontidas croit qu'elle accorde ses faveurs à d'autres; en fait, elle est insensible; désespéré, il s'éloigne »[33]. Voiture-Hiparche serait un des amants d'Alcidamie: il « estoit continuellement chez elle » et Leontidas fut « encore jaloux d'Hiparche » (III, p. 302). Polycrate (Condé) l'avertit toutefois: « ... c'est une personne de qui l'humeur indifferente vous donnera bien de la peine » (p. 314). Et le pauvre amant se rend compte de son infortune, car « elle ne laissoit pas de conserver l'égalité de son humeur pour tout le monde: & d'avoir une civilité universelle, qui (le) faisoit desesperer, & et qui faisoit aussi (qu'il) la persecutoi(t) estrangement » (p. 317). En fait, « elle ne se privoit pas un moment de la conversation de pas un de (ses) Rivaux (...) elle vescut enfin comme bon luy sembla ... » (p. 317). Il l'appelle alors « Cette inhumaine Fille (qui) vint à (le) regarder comme son persecutur: & à (le) traitter si cruellement ... » (p. 317). Il lui demande enfin de s'expliquer: « Quoy Madame, (...) vous n'aimerez jamais Leontidas? non pas du moins, repliqua t'elle, tant qu'il sera jaloux: & comme je ne pense pas qu'il puisse jamais cesser de l'estre, je ne pense pas aussi pouvoir jamais avoir nulle effection [sic] particuliere pour luy (...) Car enfin Leontidas, adjousta t'elle encore, je vous declare que j'aimerois incomparablement mieux espouser un homme qui me haïroit, qu'un autre qui m'aimeroit avec jalousie » (p. 321). Alcidamie-Julie est non seulement indifférente et insensible; elle est cruelle, féroce même. Le portrait de Philonide, au tome VII, quoique plus généreux, s'explique mieux si on le met en parallèle avec celui d'Alcidamie.

Ainsi, l'univers scudérien n'est pas exempt de sympathies ou d'antipathies personnelles[34]. Ce qui semble pourtant assuré, c'est que ce sont moins les anecdotes vécues en compagnie des personnages-clés du *Grand Cyrus*, qui déterminent le penchant de Mlle de Scudéry, que la conformité des personnages (surtout féminins) avec des types humains imaginés par la romancière. Il y a d'abord la femme-déesse avec laquelle Mlle de Scudéry se trouve en parfait accord. Il y a ensuite la femme-poupée, frivole, courtisée, agréable mais inconstante, qui n'est jamais tout à fait irréprochable. Il y a enfin la fausse femme savante qui pèche par un manque de modestie ou, ce qui revient au même, par un manque de féminité. Le portrait de Sapho, ainsi que ses réflexions sur la galanterie, confirment l'importance de cette typologie dans l'œuvre de Madeleine de Scudéry.

Sapho[35]

L'auto-portrait de Madeleine de Scudéry (tome X du *Grand Cyrus*) est extrêmement flatteur, frôlant, sinon la vantardise, du moins une étonnante mégalomanie. Ce n'est pas que Madeleine fût une personne désagréable, au contraire. Au lendemain de sa mort, en 1701, les éloges ne tarissent pas. « On n'en finirait pas de relever les témoignages d'estime et d'admiration que le XVIIe siècle, unanime, a rendus à Mlle de Scudéry »[36]. En général, la critique littéraire a reconnu son talent, son influence, sa place même au XVIIe siècle[37]. Mais Madeleine de Scudéry, malgré tout le bon sens qu'on lui accorde, n'a pas pu résister au plaisir narcissique, même s'il fallut qu'elle consulte son miroir à l'ombre flatteuse des chandelles[38]. En effet, ses contemporains et la postérité ont surtout retenu son manque de beauté. « Pour la beauté, écrit Tallemant des Réaux, il n'y en a nulle; c'est une grande personne maigre et noire, et qui a le visage fort long »[39]. Et Furetière, qui ne manque jamais de railler, la vise en disant que « Cette fille, nommée Polymathie, n'avoit pas eu la beauté en partage, tant s'en faut; sa laideur estoit au plus haut degré, et je ferois quelque scrupule de la descrire toute entiere, de peur d'offenser les lecteurs d'imagination délicate »[40].

Il y a là, certes, une part d'exagération. Quoi qu'il en soit, Madeleine n'hésite pas à se dépeindre sous les traits remarquables de Sapho qui « fut si peu Enfant, qu'à douze ans [comme l'Enfant divin] on commença de parler d'elle comme d'une Personne dont la beauté, l'esprit, & le jugement, etoient desja formez, & donnoient de l'admiration à tout le monde » (p. 331); et elle devint « la plus merveilleuse, & (...) la plus charmante Personne de toute la Grece » (p. 331). Ironie? ou abandon au rêve de la beauté séduisante? à l'attrait de cet ascendant que Sapho ou Madeleine peuvent exercer sur leur entourage? Comme dans le cas de Cleomire, nous retrouvons l'image de la femme-étoile qui gouverne sur les cœurs et les esprits, la femme « digne de porter une Couronne » (p. 331). Le charme de cette beauté royale, née d'une pensée fugitive, peut-être d'un regret, ne saurait toutefois aveugler Mlle de Scudéry. Aussi convient-il de dire qu'« il ne faut pourtant pas vous imaginer que sa beauté soit une de ces grandes beautez, en qui l'Envie mesme ne sçauroit trouver aucun deffaut » (p. 331). Réserve donc, mais qui n'empêche pas que Sapho soit « capable d'inspirer de plus grandes passions, que les plus grandes beautez de la Terre » (p. 331-32). La beauté physique, on le sait déjà, n'est jamais primordiale aux yeux de Madeleine de Scudéry. Il suffit que le regard ait de l'éclat, qu'il soit « souverainement agreable » (la même idée de royauté), et Sapho a « les yeux si beaux, si vifs, si amoureux, & si pleins d'esprit, qu'on ne peut ny en soutenir l'esclat, ny en detacher ses regards » (p. 332). On ne résiste donc pas à Sapho dont les « regards (sont) redoutables » : elle est la sublime conquérante d'un royaume où il lui suffit de tendre ses « mains si admirables », car « ce sont en effet des mains à prendre des cœurs » (p. 332-33).

Le monde idyllique qui se profile derrière cette nouvelle Aphrodite est régi par l'Eros feutré de l'imagination scudérienne. Sapho représente dans la création littéraire un désir mille fois vécu en songe. Elle-même si peu choyée par des regards amoureux, Madeleine de Scudéry projette ses fantasmes galants sur un *alter ego* empreint d'amour: que Sapho prenne la plume et on voit aussitôt « un caractère si amoureux dans tous les Ouvrages de cette admirable Fille » et « un certain tour amoureux à tout ce qui part de son esprit » (p. 333). Grâce à Sapho, Madeleine de Scudéry imagine et éprouve l'extase de la passion, faite de délices, de promesses et de souffrances, cette passion que Sapho, grâce à quelque velléité masochiste, rend plus intense et plus voluptueuse:

> Elle exprime mesme si delicatement les sentimens les plus difficiles à exprimer; & elle sçait si bien faire l'anatomie d'un cœur amoureux, s'il est permis de parler ainsi, qu'elle en sçait descrire exactement toutes les jalousies; toutes les inquietudes; toutes les impatiences; toutes les joys; tous les dégousts; tous les murmures; tous les desespoirs; toutes les esperances; toutes les revoltes; & tous ces sentimens tumultueux, qui ne sont jamais bien connus que de ceux qui les sentent, ou qui les ont sentis. (p. 333-34)

Le style se gonfle ici d'une accumulation débridée de sentiments[41], d'un surgissement passionnel à peine contenu; les mots flagellent et meurtrissent l'âme et le corps. Bientôt, sur un même registre, nous entendrons les cris déchirants des *Billets galants* de Marie-Catherine Desjardins, ou la voix brisée de la religieuse portugaise. Ce masochisme impudent (rare, il est vrai, dans l'ensemble de son œuvre) que Mlle de Scudéry offrait à ses lectrices était pour ainsi dire une invitation à se prosterner, dans les souffrances, devant l'autel de la passion. Emportée par la volupté des mots, Madeleine-Sapho évoque la femme qui souffre des peines du cœur et qui s'humilie devant le dieu impitoyable de l'amour. Nous sommes loin d'un « féminisme » libérateur...

Comme il se doit, Sapho, « qui sçait tant de choses differentes, les sçait sans faire la sçavante; sans en avoir aucun orgueil; et sans mepriser celles qui ne les sçavent pas » (p. 334). C'est « qu'elle songe tellement à demeurer dans la bien-seance de son Sexe, qu'elle ne parle presques jamais que de ce que les Dames doivent parler » (p. 335). Savante mais discrète, un peu taiseuse même lorsqu'on aborde des sujets sérieux en présence des hommes qui, eux, ont toujours droit de parole. Sapho, en tant que femme, possède donc la qualité mondaine du silence. Elle est déjà ce que Clitandre voudra qu'elle soit dans sa célèbre tirade des *Femmes savantes* (I, III, « Je consens qu'une femme ait des clartés de tout », etc.).

C'est toutefois sous le couvert de l'amour platonique que Sapho-Madeleine se révèle le mieux, et que l'on jauge plus aisément son « féminisme » suspect. Après avoir avoué qu'elle reconnaît les sentiments que Phaon lui porte, elle déclare qu'elle n'a « nulle intention de respondre à son amour. Car enfin, comme l'acte de bien-seance ne se contente pas de deffendre les amours criminelles, & qu'elle deffend mesme les plus innocentes, il faut la suivre, & ne s'exposer pas legerement à la médisance » (p. 411). Sa chasteté la met donc à l'abri des attouchements et des plaisirs corrompus de la chair. Elle n'a d'ailleurs nulle intention de se fier à la constance des hommes, car, dit-elle: « je n'en ay pas connu deux que je puisse croire capables d'un attachement de la nature de celuy que j'imagine » (p. 412). Et en dehors de ce qu'elle imagine, les « facheuses suites » de l'amour, comme les grossesses, n'accompagnent que des sentiments « grossiers, brutaux, & terrestres » (p. 412). C'est cette méfiance des hommes, et sans doute une méfiance de ses propres faiblesses, qui incite Madeleine de Scudéry à désexualiser la figure féminine idéale. Nous retrouvons ici le réflexe de Mlle de Gournay, également vouée à la chasteté, au « veuvage », à l'intégrité inviolée de sa nature féminine. Ce refus de la réalité érotique représente, bien entendu, un geste d'hostilité contre un univers où règne l'arrogance virile. Tel quel, ce geste serait même facilement confondu avec une attitude féministe radicalisée. Mais le féminisme est autre chose qu'un retrait, qu'un repli sur soi, ou qu'un refus d'hétérosexualité. En marge de son agressivité anti-phallocratique, souvent justifiée, le féminisme emploie la majeure partie de ses efforts à réhabiliter et à définir la sexualité féminine dans un cadre socio-culturel restructuré, c'est-à-dire mû par une dynamique, un progrès, une révolution. C'est là une démarche totalement inconnue à Mlle de Scudéry.

Madeleine de Scudéry, sous les traits de Sapho, rejette la sexualité parce qu'elle craint, prétend-elle, ses « déreglemens ». On ne s'attendait pas à des vues aussi moralisantes sur la passion amoureuse: « Je condamne sans doute, dit-elle, tous les déreglemens de l'amour, mais je ne condamne pourtant pas la passion qui les cause » (p. 413). En réalité, elle craint la responsabilité de l'amour vécu; elle se satisfait en aimant l'idée de l'amour, plutôt qu'un objet d'amour. En somme, elle est amoureuse de l'amour, un comportement psychologique courant chez l'adolescente, mais curieux, sinon inquiétant, chez la femme mûre. Au risque de ternir sa réputation, on pourrait taxer la conduite de Mlle de Scudéry d'infantilisme. Rêveuse à souhait, et toujours errant dans un décor de conte de fée, elle se complaît dans le tumulte du cœur ému, dans l'attente orgastique jamais comblée, dans la douceur d'imaginer l'amour comme un plaisir narcissique, aimable tyran sans visage, caché dans l'ombre d'un fantasme récurrent. Pourquoi, sinon, s'affolerait-elle à l'idée même du mariage? de la co-existence et de la co-habitation? « . . . si je surprenois dans mon cœur, un simple desir d'espouser quelqu'un, j'en rougirois comme d'un crime » (p. 414). Crime, péché ou folie. Peu importe la différence, puisque se lier, c'est s'exposer « à l'indifference, & de l'indifference à la haine & au mépris » (p. 415). Elle ne le supporterait pas (Princesse de Clèves, entendez-vous?): sa vanité de femme-reine, ou de femme-déesse, fuit le spectre de l'infidélité latente. La reine des cœurs refuse la pensée même d'être délaissée. Elle ne pourrait survivre à la trahison. Voilà Sapho, ou Madeleine, reine de Tendre, « dans son royaume du Marais »[42], reine du Samedi, avec, à côté d'elle, ses pantins. Dans de telles conditions, la psychologie scudérienne de la femme déifiée, inviolée, (immaculée?) se situera toujours en marge de toute réalité érotique. L'imaginaire l'emporte sur le réel.

Cet imaginaire, par contre, a ses exigences, ses ordres, ses propres vœux tyranniques, comme il advient plus souvent dans le rêve amoureux que dans la banalité du quotidien. Le monde onirique de Madeleine de Scudéry, que la littérature fait éclater, se gonfle d'une psychologie du vouloir. A Cydnon qui lui pose la question: «... dittes moy un peu plus precisément comment vous entendez qu'on vous aime, & comment entendez-vous aimer? » (p. 415), Sapho répond:

> J'entens (...) qu'on m'aime ardemment; qu'on n'aime que moy; & qu'on m'aime aveque respect. Je *veux* mesme que cette amour soit une amour tendre, & sensible, qui se face de grands plaisirs de fort petites choses; qui ait la solidité de l'amitié; & qui soit fondée sur l'estime & sur l'inclination. Je *veux* de plus, que cét Amant soit fidelle & sincere: je *veux* encore qu'il n'ait ny Confident, ny Confidente de sa passion: & qu'il renferme si bien dans son cœur, tous les sentimens de son amour, que je puisse me vanter d'estre seule à les sçavoir. Je *veux* aussi qu'il me dise tous ses secrets; qu'il partage toutes mes douleurs; que ma conversation & ma veuë facent toute sa felicité; que mon absence l'afflige sensiblement; qu'il ne me dise jamais rien qui puisse me rendre son amour suspecte de foiblesse; & qu'il me dise tousjours tout ce qu'il faut pour me persuader qu'elle est ardente, & qu'elle sera durable. Enfin, ma chere Cydnon, je *veux* un Amant, sans vouloir un Mary; & je *veux* un Amant, qui se contentant de la possession de mon cœur, m'aime jusques à la mort: car si je n'en trouve un de cette sorte, je n'en *veux* point. (p. 415)

Ce texte où domine la volonté amoureuse est capital pour la psychologie précieuse de Mlle de Scudéry. Le discours agressif affirme le vouloir triomphant de la femme possessive, avide de respect et de reconnaissance (velléité féministe); la relation traditionnelle de maître et d'esclave, se référant à l'homme oppresseur et à la femme oppressée, est toutefois renversée[43]. C'est l'amant qui est frappé d'aphasie dans ses rapports sociaux. Il ne parlera qu'en présence de sa « maîtresse ». Il se dépersonnalisera puisque nul secret intime ne lui sera plus jamais permis; il admirera sa reine, il partagera ses douleurs. En l'absence de cette femme qui le possède, il souffrira, cruelle exigence de la « maîtresse » déifiée.

Cydnon veut toutefois en savoir davantage. Quelle est donc la part de Sapho dans ce pacte redoutable? La réponse est sibylline: c'est « qu'en vous disant l'un, (...) je vous ay dit l'autre » (p. 416), tout en rappelant que l'amant doit forcément être « plus complaisant, plus soigneux, & plus soûmis » (p. 416). D'ailleurs la différence entre cette maîtresse et cet esclave, « c'est que l'Amant doit tousjours tesmoigner toute son amour, &

que l'Amante doit se contenter de luy permettre de deviner toute la sienne » (p. 416). La certitude revient à la femme-reine; à l'homme, amant prosterné, sont réservés l'espoir et l'illusion. Il est évident que le seul type de « féminisme » que l'on pourrait ici reconnaître est celui qui se complaît exclusivement dans des manœuvres de vengeance et de revanche. Au nom de la tendre et illusoire amitié, Madeleine de Scudéry prône la domination féminine sur le cœur et l'esprit de l'homme. Mais à travers les brumes du rêve de conquête, on n'aperçoit qu'une figure féminine faite de marbre ou de pierre, montée sur un socle, lointaine et hautaine, comme il convient aux déesses au sourire figé.

Mlle de Scudéry, championne des femmes? Sans doute, si on souhaite un monde où la guerre des sexes aboutit à une nouvelle inégalité, la femme étant parvenue à écraser l'homme sous son mépris. Les protestations de Mlle de Gournay avaient la fraîcheur, et parfois le charme naïf, de nouveaux printemps. Celles de Mlle de Scudéry ont trop souvent la froideur des maîtresses statufiées.

La Femme misogyne

Une question que l'on voudrait enfin poser, aussi paradoxale soit-elle: Mlle de Scudéry, ou son Sosie, Sapho, aimait-elle vraiment les femmes? ou mieux, la féminité, non dans le sens érotico-sentimental où l'entendent les hommes, mais dans son sens le plus ontologique? Que pense-t-elle de la femme aux prises avec les pièges et les jeux interdits de la galanterie, ce colin-maillard qu'hommes et femmes jouent en dehors des plaisirs oniriques? Car la galanterie, en laquelle Mlle de Scudéry se prétend experte, n'est pas autre chose qu'une variante raffinée de la collision inévitable des sexes. Par ailleurs, quels sont le mérite, le bonheur ou le malheur de la jolie femme, assaillie d'hommages et de vœux ardents, et pour qui, selon le mot de Mongrédien, « l'amour est plus physique que métaphysique »?[44].

« L'air galant »[45], dit Sapho, n'est pas facile à circonscrire. « C'est je ne sçay quoy » (p. 524), mais « il faut avoir aimé ou souhaité de plaire, pour l'aquerir » (p. 526). Il est ce qui rend les honnêtes gens « aimables; & ce qui les fait aimer » (p. 526). L'air galant possède un « charme secret », un « je ne sçay quoy qui plaist » et qui, sans nul doute, établit une relation d'amitié ou d'amour. L'air galant est donc soutenu par un désir de plaire à

autrui, de préférence une personne du sexe opposé. Tout le passage sur
« l'air galant » (assez ennuyeux, il est vrai, car il est même question
d'habitudes vestimentaires . . .) camoufle fort habilement une casuistique
de l'amour, étant donné que l'air galant consiste principalement à *séduire*.
Ce n'est ni se conformer à la mode, ni s'affairer en société, ni s'adonner à
un domjuanisme infini. En somme, l'air galant est comme une chiquenaude
que l'on donne à l'inclination. L'air galant est rare et exclusif, car il est rare
et difficile d'aimer.

Le ton du passage est d'abord serein, inquisiteur, raisonnable. Mais
au souvenir des amants trop empressés, « grands diseurs de douceurs, qui
font les languissans eternels » (p. 528), le discours scudérien se fait plus
passionné, plus incisif, comme si un passé sans amour s'y était cruellement
infiltré. « . . . je ne les puis endurer, éclate-t-elle, & je suis si persuadée
qu'ils ont dit cent mille fois tout ce qu'ils me disent, que je ne puis ny les
escouter, ny leur respondre » (p. 528). Mais les hommes ne sont pas les
seuls coupables . . . Madeleine-Sapho a été trop souvent le témoin impuis-
sant des folâtres amours qui papillonnaient insolemment sous ses yeux. Il
est temps de le dire, non sans irritation:

> Cependant je suis contrainte d'avoüer, que c'est aux Femmes à qui il se
> faut prendre de la mauvaise galanterie des hommes: car si elles
> sçavoient bien se servir de tous les Privileges de leur Sexe; elles leur
> aprendroient à estre veritablement galans, & elles n'endureroient pas
> qu'ils perdissent jamais devant elles le respect qu'ils leur doivent.
> (p. 530).

Ni le ton, ni la psychologie féminine qui le dicte (ou est-ce la
psychose, sous forme de paranoïa?) n'ont changé. Le Sexe (au XVIIe
siècle, les femmes) a ses privilèges! Et il a droit, avant tout, au respect!
C'est donc encore la femme déifiée qui prononce l'arrêt. Mlle de Scudéry
cloue au pilori toutes les femmes qui, selon elle, refusent de s'élever au
niveau inviolable de la souveraineté féminine. Elle estime, en effet, que la
moindre concession, que la moindre coquetterie féminine, destinée à attirer
un amant, constitue une trahison, sinon une lâcheté. Elle est sévère, intransigeante même, pour la femme qui cède au désir de son amant: « Mais le
mal est que les Femmes qui se mettent la galanterie de travers dans la teste,
s'imaginent qu'à force d'estre indulgentes à leurs Galans, elle (sic) les
conservent . . . » (p. 530-31). Ces femmes, qui méritent le mépris de Mlle

de Scudéry, « ne songent ny à leur reputation, ny mesme à l'avantage de leur propre galanterie, mais seulement à oster un Amant à celle-cy; à attirer celuy-là; à conserver cét autre; & à en engager mille si elles peuvent » (p. 531). Ainsi, selon Madeleine de Scudéry, le monde féminin est divisé en deux. D'un côté, les femmes fières, chastes et hautaines, dont le charme naturel comble les espoirs amoureux sans qu'elles aient à s'en soucier. Ce sont les femmes-statues, élevées au-dessus du commun, inaccessibles mais toujours adulées. De l'autre côté, les nymphomanes, ou pour parler le langage de l'époque, les coquettes[46], toujours soucieuses d'être désirées, prises et reprises. Madeleine de Scudéry les condamne au nom de la vertu (Arsinoé est à l'écoute), ce qui est une façon adroite de rationaliser son aversion; en même temps, elle condamne implicitement tout jeu innocent qui, en clins d'yeux et en sourires complices, fait que homme et femme se découvrent, comme en une danse rituelle de printemps, quand monte la sève.

Fidèle au culte qu'elle a voué à la femme « sacralisée », Mlle de Scudéry veut que la relation amoureuse se fonde sur le respect inaltérable de la vertu féminine. Lorsqu'elle exprime son appréhension de voir une femme qui « hasarde sa gloire », elle ne fait que traduire sa propre crainte de tout abandon sexuel. La prudence et la vertu féminines sont les pierres de touche de l'éthique scudérienne, et, sans que le mot soit prononcé, la virginité représente l'état féminin idéal (et idéalisé). Ce qu'elle reproche amèrement aux femmes, c'est d'accorder « leurs faveurs » et, par conséquent, d'entretenir l'hégémonie masculine. Elle estime que les femmes se font trop souvent les complices des hommes, car sans leur docilité, « les hommes seroient plus complaisans, plus soigneux, plus soumis, & plus respectueux qu'ils ne sont » (p. 532). Nous retrouvons ici l'obsession scudérienne avec un « renversement du pouvoir », possible grâce au refus du corps, « De sorte que chacun estant à sa place, c'est à dire les Maistresses estant les Maistresses; & les Esclaves, les Esclaves; tous les plaisirs reviendroient en foule dans le monde: la politesse y regneroit: & la veritable galanterie se reverroit en son plus grand esclat » (p. 532). Le monde idéal est un monde asexué.

La prolixité littéraire de Madeleine de Scudery contient en filigrane les déceptions de sa chaste vie amoureuse. De là son mépris pour celles qui vivaient leur féminité sexuelle sans fausse pudeur. Ce n'est pas aimer les femmes que de les traiter d'« interessées », de « lasches », de « fourbes », de « foibles » (p. 532). Les femmes qui refusent, naturellement, d'adhérer à la morale sexuelle étroite de Mlle de Scudéry sont vues comme des créatures qui ne cessent de « s'entrequereller », de « s'entre-deschirer » et de « vendre leur cœur par un sentiment mercenaire » (p. 533). La « deffense du Sexe » par Madeleine de Scudéry repose paradoxalement sur une étrange misogynie . . .

Le « féminisme » de Mlle de Scudéry est comme une eau un peu trouble dont on distingue assez mal le courant. Elle idéalise la femme à outrance, au bord même de ce ridicule que bon nombre de ses contemporains ont aperçu. Elle défend le droit des femmes de se cultiver et d'exiger le respect de leur mérite, mais elle leur conseille en même temps l'effacement et une discrétion extrême dans l'étalage de leur savoir. Comme le rappelait fort judicieusement Carolyn Lougee: « But Scudéry's conception of the femme savante was thoroughly mondain. Education, in her view, aimed less to advance knowledge or to develop character or conscience in the individual lady than to produce women who could function agreeably in social situations »[47]. Même si « L'émancipation féminine est évolutionnaire et non révolutionnaire », comme l'a écrit Eva Avigdor[48], Mlle de Scudéry ne répond ni à l'un ni à l'autre mouvement. Elle apprend aux femmes à « évoluer » en société. Quarante ans (deux générations!) après *le Grand Cyrus* et *Clélie,* Madeleine de Scudéry proposait encore le même modèle mondain de la féminité: en dépit d'une évidente évolution sociale, elle ne « modifie (pourtant) pas substantiellement sa vision de la femme: c'est une personne limitée par les lois, les bienséances et les conventions »[49]. Statut étriqué dont une femme socialement privilégiée pouvait sans doute s'accommoder . . .

Les Leçons de *Clélie*

Ces remarques parfois sévères, fondées essentiellement sur quelques passages du *Cyrus,* devraient sans doute être nuancées par les beautés de *Clélie*. Il est vrai que certains critiques, dont René Godenne et Georges Mongrédien, semblent avoir préféré le *Grand Cyrus* à *Clélie*. « *Clélie* cesse d'être un roman au sens fort du terme puisque le romanesque n'est plus que le support d'un propos didactique », écrit R. Godenne[50]. Mongrédien nous paraît encore plus intraitable à propos de *Clélie:* « Faute de cette clef qui nous permettrait d'arracher son secret à ce volumineux roman, celui-ci demeure fastidieux et parfaitement illisible »[51]. Pourtant, nombreux restent ceux qui, ayant étudié l'ensemble de l'œuvre de Mlle de Scudéry, n'ont pas caché leur sympathie, voire leur admiration. Antoine Adam a vu en elle un auteur moderne qui analyse « avec beaucoup de charme et de finesse, les mélancolies douces, les rêveries tristes et touchantes où s'abandonnent certaines natures sensibles »[52]. Henri Coulet a parlé de son talent à « exprimer des émotions très nuancées, la mélancolie, l'inquiétude, l'ennui », rappelant même l'accent rousseauiste « avec lequel Berelise, dans la seconde partie de *Clélie,* décrit les conditions de l'état de 'rêverie douce' »[53]. Pour sa part Nicole Aronson a souligné que la psychologie amoureuse de la femme, inflexible et sacrée dans le *Cyrus,* s'était malgré tout assouplie dans *Clélie,* sans doute pour tenir compte de « l'évolution qui se produit chez ses contemporains »[54]. Les personnages féminins sont devenus plus vulnérables, plus humains, pourrait-on dire. Le cas de Berelise, mentionnée plus haut, qui apparaît dans l'« Histoire d'Artemidore » (tome IV), est typique à cet égard: « elle a un certain enjouëment modeste quand elle veut, qui divertit plus que cette joye excessive qu'on voit en certaines personnes qui passent pour fort divertissantes. Cette Fille qui s'appelle Berelise, a de plus l'esprit si passionné, qu'elle fait presque principalement consister la gloire à sçavoir bien aymer ses Amis & ses Amies . . . » (p. 689). C'est ce genre de tempérament féminin, ainsi qu'une longue discussion sur l'utilité des passions entre Amilcar, Herminius et d'autres (tome II), qui a fait dire que Mlle de Scudéry « ose faire l'apologie des passions »[55]. Nous ne sommes pas sûr que ce soit là l'aspect le plus frappant de l'œuvre scudérienne, car « l'esprit passionné » de Berelise demeure fort apprivoisé, et la discussion toute théorique autour de la passion consiste surtout à reconnaître l'existence d'une puissance émotive derrière les actions humaines, guidées par l'amour ou l'ambition. La passion, selon Amilcar, est un remède propre à chasser l'ennui, car « Pour moy, dit-il, je ne sçache rien de plus ennuyeux que de mener une certaine vie tiede & tranquile, où sans rien desirer ny rien craindre, elle vient à n'avoir rien de plus sensible que celle que nous voyons aux Fleurs » (p. 1045). En somme, la passion, dont l'amour, à peine défini, combat l'oisiveté; sans elle, « tous les honnestes Gens n'auroient rien à faire » (p. 1048),

> Et pour les Dames, s'il n'y avoit point de passions au Monde, je (Amilcar) ne sçay ce qu'elles feroient: car comme elles sont les plus foibles, si leur beauté ne faisoit point naistre l'amour dans le cœur des hommes, & si elle ne leur tenoit point lieu de force, j'aymerois mieux estre une belle Mouche, que d'estre une belle Femme; car outre qu'elles

seroient assurément Esclaves, il est encore vray qu'elles seroient dans une oisiveté fort ennuyeuse, puis qu'elles ne sçauroient que faire de tout le temps qu'elles employent à se parer. (p. 1049)

Propos oiseux de bavards oisifs qui confondent les jeux de la galanterie avec la vitalité des vraies passions. On a d'ailleurs peine à croire que Mlle de Scudéry partage ces opinions (ce sont des hommes qui mènent le débat) pour le moins phallocratiques. Il s'agit, en effet, d'opinions qui vident de tout sens idéologique certaines déclarations pompeuses qui, prises isolément, peuvent faire illusion: « Ne nous pleignons donc point des passions, puis qu'elles font seules toutes les occupations, & tous les plaisirs de tous les hommes » (p. 1052); « . . . abandonnez vous à elles; & au lieu de vous amuser à les vouloir vaincre, cherchez plustost à les satisfaire, & vous n'en serez pas si tourmenté » (p. 1053). Cet épicurisme de salon, commode et propice aux conquêtes faciles, est soit un hiatus dans la pensée scudérienne, soit une concession libertine, et absolument sporadique, à l'abandon aux plaisirs galants. Les passions dont il est question, simple dynamique hédoniste, « donnent des plaisirs infinis à ceux qui cherchent à les satisfaire: & elles ne font presques jamais de mal, qu'à ceux qui les veulent détruire » (p. 1054). Dans le monde clos et ouaté de Madeleine de Scudéry, ce genre de passions ne porte jamais à conséquence.

Comme l'a fort bien souligné Nicole Aronson, l'amour platonique demeure la norme privilégiée dans *Clélie* [56]. Et « Reposant sur une inclination réciproque, l'amour est toujours précédé de l'estime, soumis à la raison »[57]. Les surprises dans *Clélie* ne sont certainement pas dans l'exaltation de passions qui n'ont du reste qu'une très vague ressemblance avec les sentiments violents et douloureux dont Racine se fera le peintre impitoyable, sans parler de la littérature passionnelle exemplaire de Madame de Lafayette.

Ce qui retient davantage l'attention, surtout de nos jours, c'est la critique de la condition féminine[58], telle qu'elle apparaissait déjà dans le tome X de *Cyrus,* et, avec une insistance accrue, dans *Clélie*. Le passage le plus important à ce sujet se trouve dans le tome II, où Mlle de Scudéry oppose deux jeunes femmes, filles de Servius Tullus, toutes deux nommées Tullie, mais « pour les distinguer dans la Cour, on apeloit l'aisnée la Princesse sans dire son nom, & qu'on nommoit l'autre la Princesse Tullie » (p. 861). Ce dédoublement, par le biais des deux sœurs, permet à Mlle de Scudéry de dérouler le dialogue de type socratique qu'elle affectionnait particulièrement. La méthode consiste donc à confronter des opinions contradictoires, laissant à la narratrice l'apparence d'une parfaite neutralité, mais forçant le lecteur à prendre parti. Les dés sont néanmoins pipés, car Mlle de Scudéry prête la solution mondaine, et sage, à la Princesse, « l'aisnée en toutes choses (...), belle, pleine d'esprit, douce, modeste, civile, vertueuse, & infiniment charmante » (*ibid.*), alors que la révolte « féministe » vient de l'autre, Tullie, « une beauté si fiere, qu'elle avoit plus l'air d'un jeune Heros, que d'une Heroine; & l'on peut dire qu'elle estoit belle sans estre aimable » (p. 862). Deux femmes, deux visions, la Princesse d'une beauté « brune, mais elle estoit de celles qui plaisent » (p. 861), Tullie, blonde, ayant « la voix haute, l'esprit imperieux, l'ame ambitieuse » (p. 862). Contrairement à l'usage, la brune inspire sympathie et admiration galante, alors que la blonde risque d'être antipathique, car elle « avoit tousjours eu de la dissimulation, de la malice, & du desguisement » (p. 863). On se demande finalement si Mlle de Scudéry cherche vraiment à promouvoir les idées hardies de Tullie, la blonde, puisqu'elle la peint sous des traits très peu flatteurs. Ce qui complique encore les choses, c'est que Mlle de Scudéry réserve aux deux princesses deux princes, dont l'un, Tarquin, « laid, superbe, & meschant » (p. 866), est destiné à l'aimable Princesse, tandis que l'autre, le Prince d'Ameriole, « beau, agreable, & vertueux » (*ibid.*), est promis à Tullie. On devine que la Princesse et le Prince d'Ameriole « s'aimoient sans se le dire, & ils eurent une si violente inclination l'un pour l'autre, qu'ils ne la purent cacher » (p. 868). Quel est le but, quel est le jeu que joue Madeleine de Scudéry en proposant un profil psychologique aussi peu favorable pour son personnage de Tullie, bientôt la tumultueuse porte-parole de la dignité féminine? Nous croyons que Mlle de Scudéry voulait cacher ses propres hardiesses derrière le masque renfrogné d'un personnage antipathique, parce qu'elle craignait de déplaire à son entourage galant. Elle était fière de son comportement raisonnable, de sa mondanité courtoise, de la conformité de sa conduite féminine avec les mœurs du temps; elle étouffait ses révoltes intérieures (autre source de frustrations...). La seule façon de projeter ses rancœurs et son indignation, de donner libre cours à une conviction intime qu'il aurait fallu hurler avec passion, sans craindre le ridicule(!), était donc de prêter la parole à une jeune femme audacieuse, virilisée, Héros avant d'être Héroïne, condamnée aussitôt par les bien-pensants et le monde des coquets, pour ses prétentions furieuses et son esprit acariâtre. En somme, l'esprit libéral de Mlle de Scudéry, trop consciente de la modestie féminine, trop sensible au qu'en dira-t-on, cherchait une voix androgyne: Tullie, hommasse, mécontente de son propre sexe, lui prêtait la sienne avec une arrogance scandaleuse. La seule concession que Madeleine lui fit, au risque de dévoiler sa secrète sympathie, c'est que Tullie fut blonde...

La discussion s'amorce à partir du statut des Vestales. La Princesse, brune et douce, « trouve quelque chose de si beau, & de si noble à la fonction des Vestales, qu'(elle n'en voit) jamais (qu'elle) ne leur porte envie » (p. 872). La raison, explique-t-elle, est que « ce n'est presques qu'en leur Personne que nostre Sexe est en quelque rang, & en quelque consideration » (*ibid.*). Aux yeux de la Princesse, c'est le rang sacré de la Vestale, qui lui confère sa supériorité, idée que les propos de Sapho n'avaient pas démenti. Tarquin, mais surtout Tullie, ne sont pas du tout d'accord. Et c'est dans l'esprit de contradiction et de hargne que le discours acquiert son accent féministe:

> ... car enfin, lance Tullie, bien loin de vouloir m'establir de nouvelle Loix, & une nouvelle servitude, je m'affranchirois volontiers de toutes celles où la Nature & la coustume ont assujetty toutes les Femmes; & si je disois tout ce je pense, je ne sçay si je ne dirois point que si j'avois en mon choix d'estre plustost un vaillant Soldat, que d'estre non seulement parmy les Vestales, celle que l'on apelle la Grande Vestale, mais que d'estre ce que je suis je ne sçay, dis-je, si je ne dirois point que j'aimerois mieux estre le Soldat que la Princesse tant je suis peu satisfaite de mon Sexe (...) ouy, repliqua t'elle brusquement [au Prince d'Ameriole qui lui demande si elle pourrait abandonner sa beauté féminine et son empire sur les hommes]; & je suis quelquefois si honteuse d'estre née Esclave, que si je portois des Fers qui se pussent rompre, il y auroit long temps qu'ils seroient rompus. (p. 874-75)

La Princesse s'offusque devant une telle trahison de la féminité. La femme, n'a-t-elle pas mille avantages sur l'homme? Elle échappe à l'obligation d'aller à la guerre; elle a la beauté, les honneurs de naissance; elle est dispensée d'apprendre les sciences et les arts, et « l'ignorance ne nous est point un deffaut » (p. 876); après tout, « ... il ne faut enfin qu'un peu d'agréement, qu'un mediocre esprit, & beaucoup de modestie, pour faire une honneste Femme » (*ibid.*). Comme on le voit, le programme de la Princesse ne vole pas haut. Par contre, les griefs de Tullie ont le tranchant d'une véritable percée féministe:

... en quelle condition pouvons nous trouver de la liberté? quand nous naissons nous ne sommes pas seulement Esclaves de nos Pares [sic] qui disposent de nous comme bon leur semble, & qui souffrent qu'on nous face Vestales quand la fantaisie leur en prend: mais nous le sommes de la coustume & de la bien seance? parce que dés que la raison commence de nous faire discerner les choses, on nous dit qu'il faut s'assujettir à l'usage. Nous sommes mesme plus malheureuse à Rome qu'ailleurs; où les Dames se sont mis dans la fantaisie que parce que les Romains sont plus vaillans que les autres Peuples, il faut que les Femmes y soient plus severes, plus retenuës, plus ignorantes, & plus solitaires. Il est vray, comme ma Sœur l'a dit, qu'il ne faut qu'un tres-petit nombre de bonnes qualitez à une Personne de mon Sexe, pour aquerir beaucoup de reputation; mais il est vray aussi que cela nous est infiniment honteux. Car enfin c'est dire positivement que nous ne sommes pas capables d'en avoir davantage. (p. 877-78)

Le Prince d'Ameriole, en galant homme parfaitement condescendant, veut être « le Protecteur de (son) Sexe contre (elle) mesme », flattant la vertu féminine et la supériorité de l'esprit féminin. Baume léger et peu efficace pour Tullie qui dénonce l'état d'esclavage des femmes, les mariages forcés, le refus des libres inclinations, l'obligation de plaire, la privation de la responsabilité personnelle, l'impossibilité de vivre ses passions. « L'obeïssance seule est nostre partage » (p. 881), dit-elle. Voilà pourquoi elle « porte envie au Sexe dont (elle n'est) pas » (p. 882).

Des pages d'une telle force sont trop rares dans l'œuvre de Mlle de Scudéry. On y entend tout à coup un accent de révolte, violent comme un défi de femme, surprenant et presque irréel, comme si Madeleine de Scudéry s'inquiétait elle-même de tant d'audace, vomie comme un éphémère dégoût. Le débat, qui risquait de tourner en monologue passionné, se clôt par deux options féminines contraires. La Princesse est heureuse « que la médiocrité de (son) esprit serve à (son) bonheur » (p. 883), tandis que Tullie continue de refuser une féminité conforme au code mondain:

... je ne trouve pas estrange que nous ne pensions pas les mesmes choses, dit-elle, car vous vous divertissez bien souvent à vous promener à l'ombre, à cueillir des Fleurs, à faire des Bouquets, à entendre chanter des Oyseaux, à ouïr le murmure d'un Ruisseau, ou à des conversations

sans aucun objet; & pour moy il n'en est pas de mesme, puis que je
m'ennuye bien souvent de tout ce qui vous divertit. (p. 883-84)

Il est curieux que ces dernières paroles critiquent d'avance une
atmosphère rousseauiste, un état d'esprit féminin non sans affinité romantique, dont Berelise exposera le charme rêveur. Mlle de Scudéry n'était peut-être pas sûre que l'émancipation féminine méritât le sacrifice des hommages et des fantasmes amoureux. Tullie n'était peut-être qu'un rêve, ou un cauchemar passager, un mouvement d'humeur que provoque la lucidité ironique, une séduction éphémère d'un devenir féminin lassé par l'hégémonie virile. Chez Madeleine de Scudéry le « féminisme » risque surtout d'être mort-né . . .

Conclusion

D'aucuns diront que nous avons été trop sévère, sinon injuste, pour un auteur qui plut tellement en son temps, qui sut croquer sur le vif un milieu, un climat, une oisiveté même qui tira son charme de l'art ininterrompu de la conversation. Et dans un sens, l'œuvre de Mlle de Scudéry appartient à l'histoire de la sensibilité française. Encore faut-il admettre que cette sensibilité, telle qu'elle apparaît dans l'œuvre de Mlle de Scudéry, reconnaissable à travers mille dialogues, ou cent soliloques, offrit avant tout une idéalisation de la parfaite mondanité, c'est-à-dire un « paraître », voire une illusion. Ce que Pierre Corneille avait fait dans sa tragédie pour rehausser le sentiment de gloire de ses plus illustres spectateurs, Madeleine de Scudéry le fit au profit d'une société plus roturière, avide de raffinement, de lustre, d'estime. Une société restreinte qui avait, elle aussi, quelques traits de mégalomanie, et dont Molière ne manquerait pas de se moquer à l'occasion. Son plaisir était dans la conversation, en quête de subtilités, dans un bavardage qui oscille entre des vues contraires, mais toutes rationalisantes, dans d'aimables débats où l'on confronte les mots, plus que les idées. Et tout cela pouvait bien tenir lieu d'intelligence. Il n'est donc pas étonnant que les romans-« témoins » de Mlle de Scudéry ouvrent le plus vaste éventail qui soit des sentiments à la mode, des idées dictées par les pulsations du cœur, revues, nuancées ou modifiées. Tous les goûts, toutes les opinions y reçurent quelque appui: il suffisait de tourner les pages, de poursuivre la lecture, de choisir ses héros, ses héroïnes. Cette œuvre ne possédait pas l'art de déplaire, car, compte tenu de ses clefs, elle flattait toujours les uns ou les autres. Il était moins important d'être peint sous quelques traits désagréables que d'être oublié. On savait gré à Madeleine de Scudéry d'avoir inventé la chronique mondaine, doublée du courrier du cœur. C'est dire que tout le monde y trouvait son compte et son agrément...

✻ ✻ ✻

IV

Madame de Villedieu

> ... je renonce plûtost au mariage, qu'au privilege de parler hautement & sans crainte, ainsi qu'une honneste femme doit faire. Marguerite trouva cette femme si ridicule, qu'elle fit signe qu'on l'ostoit de sa veuë, sans daigner luy faire aucune réponse.
> (*Annales galantes,* « Dulcin »)

Ambiguïté de l'humeur

*M*arie-Catherine Desjardins, mieux connue sous le nom de Madame de Villedieu, n'a jamais eu, et n'aura sans doute jamais, auprès du critique ou de l'historien de la littérature, le prestige de Madeleine de Scudéry. Voltaire, dans son catalogue des écrivains du siècle de Louis XIV, suggère fortement que son œuvre appartient à des « productions d'esprits faibles, qui écrivent avec facilité des choses indignes d'être lues par des esprits solides »[1]. Elle a été à peine remarquée au XIXe siècle[2]. En 1907, Emile Magne lui consacre de belles pages et écrit que « Pour la première fois, parmi les galanteries fourmillantes de formules, éclate un cri de passion vraiment humaine ... »[3]. L'éloge est de taille, surtout après les chastes minauderies de Mlle de Scudéry. En 1947, Madame de Villedieu fait l'objet d'une thèse américaine dont Micheline Cuénin a dit qu'elle était « introuvable en France »[4]! La « redécouverte » de Madame de Villedieu n'était donc pas encore assurée. C'est en 1970 que Madame de Villedieu trouve enfin une historienne digne de son mérite. En effet, Micheline Cuénin publie alors une édition critique des *Désordres de l'amour,* suivie en 1975 d'une édition critique des *Lettres et Billets galants,* œuvre à scandale (involontaire) en un temps où la galanterie précieuse persistait à ronronner avec pudeur du haut de son socle encensé. En 1979, la thèse magistrale de Micheline Cuénin, *Roman et Société sous Louis XIV: Madame de Villedieu*[5], achève de faire connaître l'œuvre d'un des auteurs les plus éclectiques de son temps: poésie, roman, nouvelle, théâtre, lettres, aucun genre ne rebutait Marie-Catherine Desjardins. A peine moins prolifique que Mlle de Scudéry, elle la dépassait largement par la variété de son talent. « Tous les gens emportez y ont donné teste baissée, et d'abord ils l'ont mise au-dessus de Mlle de Scudéry et de tout le reste des femelles », écrit Tallemant qui, de toute évidence, ne l'aimait pas[6]. Disons aussi que si les noms de Villedieu et de Scudéry sont parfois prononcés dans un même souffle, c'est surtout parce que Marie-Catherine a été, « avec Madeleine de Scudéry justement, la seule femme pensionnée par Louis XIV »[7]. La ressemblance devrait s'arrêter là. Il est vrai que « les premières productions romanesques de Mme de Villedieu ne faisaient qu'obéir à la tradition régnante. (...) L'auteur s'y montre bon élève de Mlle de Scudéry avec une moindre puissance d'ennui »[8]. Dès 1669 Madame de Villedieu trouve toutefois son propre style avec son *Journal amoureux* (première partie), et, un an plus tard, avec ses *Annales galantes,* où « C'est par des motivations exclusivement amoureuses que Mme de Villedieu prétend toujours expliquer les événements historiques importants »[9]. Dorénavant le monde de Madame de Villedieu sera dominé par l'amour tout puissant, irrésistible, voire cruel; et alors que le monde scudérien évoluait en ronds de jambe, sourires sibyllins et éventails papillonnants, celui de Madame de Villedieu embrassera avec fougue l'Eros qui rôde librement, semant les joies et les souffrances de l'amour. L'amour mène le monde, car

> comme il y eut de tous temps, un amour, & des amoureux, il est difficile que ceux qui ont esté susceptibles des mesmes sentimens, n'ayent pas esté capables des mesmes actions. On est homme aujourd'hui, comme on l'estoit il y a six cent ans: les loix des Anciens sont les nostres, & on s'aime comme on s'est aimé[10].

Dès ses débuts, Marie-Catherine, amoureuse incorrigible, étale ses goûts, encore que bien innocemment. « Madame de Chevreuse et Mlle de Monbazon avoient demandé à Mlle des Jardins ce qu'étoit devenu son Tendre, depuis les deux mois qu'elle vivoit éloignée de Paris »[11]. La poétesse en herbe, qui a dix-huit ans en 1658, et le cœur en goguette, scandalise et ravit Paris. D'une plume coquine elle fait la nique à toutes les précieuses languissantes et pudibondes:

Jouissance

Aujourd'hui dans tes bras j'ay demeuré pâmée;
Aujourd'hui, cher Tircis, ton amoureuse ardeur
Triomphe impunement de toute ma pudeur,
Et je cède aux transports dont mon âme est charmée.

Ta flamme et ton respect m'ont enfin désarmée;
Dans nos embrassements je mets tout mon bonheur,
Et je ne connay plus de vertu ny d'honneur
Puisque j'ayme Tircis et que j'en suis aimée.

O vous, foibles esprits qui ne connoissez pas
Les plaisirs les plus doux que l'on gouste icy-bas,
Apprenez les transports dont mon âme est ravie.

Une douce langueur m'oste le sentiment,
Je meurs entre les bras de mon fidèle amant
Et c'est dans cette mort que je trouve la vie[12].

« ... ce genre de poème audacieux et composé par une femme reste exceptionnel », a-t-on écrit[13]. Sans doute, en 1658, et écrit par une jeune femme qui avait encore l'âge (douteux[14]) d'une pucelle. A vrai dire, la suggestivité érotique du sonnet est beaucoup moins redoutable que dans bon nombre de vers que Racine écrira bientôt. A quelques détails près, l'abandon amoureux de Marie-Catherine reflète le rêve de Phèdre, sans que l'on puisse dire si l'une et l'autre fondent voluptueusement dans les bras de leur amant, ou si elles se donnent sans retenue aux extases de la chair. Mais ce qui choqua les oreilles poétiques à l'avant-veille du règne triomphal de Louis XIV, c'est qu'une femme se prosterna devant son amant et se déclara totalement à sa merci, vaincue par l'amour et la « jouissance ». La galanterie traditionnelle, dont Madeleine de Scudéry était la grande prêtresse, venait d'être bafouée par une petite écervelée amoureuse. Il y avait là, dans le royaume de Tendre, un crime de lèse-majesté. En réalité, ce premier sonnet de Marie-Catherine ironise finement la ridicule casuistique amoureuse des femmes, faite de retraits et de refus, plus que d'étreintes, dont le public du XVIIe siècle s'était accommodé tant bien que mal après les pudiques[15] ébats de l'*Astrée*.

En 1672, quand Marie-Catherine racontera sa vie romancée, mêlant subtilement le vrai et le faux, elle dira: « Ma bouche est grande quand je ris, fort petite quand je ne ris point; mais par malheur pour elle, je ris toûjours »[16]. En effet, la future Madame de Villedieu (elle prend officiellement le nom en 1668) possède le sens de l'humour et de la raillerie, au point où ses *Memoires de la Vie de Henriette-Sylvie de Moliere* constituent une « œuvre (qui) sonne définitivement le glas du roman héroïque, en le minant par l'humour »[17]. En somme, la « Jouissance » de 1658 donnait un avant-goût de l'esprit pétillant de Madame de Villedieu, narquoise à souhait dans ses « Mémoires », sans parler d'un certain goût pour des « épisodes scabreux »[18]. Et si l'on veut une preuve supplémentaire de la gaieté malicieuse de Marie-Catherine Desjardins, il suffira de lire son compte rendu des *Précieuses ridicules,* écrit le lendemain de la première représentation, sous le titre « Recit en Proze et en Vers de la Farce des Precieuses »[19]. Molière n'avait pas à rougir de ce pastiche.

Marie-Catherine Desjardins a donc un caractère enjoué. Son humour est caustique, ses pointes toujours acérées. Elle saisit d'emblée le ridicule d'un comportement, d'un trait de mœurs, d'une physionomie. Ce qui étonne pour une jeune femme de son époque, c'est qu'elle a un vif sens de la réalité, hérité sans doute de ses origines relativement modestes de petite noblesse terrienne. Mais comme il arrive souvent chez des personnes fort rieuses et remplies de joie de vivre, elle est aussi sujette à des états dépressifs lorsque le malheur frappe. De là ses pages gémissantes, d'une gravité presque tragique, ou ses réflexions désabusées sur les « désordres de l'amour », les unes et les autres inspirées par les déboires de l'amour déçu. Car Marie-Catherine a vécu, et l'avoue volontiers, pour être aimée passionnément. Portée aux extrêmes, elle se réfugie au couvent en 1672, où elle croit pouvoir mener une vie de dévotion résignée; mais dès 1673 elle « rentre dans le monde », poussée par son goût d'écrire.

L'œuvre de Madame de Villedieu s'inscrit donc sous l'enseigne des masques de théâtre: ici la grimace moqueuse, là la mine triste et défaite. Et sous ses dehors de franche désinvolture, elle reste sensible et vulnérable. La publication, contre son gré, semble-t-il, des *Lettres et Billets galants,* ces derniers étant adressés à un amant lassé et inconstant, en fait foi[20].

Les « Impubliables » *Billets galants*

Compte tenu de la manœuvre un peu sournoise de Claude Barbin, qui publia sans nom d'auteur les *Lettres et Billets galants* au début de 1668, apparemment contre la volonté de Marie-Catherine Desjardins, on pourrait voir dans cette œuvre accidentelle un brûlant aveu de l'intimité sentimentale de Marie-Catherine, destinée à demeurer secrète. Elle s'était d'ailleurs insurgée contre toute tentative de publication, dans une lettre vraisemblablement adressée à Barbin, datée du 25 mai 1667. Micheline Cuénin est convaincue que « cette correspondance intime ne devait pas voir le jour »[21]. C'est dire que cette correspondance qui s'adressait essentiellement à Antoine de Villedieu n'aurait jamais dû être livrée au public. Nous n'avons aucune raison de douter de la sincérité des protestations de Marie-Catherine Desjardins. Elle les réitère d'ailleurs, mais avec beaucoup moins de véhémence, dans une lettre (encore à Barbin sans doute) de 1er août, où elle écrit, en évoquant son amant ingrat:

> J'aime mieux être la victime de son ingratitude que de le voir la victime de ma dureté, & je suis si assurée que le ciel me fera une justice plus sévère que je ne la ferois moi-même que je laisse entièrement la conduite de cette affaire entre ses mains[22].

Etait-il vraiment trop tard pour arrêter le projet de publication des quatre-vingt-onze billets (dont seulement huit à d'autres destinataires que l'amant)? Nous sommes à plus de quatre mois de la mise en vente, « limitée à quelques exemplaires » au début de 1668. Si Barbin a grassement payé de Villedieu, il ne risque pas d'en tirer gros profit. Par ailleurs, un autre événement important était survenu le 25 août 1667: le sieur de Villedieu était mort au siège de Lille. Tué au combat, le destinataire, roué mais aimé, se couvre donc des traits glorieux d'un héros. La mort efface bien des défauts et ne ravive souvent que les instants délicieux passés en compagnie du cher disparu. Ne peut-on imaginer Marie-Catherine, qui se donnera bientôt le nom de Villedieu, pleurant le seul homme qu'elle ait jamais aimé, s'attendrissant même aux souvenirs de leurs amours orageuses? Il est possible, dans ces conditions où le malheur l'emporte sur le ressentiment, qu'elle ne soit plus opposée aussi énergiquement à la publication d'un témoignage d'amour qui, inopinément, était devenu une douloureuse épitaphe.

Mais outre ces hypothèses absolument invérifiables, les *Billets,* que l'on dit compromettants, même s'ils n'ont qu'une très faible suggestivité érotique, semblent porter la marque distincte, non seulement d'une recherche dans l'écriture, mais d'un exhibitionisme psychologique qui tend constamment à s'étaler au grand jour. Les *Billets* ont les traits narcissiques d'une introspection rendue publique, d'une complaisance quelque peu théâtrale dans l'alternance des joies et des souffrances. Marie-Catherine revit la tragi-comédie de ses amours à la manière des grands monologues classiques. Il n'y manque que les vers. A cette intention quelque peu spectaculaire on opposerait volontiers les réticences de Marie-Catherine à s'effeuiller sous les yeux de son amant: les Billets XV, XLV, LXVII, et LIX en témoigneraient. Mais est-ce vraiment significatif en regard de « 83 brûlants et pathétiques billets d'amour »[23]? Dire cependant qu'elle destinait ses *Billets* à la publication serait faire injure à sa sincérité. Par contre, dire qu'elle rédigea ses *Billets* comme on rédige une œuvre virtuelle, c'est poser en hypothèse l'intention inconsciente, mais réelle, de se livrer, un jour, à la curiosité du public. C'est ce désir de « se dire », de se « découvrir » (dans les deux sens), qui caractérise assez bien l'écriture féminine au XVIIe siècle, que ce soit sous la plume de Marie de Gournay, ou sous celle de Madeleine de Scudéry et de Marie-Catherine Desjardins. Le trait est toutefois, il faut le dire, plus accentué chez la dernière, comme en témoignent, avant les *Billets, Anaxandre* (1667), et après, les *Mémoires de Henriette-Sylvie de Molière* (1672), roman à structure picaresque[24] où auteur et narratrice s'entrecroisent sans tout à fait se confondre.

La psychologie amoureuse (Marie-Catherine aurait commencé la rédaction des billets à l'âge de vingt et un ans) qui sous-tend les *Billets galants* se complaît dans une zone d'ombre où règne la joie masochiste de l'attente, de l'obstacle, du refus. Toujours prête à se donner, ou à être reprise par un volage amant, l'épistolière recrée sans cesse le fantasme préludique, fait d'espoir et de joie, et où se mêle l'appréhension de l'abandon ou de la déception. C'est surtout de souffrance que se nourrit et que croît l'amour toujours angoissé. Elle voudrait, mais est incapable de « cacher des sentiments qui sont assurément les plus emportés du monde » (I). Elle est bouleversée par le « trouble », par « de fâcheuses réflexions », par « de sensibles reproches », mais elle éprouve en même temps « que de transports & que d'amour! » (*ibid.*). Oscillation douloureuse entre le désir de fuir le mal de sa passion et le désir de s'y abandonner. Et en l'absence de l'amant, la magie évocatrice de l'écriture a la vertu d'un baume bienfaisant, quitte à en ressentir les effets lancinants. C'est là le languissant état d'une femme que possède l'amour; elle est l'aînée de Phèdre, à qui la parole, et non le silence, offre une vaine compensation érotique. Et, dit-elle, « S'il est des moments où je souhaite de ne vous voir plus, il est des heures où je meurs d'envie de vous voir. Je n'ay pas plutost versé des larmes de regret d'avoir eu trop de bontés pour vous, que je brûle d'impatience de vous les continuer » (*ibid.*). « Mourir », « brûler », le langage même de l'auto-destruction, le langage suicidaire qui trahit, et l'intensité de la passion, et la tentation du chantage moral d'une femme qui veut s'entendre parler d'amour...

Car ce que révèlent les *Billets* de Marie-Catherine, c'est moins la réticence de les écrire que le désir furieux d'exhaler le feu de sa passion. Que d'aveux, que de libres concessions! «... vous êtes le mieux aimé des hommes » (*ibid.*) et « Il me semble qu'avec une amour extraordinaire, je devrois avoir des paroles qui le fussent aussi » (IV). Pourra-t-il jamais « concevoir des transports aussi passionnés que le sont les (s)iens » (VI)? Elle voudrait bien lui montrer de l'indifférence, mais, dit-elle, « mon amour me sollicite à vous témoigner plus de bonté que jamais, & à vous dire tout ce qu'elle m'inspire de plus tendre » (XII). C'est qu'elle ne se sent « nullement capable de faire parler la colere comme l'amour » (XV). Comment peut-il même douter de sa constance? N'a-t-il pas « connu jusques où (son) amour peut aller » (XXI)? Faut-il rompre enfin? «... je ne souffriray pas longtemps, dit-elle, puisque je ne sçaurois vivre sans vous voir » (XLII). Mais il faut insister, s'accrocher: « C'est avec des transports qui ne sont pas imaginables que je vous assure de ma passion & de ma constance, et le cœur le plus ardent du monde ne sçauroit dire avec plus de plaisir qu'il aime, que je vous le dis » (XLV)! N'a-t-il donc pas compris que « rien au monde n'est capable de vaincre (sa) passion » (LII)? Il est vrai qu'il est sans doute « ennuyé de trouver tousjours les mesmes discours dans tous (ses) billets », mais elle n'y résiste pas, car « Peut-estre vous dirois-je sans y penser ce que je vous dis si souvent: mon cœur je n'aime & n'aimeray que vous » (LXVII)! Mais aimer comme elle fait n'est pas sans cette douleur qui exaspère l'amour plus qu'elle ne le combat. « Toutes ces apprehensions, ces alarmes, & ces desespoirs sont assez croyables dans un cœur aussi tendre & aussi passionné que le mien » (LXXVII), soupire-t-elle. Est-elle digne de lui? de celui qui est « le plus aimable & le plus accomply des hommes » (*ibid.*)? Et ne faut-il pas toujours craindre les rivalités? Mais il faut persévérer dans l'amour, même, dit-elle, si « En vain je tâche à m'assurer par la passion extraordinaire que j'ay pour vous, & par une constance sans égale » (*ibid.*).

Amour et douleur, pierres de touche de l'abandon amoureux. Nourriture spirituelle que l'écriture transpose pour le plaisir de l'imagination enfiévrée. La contrainte d'écrire, telle qu'elle apparaît sporadiquement dans ces billets, fait partie d'une tyrannie chérie, car elle autorise la présence de l'amant: « . . . vous n'eussiez jamais pû m'obliger à vous écrire, si j'avois crû pouvoir vivre un jour sans vous voir » (XC). C'est donc aussi le scandale de la soumission voluptueuse qui recouvre ces billets galants, défiant constamment l'éthique amoureuse, sinon d'une société, du moins d'une littérature romanesque conventionnelle. Marie-Catherine avoue volontiers qu'elle a banni toute fierté de son cœur afin de plaire à son amant, ce qui est « une marque, lui dit-elle, que vous en disposez plus absolument que du vostre, qui sans doute n'est pas toûjours si soumis à tout ce que vous voulez » (XVI). Elle proteste, bien sûr, contre les douleurs infligées—« Je ne pense pas que personne ait éprouvé la tyrannie de l'amour aussi cruellement que moy » (LXX)—, mais la fréquence même de leur évocation devient le symptôme d'une vive tendance masochiste qui s'intègre impitoyablement à l'amour. Elle aurait pu trouver le salut dans « un perpétuel silence » (VII), mais elle persiste néanmoins dans la verbalisation de ses maux: « Je n'eus jamais tant de colère & tant de douleur ensemble que j'en eus hier » (XI), écrit-elle après le départ de son amant. « Je puis bien dire que je suis dans la derniere douleur que j'auray de ma vie »: tout est « cruelle absence », « larmes », « desespoir » (*ibid.*). Une nouvelle l'afflige, et les mots « douleur », « souffrance », « peines » sont inlassablement absorbés par son amour: « Il n'y a point de douleur pareille à la mienne, quand je pense à ce que je souffre depuis trois jours (...) Je tâche bien à me persuader que je ne souffriray pas seule (...) vous devez vous plaindre d'estre trop aimé, & de causer tant de peines à celle qui ne cherit rien au monde que vous » (L). Elle se complaît dans une croissante mélancolie et « L'esperance de vous voir adoucissoit un peu mes maux; mais qu'ils sont augmentés depuis que je l'ay perduë! » (LV). Et même lorsqu'elle a goûté au bonheur de le voir, elle y mêle aussitôt l'amertume de sa peine: « Que mes peines passées me paroissent peu de chose, quand je les compare à celle que j'endure depuis votre derniere conversation! » (LXXX).

Les *Billets galants* répondent partout à un irrésistible besoin nostalgique d'évoquer les heures d'amour et de souffrance, deux états d'âme inextricablement liés. Ils sont comme ces pages d'un journal intime où

Madame de Villedieu

la pensée vagabonde revit, augmente et dramatise les événements du cœur. La récurrence thématique, autant que le martèlement lexical des *Billets* expriment un désir soutenu, plus qu'une tentative de catharsis. L'écriture se plaît à raconter les soubresauts de l'âme troublée. Il est d'ailleurs étonnant que ces billets soient si rarement traversés de bonheur, comme si la douleur d'aimer avait plus de charme que la joie. « Enfin, dit-elle en un rare moment privilégié, je suis arrivée à cette félicité que je ne me promettois pas: je croy, mon cher cœur, que vous m'aimez », mais elle ajoute aussitôt: « Ce n'est pas que ma joye soit parfaite & tranquille; je n'ay fait que changer d'inquietudes, & je n'ay pas plûtost esté quitte de celles qui naissoient de votre indifference que j'ay esté exposée à celles qui naissent de mon amour » (LXII). En réalité, Marie-Catherine semble vouloir prolonger « toutes ces petites guerres qui (leur) font si souvent perdre les plus grandes douceurs de la vie » (LVII). Car comment expliquer (à moins que ce ne fût vraiment un martyre échelonné sur sept ans!) que ces *Billets* soient traversés d'un bout à l'autre (peu importe leur chronologie) d'extases amoureuses vécues dans la douleur; traversés d'emportements, d'imprécations, de colère (par exemple, XIV, XV, XVII, XXXVIII, XL, XLV, LXV, LXXI, LXXVI, LXXXVI, XC); sans compter les sarcasmes inspirés par la jalousie (XXVII, XLI)! S'il faut croire qu'elle avait été « forcée » d'écrire ses billets à un de Villedieu tyrannique (encore que son indifférence semble plus courante que sa tyrannie), le moins que l'on puisse dire, c'est que Marie-Catherine, armée de sa plume insatiable, se conduisait curieusement en esclave consentante. Le plaisir troublant de se livrer avec ses larmes et ses maux était peut-être plus intense, plus fort, plus séduisant, que la honte d'être vue comme une femme humiliée, exposée au monde...

Reprenons enfin quelque correspondance[25] de la main de Marie-Catherine Desjardins, datant du mois de mai 1667, plus de six mois avant la publication des *Billets*. Une lettre datée du 15 mai était peut-être adressée à Patru, encore que le destinataire importe peu. Elle proteste contre un projet, un conseil même de faire imprimer ses lettres. Est-ce par pudeur ou flaire-t-on la fausse modestie d'une femme que le conseil d'un admirateur a subtilement flattée? Quoi qu'il en soit, le ton est fort léger, voire enjoué: elle compare l'avis d'imprimer à une « dragme d'arsenic », puis elle se retranche derrière son ignorance, car elle ne sait « aucune langue estrangere » et elle n'a « jamais lu auteur plus ancien que Mr d'Urfé & Mr de Gomberville »! Voilà bien des raisons farfelues qui en disent moins sur les motifs de son refus que sur l'esprit railleur dont, mine de rien, elle coiffe les dames de son siècle, « où la délicatesse de la langue françoise est au plus haut point de perfection où elle pouvoit parvenir, & où la Science est devenuë si à la mode que les dames apprennent le latin à présent avec aussi peu de précaution qu'elles apprenoient à écrire autrefois ». Après tout, la femme « savante », et pédante, commençait à faire parler d'elle, surtout après *Les Dames illustres* . . . de Jacquette Guillaume, ouvrage combatif publié en 1665. Si Marie-Catherine exprime donc ce qui ne serait qu'une fausse réticence, c'est qu'elle se demande « quel plaisir peuvent trouver les indifferens dans la lecture de nos lettres? » Tâtait-elle le terrain, en quête d'une flatteuse protestation, ou s'interroge-t-elle déjà sur les chances de succès d'un prochain récit autobiographique, *Anaxandre,* publié en juin 1667? Et que dire encore de cette soi-disant autobiographie, *Les Mémoires de la vie d'Henriette-Sylvie de Molière,* commencée vers 1664[26], reprise en 1671, publiée enfin en 1672, *Mémoires* qui « perpétuent, en le renouvelant, le courant burlesque, et leur alacrité dans l'humour et la 'badinerie'[27] »? Le ton de la lettre du 15 mai, certes, n'a pas non plus tout le sérieux auquel on s'attendait, car, « confesse-t-elle », « Je n'eus jamais d'autres reigles pour écrire que les lettres mesmes auxquelles je fais réponse, & les authoritez & les citations sont des terres inconnuës pour un esprit comme le mien ». Que de cachotteries pour un auteur déjà très connu qui, apparemment, ne veut pas être publié! A vrai dire, « Le refus des louanges est un désir d'être loué deux fois », aurait pu lui dire La Rochefoucauld.

Une lettre d'Amsterdam, datée du 25 mai, réitère, semble-t-il, le refus de voir publiée une correspondance intime: « Mais, Monsieur, ces lettres là ne sont permises qu'à mon cœur, & si ma main a eu l'audace de luy en dérober quelques-unes, les imprimeurs ne doivent pas estre les dépositaires de ces larcins ». Cette main qui dérobe, ces larcins aux mains des imprimeurs, voilà bien des traits précieux, et spirituels, qui cadrent mal avec la prétendue gravité de la situation. Il y a là, à vrai dire, un ton de badinerie. Suivent quelques raisons pour ne pas publier, qui ressemblent plus à un sondage d'opinion qu'à une opposition formelle. En effet, Marie-Catherine commence par dire que « Quand les lettres tendres sont trop indifférentes, elles sont foibles, & elles ne meritent pas d'estre imprimées ». Faut-il en conclure que quand elles sont passionnées, elles le méritent? Non, dit-elle, car le destinataire en est assez jaloux pour qu'il les sauve de l'impression. C'est donc plutôt l'amant qui objecte! Du reste, ce qui plaît à l'amant ne plaît peut-être pas à d'autres. Puis, « il y a de certaines fautes dans les lettres d'amour qui font leurs plus grandes beautés, & l'irrégularité des periodes est un effet des désordres du cœur qui est beaucoup plus agreable aux gens amoureux que le sens froid d'une lettre raisonnée ». Ce que fait Marie-Catherine, c'est montrer du doigt l'accord du fond et de la forme dans une lettre amoureuse (dans *sa* lettre amoureuse); c'est, en même temps, rappeler que ses lecteurs et lectrices n'ont jamais été autre chose que des « gens amoureux ». En fin de compte elle se soucie plus de ses lettres indifférentes qui « sont trop mal écrites pour estre imprimées », que de ses « lettres amoureuses (qui) sont trop tendres pour estre exposées à d'autres yeux qu'à ceux de l'amour mesme ». Autre trait précieux qui vise autant l'amant (pourtant indifférent, semble-t-il) que le regard public d'une société préoccupée de galanteries. Quand on remarque que l'autre moitié de la lettre est consacrée, sur un ton plus qu'amusé, à une comparaison entre Amsterdam et Venise, puis à un « reportage » malicieux sur Amsterdam, on a quelque peine à croire que Marie-Catherine serait ulcérée lors du « larcin » de Barbin. La publication des *Billets* répond à un secret désir d'être exposée... N'est-ce pas le prix de la notoriété, du « paraître » auquel Marie-Catherine Desjardins tenait tant?

Le Sourire après les larmes: les *Annales galantes*

Des cendres du sieur de Villedieu naît Madame de Villedieu. Nul doute que la mort de cet amant capricieux causa du chagrin à Marie-Catherine qui n'hésite pas à assumer le titre de « veuve », décision quelque peu spectaculaire—aurait-elle l'âme d'une « bourgeoise gentilhomme »?— qui cadre parfaitement avec son tempérament. Apparemment bouleversée par les malheurs de sa vie amoureuse, puis sans aucun doute désespérée en apprenant la mort de son amant, Marie-Catherine semblait condamnée, au lendemain du 25 août 1667, à vivre à travers ses larmes.

Mais même des larmes de « veuve » sèchent. Alors qu'on s'attendrait dorénavant à une gravité, à une sourde peine qui marquerait l'écriture de ses tristes soupirs, on constate avec quelque étonnement (et non sans plaisir) que c'est plutôt le contraire qui est vrai. A preuve cette *Cléonice ou le Roman galant*, publié en 1669, où il s'agit « moins de raconter une histoire en bonne et due forme que de mettre en évidence les manifestations de l'esprit précieux dans le cadre de la nouvelle »[28]. Le ton en est léger, insouciant, dirait-on, et Madame de Villedieu veut surtout « exciter la curiosité du Lecteur, pour divertir son imagination »[29]. Œuvre encore proche de l'esprit scudérien, mais aux accents nettement plus primesautiers. Plus symptomatiques encore de la bonne humeur retrouvée sont ses *Annales galantes*[30], publiées en 1670.

Ces *Annales,* auxquelles nous aimerions nous attarder, témoignent ostensiblement à plusieurs endroits d'une gaieté de cœur qui efface tout souvenir pénible des *Billets galants.* On n'en finirait plus de compter toutes les pages où Marie-Catherine observe d'un œil malicieux ou égrillard les chassés-croisés des amants (et maris) ludiques ou ridiculement émoustillés[31]. On pense souvent à Boccace et, de facture plus récente, aux contes de La Fontaine, publiés d'abord en 1665 et 1666. « Si Madame de Villedieu refuse de mettre l'accent sur l'aspect tragique des aventures qu'elle a retenues (...), c'est qu'elle a choisi d'en privilégier un autre: l'aspect sentimental »[32]. Observation tout à fait juste, à laquelle il faudrait ajouter que l'aspect sentimental est parfois carrément traité sur le mode comique, frisant à l'occasion la frivolité de la galanterie libertine, comme par exemple dans l'histoire de *Dulcin* et de son épouse Marguerite « que l'Histoire surnomme la Voluptueuse »[33].

Dans l'Avant-propos des *Annales,* Madame de Villedieu affiche des allures édifiantes d'une moralisatrice de bon ton, mais on n'en devine pas moins une œillade mutine, invitant lecteur et lectrice à ne jamais prendre au sérieux les jeux et les ris de l'amour. Qu'on n'aille surtout pas croire qu'il faut prendre « pour une exhortation au vice, ce qui n'est qu'un avis ingenieux de l'éviter »! Vient ensuite un avertissement qui masque à peine le sourire en coin:

> Je conjure les Lecteurs des Annales Galantes, de ne pas tomber dans ce defaut: ils trouveront dans cét Ouvrage des Portraits du vice assez naïvement representez; mais ils observeront, s'il leur plaist, qu'on ne l'élève que pour le détruire. Le sens Allegorique justifie presque partout le sens literal; & l'air enjoüé qui est répandu sur les matieres les plus serieuses, doit paroistre assez divertissant aux gens qui le remarqueront, pour les obliger à ne pas trahir l'intention d'un Auteur qui les aura si bien divertis.

« Elever pour détruire » (!), « air enjoué ... répandu sur les matières les plus sérieuses », puis l'insistance sur la nécessité de « divertir »: Madame de Villedieu s'amuse et nous amuse. Les cadres historiques dont elle fait grand cas, et qui intéressent l'historien de la nouvelle historique en France[34] ne sont rien d'autre que des prétextes à des historiettes, soit faussement graves, soit franchement désopilantes, comme sorties en droite ligne du meilleur répertoire des conteurs médiévaux.

« La Comtesse de Castille », le premier récit des *Annales*[35], dévoile très vite ses intentions moqueuses. Pour le dire un peu crûment, il s'agit de l'histoire d'un cocu qui s'appelle le comte Dom Garcie; son épouse ne peut résister aux charmes d'un pèlerin beau parleur, et elle fuit avec lui en... pélerinage! La Comtesse a les goûts simples (elle fait un peu dans le populaire, dirait-on): « l'éclat du Diadesme naissant de Dom Garcie Fernandez son époux, estoit moins digne de ses desirs, que l'humilité apparente d'un Pelerin de saint Jacques » (p. 3-4)! Elle s'éprend donc du pèlerin, accueilli par le mari, et elle lui fait raconter toutes ses aventures, quitte à pleurer avec délice sur ses déboires. Madame de Villedieu profite de cette compassion pour entrecouper le récit d'un petit poème ironique sur les ruses de l'amour:

> Telle fut la tendre Didon,
> Au recit du pieux Enée.
> Notre Heros porte-bourdon,
> Sçavoit si dextrement peindre sa destinée,
> Qu'il n'eut facheuse nuit, ny trop longue journée,
> Qui ne fournit un trait à l'arc de Cupidon.
> La credule & foible Comtesse,
> Prenant pour pieté sa naissante tendresse,
> S'en faisoit un merite envers le saint Patron.
> De ce rusé d'Amour, c'est un des tours d'adresse:
> La plus éclatante proüesse,
> Ne luy couste souvent qu'un changement de nom;
> Il n'est vertu si solide & si pure,
> Dont il n'emprunte la figure.
> Interest, gloire, ambition,
> Genereuse compassion,
> Tout luy sert dans la conjoncture,
> Jusques à la Devotion. (p. 8-9)

Ne croirait-on pas entendre une des ces chansons que les diseuses de bonne (et de mauvaise) aventure colportent de ville en village, d'un

ton goguenard, saupoudrant la folie des amours de quelque irrévérence religieuse?
La caractérisation des personnages n'est pas moins souriante. Le pèlerin, qui prétend s'appeler Hugues d'Anjou, et est cru cousin de la comtesse, devient un « faiseur de Roman » (p. 21); quant à la comtesse, elle « estoit femme d'un Souverain, & elle sembloit estre née pour la vertu; mais quand on se picque de quelque foy pour l'influence celeste, on n'écoute guere les conseils de la gloire & de la raison » (p. 23-24). Dom Garcie n'est évidemment pas mieux loti. Après avoir cherché sa femme partout, il « apprit des particularitez du voyage qui ne luy permirent plus de douter du nom qu'il portoit » (p. 47)! C'est que le comte avait du flair, et lorsqu'il se rend compte que son épouse court le guilledou avec son « cousin », « Il avoit bien soupçonné que les commoditez du Pelerinage délivreroient peut-estre le Cousin, & la Cousine des scrupules de l'inceste pretendu » (p. 44-45). Pour retrouver son épouse, il fait enfin appel à une fille qui se nomme Radegonde, et qu'il désire « favoriser du Mouchoir »[36]. « . . . cette Fille estoit spirituelle, jamais Demoiselle aussi sçavante qu'elle l'étoit dans les mysteres de l'Amour, n'avoit mieux sceu l'Art de contre-faire la nouvelle Echoliere » (p. 116-17). Mais il faut bien que le vice soit puni! Le comte trouve enfin sa femme à Paris, en compagnie du pèlerin, mais comme il les trouve « dans un mesme lit, il n'eut besoin que d'un seul coup pour se deffaire de l'un & de l'autre » (p. 125). Comment mieux illustrer « faire d'une pierre deux coups »? Enfin, cette fin édifiante l'est tellement que le comte, sous la douce menace de voir son cocuage dénoncé, épouse Radegonde, car enfin, « la débauche de la Comtesse estoit connuë en Castille, & celle de Radegonde ne l'estoit pas » (p. 129).

Faut-il insister davantage pour montrer l'ironie et le rire sous cape dans cette histoire galante assaisonnée de quelque libertinage piquant? Ce ton, cette verve, ces gloussements malicieux derrière chaque ligne, trahissent la bonne humeur de leur auteur, et, si l'on peut dire, ne dérougissent jamais. Ironie, certes, mais aussi finesse, comme il ressort de la Maxime III[37] en tête de l'« Histoire du duc et de la duchesse de Modène »:

> Il est des Maris si charmans
> Qu'ils peuvent estre Epoux, sans cesser d'estre Amans.
> Lors qu'une ame tendre a l'adresse
> D'assembler les devoirs de Femme, & de Maistresse,
> Ceux d'Amant & d'Epoux s'assemblent à leur tour.

Madame de Villedieu 81

> Quand par la loy du cœur une main s'est donnée,
> Le Ciel n'a pas fait l'hymenée,
> Pour estre, comme on dit, le tombeau de l'Amour. (p. 133)

Puis il y a ces petites rosseries féminines, comme on en trouvera d'ailleurs aussi chez Madame de Lafayette. Dans l'« Histoire d'Ethelvold », qui entrecoupe celle de « La comtesse de Castille », Madame de Villedieu « plaint » l'ignorance d'un mari : « Mais helas ! qu'il connoissoit mal l'esprit de la plus grande partie des femmes; l'ambition leur est naturelle, & la dignité de Reine flatte l'ame la plus Philosophe » (p. 73). Ou, plus explicite encore, cette Maxime II, insérée dans la même histoire :

> Vous vous trompez trop credules Amans,
> Quand vous esperez que les Dames
> Immoleront au repos de vos Ames,
> Leur parure, & leurs Agrémens.
> Accommodez vostre espoir temeraire
> Au triomphe de leur Beauté
> Il ne leur faut parler que de Vaincre & de Plaire,
> Quand on veut en estre écouté.
> Si vostre Amour soûtient leur qualité de Belle,
> Tous ses effets leur seront doux;
> Mais si vos mouvemens jaloux
> A l'esprit de conqueste osent faire querelle,
> Ce je ne scay quoy qu'on appelle
> Vulgairement loy Naturelle
> Triomphera toûjours du Devoir, & de vous. (p. 102-03)

Il y a aussi, semble-t-il, un souvenir des *Provinciales* qui vient teinter la méfiance que toute femme, même une Religieuse (!), devrait inspirer. C'est dans une histoire, insolemment appelée « La Religieuse », et où l'on assiste aux dérèglements galants de bonnes âmes monastiques, que l'héroïne, ironiquement appelée Constance, se montre sensible aux charmes d'un Prince impérial, fils de Barberousse : « Le Prince Imperial estoit bien fait, Constance avoit embrassé la vie Monastique par obeïssance, plûtost que par choix; & dans les vœux qu'on fait de cette maniere, on se reserve toûjours le droit de diriger l'intention » (p. 115).

Un petit hommage mielleux, dont il faudrait sans doute se méfier, a même été réservé à Mlle de Scudéry. En parlant des adieux des amants dans « La Religieuse », Marie-Catherine rappelle en douceur que « Cét endroit feroit une beauté merveilleuse dans un Roman, & je me garderois bien de le passer sous silence si c'étoit un Roman que cette Histoire mais le stile d'Annales ne s'accorde pas avec ces sortes d'ornemens & je renvoye le Lecteur curieux des Adieux passionnez, au Cirus, ou à la Clelie » (p. 164-65).

Le récit de « La Religieuse », on s'en doute, manque passablement de respect envers les institutions religieuses, y compris le Pape dont l'auteur se moque à loisir. Lorsqu'il s'agit de rendre la liberté à la belle Constance, « Le S. Pere ne s'effraya point (...) d'accorder une dispense à une personne qui avoit quatre ans de profession (...) & le S. Pere estoit devenu si liberal de dispenser cette année-là, qu'il en auroit accordé au Convent entier de sa Niéce, si on le luy avoit demandé » (p. 195-97). Ainsi finit un conte où l'hypocrisie féminine, avec ingénuité, ne cesse de se cacher gaiement sous une coiffe monastique[38]. Cette générosité libertine de Madame de Villedieu disparaît cependant assez curieusement avec l'histoire des *Fraticelles*[39], la première annale de la troisième partie.

Les Fraticelles constitue une charge véhémente contre l'hypocrisie des faux dévots. C'est à ce titre que cette histoire a été comparée au *Tartuffe* de Molière, dont d'ailleurs elle s'inspirerait[40].

Selon Madame de Villedieu, les Fraticelles représentent une confrérie de faux « anacoretes » qui, sous le couvert de la direction de conscience, séduisent le cœur des dames romaines tout en préservant la tranquillité d'âme de leurs maris. C'est grâce à Hortence, nouvelle Elmire, sœur du Pape Boniface XIII, que le frère Conrard, « supérieur » de la confrérie, sera enfin dénoncé. Il est assez étonnant que Madame de Villedieu ait renoncé ici au ton amusé qui fait l'agrément de bon nombre d'autres annales. Les traits d'esprit se font rares, comme si l'auteur avait des comptes à régler, à la manière de Molière dans les Placets.

D'autres conjectures autour de la rédaction des *Fraticelles* restent néanmoins possibles grâce à des éléments biographiques livrés par l'étude de Micheline Cuénin. On apprend, en effet, que le *Recueil de quelques lettres et relations galantes,* publié en 1668, contient une lettre (XX) de Madame de Villedieu, datée d'Huy, en Belgique, du 12 octobre 1667, où elle exprime, après les réticences d'usage, un avis sur des points de dogme, qu'un correspondant (non identifié) lui aurait demandé. A un moment donné Madame de Villedieu évoque le fléau que sont les hypocrites et, en même temps, émet une opinion sur l'intervention de Dieu dans la conduite morale des hommes, que les Jansénistes ne contrediraient pas:

> Il y a tant d'hypocrites sur la terre dont l'extérieur dément la conscience, tant de pécheurs et de pécheresses qui cachent des actions criminelles sous les apparences d'une intégrité convaincante (...) Vous me direz peut-être que Dieu n'est pas obligé à justifier ses opérations divines dans la connaissance des hommes. Hélas! Qui est-ce qui ne sait pas qu'il n'est obligé à rien de ce qu'il fait pour nous. Mais, Monsieur, *ce même Amour qui le porte à nous départir ses grâces sans qu'il lui soit nécessaire que nous les recevions,* le porte encore à nous convaincre de l'infaillibilité de ses jugements *sans qu'il ait besoin de notre approbation pour les faire exécuter.* Ce sont des secrets de la bonté divine dont il faut admirer les effets sans les pénétrer et qui me persuadent par mille preuves visibles l'excès de l'amour de Dieu envers nous, *sans que je puisse trouver dans tous les hommes de quoi autoriser les grâces qui leur sont départies*[41].

Mystère de la bonté divine, impuissance de l'homme à pénétrer la volonté de Dieu, confiance aveugle en son infaillibilité, ce sont là des thèmes augustiniens que la spiritualité janséniste avait absorbés. Et quand Madame de Villedieu écrit, dans la même lettre, que

> ... sans nous élever à chercher ces raisons (des desseins insondables de Dieu) de ce que notre raison même ne saurait concevoir, prenons le parti de l'humiliation perpétuelle et ne nous servons de notre esprit que pour nous persuader que toutes ses lumières les plus pénétrantes ne sont que les articles de la Foi[42],

elle adhère pleinement à l'esprit de Port-Royal. Micheline Cuénin se demande même si Madame de Villedieu ne se trouvait pas dans un couvent au moment d'écrire cette lettre. Ce qui est cependant plus important, c'est de rappeler ses sympathies jansénistes, chez les Barillon, à Dampierre, et les milieux mondains d'allégeance janséniste qu'elle fréquente[43]. Si la pensée religieuse de Madame de Villedieu reflète ces milieux, on comprendra sans peine qu'elle partageait également une profonde aversion pour les Jésuites-Molinistes qui, à toutes fins utiles, avaient été à l'origine de l'indignation qui éclata dans les *Provinciales* de Pascal. Ces Fraticelles de Madame de Villedieu, « ordre religieux » qui accommode épouses et maris, pourraient dès lors fort bien porter le masque des Jésuites détestés. En effet, « que font-ils de si extraordinaire pour meriter les loüanges que vous leur donnez? », demande Hortence à Valantine, sa sœur de lait qui a été « engagée » par le frère Conrard pour gagner Hortence à la cause des Fraticelles. La réponse de Valantine semble avoir été directement inspirée par la casuistique des Jésuites, dénoncée par le sarcasme de Pascal:

> Ils font un exercice de charité perpetuelle, repartit Valantine: ils vont de famille en famille appaisant les desordres domestiques, calment les scrupules de l'ame par des discours qu'on pourroit appeler Angeliques[44]; & montrent des chemins si faciles à tenir pour aller au Ciel, qu'on n'a qu'à vouloir estre sainte pour le devenir. (p. 37-38)

Hortence n'est cependant pas convaincue, car, dit-elle, « Quand je fais reflection sur les preceptes de l'Evangile, & que je considere combien ils sont opposez aux actions les plus indifferentes des mondains, je vous avoüe que je tremble... » (p. 39). Ce retour à l'Evangile, ainsi que cette méfiance des mondains, sont de toute évidence puisés dans l'argumentation port-royaliste. Sur quoi Valantine répond:

> Mon Dieu Madame, (...) j'en croyois autant que vous, avant que d'avoir connû les Fraticelles: Les Confesseurs ordinaires[45] m'avoient si bien embroüillé la cervelle avec leurs scrupules, que je croyois estre damnée si-tost que je faisois le moindre mensonge, ou que j'écoûtois une fleurette avec plaisir, mais les Fraticelles sçavent bien guerir une ame de ces erreurs. Ils disent que le péché n'est que dans la loy: Non, dit Valantine en se reprenant; ce n'est pas comme cela, c'est que la loy n'a esté faite que pour le peché; qu'avant la loy le peché qui est peché n'estoit point peché: Enfin je ne sçay comme ils arrangent cela, je ne sçaurois bien dire comme eux. (p. 39-40)

Le frère Conrard apportera ses lumières lors d'une visite à Hortence:

> Madame, luy dit-il, nostre Ordre n'a pour but que la charité: Nous estudions les defauts des hommes dans le silence, & dans l'esprit de compassion, & nous tâchons à les corriger par de petits exemples

familiers (...) c'est par le portrait du monde que nous reformons le monde. (p. 44-46)

Et pour compléter le portrait du Jésuite-casuiste, le frère Conrard rappelle que « Le Privilege de la Devotion enferme de grandes permissions, & si cela n'estoit pas, Madame, comment un Directeur public pourroit il manier tant d'ames differentes, & concilier tant de sentimens opposez? » (p. 49-50). Il y a là des subtilités que même Tartuffe ne possédait pas, mais que les Molinistes de Pascal cultivaient avec le plus grand talent.

Un autre détail qui établit un lien entre les Fraticelles et les Jésuites est le choix du pourfendeur impitoyable des Fraticelles, c'est-à-dire Antonin, « un Devot personnage de l'Ordre de saint Dominique, qui est mort Archevêque de Florence, & qui a esté une des plus grandes Lumieres de l'Eglise » (p. 55). Il s'agit de saint Antonin, rajeuni par Madame de Villedieu pour les besoins de la cause (puisqu'il a vécu de 1389 à 1459), et totalement étranger à l'orbite papale de Boniface VIII. Mais il est Dominicain, donc thomiste, et, à tout prendre (voir la IIe Provinciale), il est d'accord sur le fond avec la pensée théologique des Jansénistes.

Que la satire des Jésuites tourne en persiflage, donc en animosité, ressort assez clairement des « Regles, et Constitutions à l'usage des Fraticelles » (p. 23 & ss.). Ils s'attacheront en premier lieu à la dame dont ils auront charge d'âme (et de corps), « comme si elle estoit la chair de sa chair, & les os de ses os, car ceux que l'amour unit ne font qu'une ame divisée en deux corps » (p. 24). On reconnaît ici le passage de la *Genèse,* II, 22-24, où Dieu « bâtit en femme la côte qu'il avait prise de l'homme. Il l'amena vers l'homme et l'homme dit: 'Cette fois, celle-ci est l'os de mes os et la chair de ma chair' »[46]. Nous frôlons le blasphème, confirmé par l'allusion possible à l'Evangile selon Matthieu, XIX, 6, où on lit: « Ainsi ils ne sont plus deux, mais une seule chair. Ce que Dieu a uni, que l'homme ne le sépare donc pas »[47]. Il faut aussi « sauver les apparences contraires à la reputation de sa Communauté » (p. 25), exercer la prudence, car « La Prudence est le fondement solide d'un commerce amoureux, & le cœur d'une Femme est assez vaste, pour contenir un amour permis, & un amour défendu sans que l'un embarasse l'autre » (p. 25-26). On aura remarqué au passage le mépris pour la femme légère: entendons-nous les Fraticelles ou la voix vindicative de Madame de Villedieu?

Enfin, un dernier extrait des *Fraticelles,* où l'on perçoit des échos de la Dixième Provinciale, celle où Pascal pose la question de l'amour de

Dieu et s'indigne d'apprendre que « cette dispense de l'obligation fâcheuse d'aimer Dieu est le privilège de la loi évangélique par dessus la judaïque »[48]. C'est grâce au sermon du Frère Conrard que nous apprenons que « Le Religieux qui n'est pas prevenu d'une inclination si violente pour le Ciel, s'éleve au Createur par la contemplation des creatures, & voilà ce qui compose la vocation des Fraticelles » (p. 85). On croirait entendre une application astucieuse des préceptes du Père Bauny quand il parlait de la conversion des « femmes perdues »:

> Il est permis à toutes sortes de personnes d'entrer dans des lieux de débauche pour y convertir des femmes perdues, quoiqu'il soit bien vraisemblable qu'on y péchera: comme si on a déjà éprouvé souvent qu'on s'est laissé aller au péché par la vue et les cajoleries de ces femmes. Et encore qu'il y ait des docteurs qui n'approuvent pas cette opinion et qui croient qu'il n'est pas permis de mettre volontairement son salut en danger pour secourir son prochain, je ne laisse pas d'embrasser très volontiers cette opinion qu'ils combattent[49].

Mais enfin, s'indigne Pascal,

> ... comment pouvez-vous concevoir qu'un homme qui demeure volontairement dans les occasions des péchés, les déteste sincèrement? N'est-ce pas visible, au contraire, qu'il n'en est point touché comme il faut, *et qu'il n'est pas encore arrivé à cette véritable conversion de cœur, qui fait autant aimer Dieu qu'on a aimé les créatures?*[50]

Même si leurs conjectures théologiques escamotaient le véritable amour de Dieu, les Jésuites les plus byzantins, hormis quelques brebis galeuses[51], ne l'ont jamais confondu avec l'amour des créatures. Mais Madame de Villedieu veut s'acharner, sans merci, et parfois sans raison, sur un type de religieux (Frère pour la circonstance...) qui est peut-être plus proche d'un Jésuite trop lutinant que d'un dévot laïc comme Tartuffe. Sa fidélité à la cause janséniste a malheureusement affecté l'allégresse de sa plume.

Avec l'histoire de « Dulcin » (Quatrième partie), Madame de Villedieu allège son style et ses thèmes. Le divorce comme solution patriotique au repeuplement de la nation de Lombardie est évidemment un plaisant déguisement pour le libertinage des mœurs. Mais à l'histoire de Dulcin et de Marguerite s'attache une autre, plus fine, d'une frivolité mi-figue, mi-raisin, intitulée « Histoire de Nogaret & de Mariane », portant le sous-titre « Le Degoût ».

Mariane, qui raconte l'histoire, est l'épouse de Nogaret qui lui avait fait la cour, l'avait ensuite un peu négligée, mais n'avait finalement pas pu résister à l'attrait du mariage. Mais, « Les premiers transports de notre joye estoient à peine passez, que les noms d'époux & d'épouse nous devinrent insupportables » (p. 35-36), explique Mariane. Pour son malheur, Mariane est trop belle, et elle prive donc son mari du plaisir de croire qu'il pourrait tomber amoureux d'autres femmes et, surtout, que ces femmes le croiraient sincère! Madame de Villedieu développe le thème complexe du domjuanisme frustré, montrant à souhait que le nœud (ou la chaîne) du mariage paralyse l'entreprise amoureuse du mari, et muselle en l'homme le désir, sinon le besoin de nouvelles conquêtes. Au passage, elle ironise la fatalité de la beauté féminine et les paradoxes du cœur humain. Mais elle refuse d'abandonner les droits de la passion, ce qui donne à Madame de Villedieu l'occasion de jeter une petite pierre dans le jardin fleuri de Mlle de Scudéry, championne de la tendre amitié. En parlant de son mariage Mariane promet sa fidélité, mais elle regrette la froideur de leur union:

> Mais nous nous regardions comme de bons amis, qui estant asseurez l'un de l'autre, s'aiment d'une amitié tranquille, sans transport, & sans empressement. Cette espace de bienveillance, donne aux femmes les ajustemens, que leur rang demande à Messieurs les Maris, & met les Espoux à couvert de l'orage domestique. Mais ce n'est pas contentement pour de jeunes cœurs qui s'estoient attendus à quelque chose de plusfort. On voudroit que les commencemens fussent durables, & quand ce qui devroit estre un effet d'amour, n'est qu'un effet de politique, ou de complaisance, le mariage devient un pesant fardeau, pour les gens qui ont le cœur delicat. (p. 38-39)

La légèreté du récit, qui finit bien puisque mari et femme retrouvent leur affection mutuelle, recouvre une pénétrante analyse psychologique du comportement humain, digne des observations désabusées d'un La Rochefoucauld. Mais contrairement à l'auteur des *Maximes,* Madame de Villedieu enrobe ses remarques d'une espièglerie qui masque la gravité de la rupture entre époux. Tantôt c'est la formule rapide qui saisit la contradiction humaine sur le vif: « L'homme de France qui a la plus belle femme voudroit avoir la plus laide, afin d'avoir le plaisir de faire l'amour à la sienne » (p. 47-48); tantôt le trait comique qui transporte dans un monde de farce: «... allons prendre l'air, dit l'époux de Mariane à Colomne, vous avez tant de fois prononcé les noms de Mary & de Femme que vous m'avez donné la migraine » (p. 50-51). Plus loin, un trait moliéresque: «... Paris étoit tout remply de ces sortes de personnes qui faisoient les prudes & les innocentes, bien qu'elles en sceussent plus que ceux qu'elles interrogeoient ... » (p. 56). Mariane, masquée, s'arrange pour que son mari tombe amoureux d'elle sans la reconnaître. Elle l'entraîne ainsi vers le piège de l'adultère, mais ce n'est là que « Comedie », ou « histoire réjoüissante » (p. 62 et 63). Nulle jalousie (d'elle-même!) ne l'effleure, même si son mari se comporte de plus en plus en inconstant. Seul importe pour elle de retrouver la passion qu'il lui vouait, quitte à le ridiculiser, mais quitte aussi à passer l'éponge sur toutes ses infidélités. Mariane soumet sa dignité et son honneur à l'impératif de la passion. En réalité, elle se soumet tout en jouant à la marionnettiste. Elle se contente de mener le jeu, mais au prix de toute velléité « féministe ». Après tout, dit Mariane à son mari ignorant, « Les femmes sont de grandes trompeuses, & peut-estre au moment que vous m'aimez avec tant d'ardeur sans me connoistre, je vous serois la personne du monde la plus indifferente si vous me connoissiez bien » (p. 75-76). C'est admettre qu'il faut constamment envelopper l'amour de mystère, d'inconnu, voire d'interdit, pour qu'il garde tout son charme. C'est aussi, non seulement mener le jeu, mais y entrer sans se soucier des humiliations. Nogaret retrouve enfin la dame masquée, couchée sur un lit, prête à se donner à cet amant familier. Elle enlève son masque. Nogaret la reconnaît! « O Dieux s'écria-t-il, ce n'est que ma femme, & se reculant de quelques pas ... » (p. 97). « Je vous l'avois bien mandé dans le billet que vous perdistes, réplique Mariane, que votre passion cesseroit si-tost que vous me verriez » (p. 99). En se démasquant, elle démasque donc aussi le ressort de l'amour comblé aux couleurs de fruit défendu. Mariane a raison contre l'inconstance naturelle des hommes (un thème galvaudé au XVIIe siècle, merveilleusement illustré peu de temps après dans *La Princesse de Clèves*), mais elle a eu tort de jouer avec le feu en regardant « cette intrigue comme un jeu » (p. 101), car son mari « eut une telle rage d'avoir esté trompé qu'il ne (lui) a jamais pardonné cette tromperie » (*ibid.*). Désespérée et soumise à l'appel de sa passion, elle supplie Dulcin de ne point accorder à son époux la permission de divorcer, car « La necessité de nous aimer a fait naistre nostre antipathie, la liberté de nous haïr, doit rallumer nôtre passion » (p. 104). Impitoyable procès intenté aux servitudes du mariage et aux douceurs de l'amour interdit, mais triomphe, malgré tout, de l'Eros souriant, asservissant la femme à ses désirs. Par la grâce de Madame de Villedieu, Nogaret et Mariane « se reprirent avec autant d'amour qu'ils s'étoient pris la premiere fois . . . » (p. 105)! Ni ruse ni infidélité, ni humiliation ni déshonneur, ne feront taire la voix du cœur. Aux froideurs et aux mépris de Mlle de Scudéry, Madame de Villedieu oppose une thématique triomphante de l'amour. Elle aussi se racontait, non pas dans les brumes de l'encens, mais dans l'abandon de sa chair.

La Gravité des *Désordres*

Les Désordres de l'Amour[52], vraisemblablement publiés en 1675, constituent l'œuvre romanesque la mieux connue de Madame de Villedieu, renommée à laquelle un léger parallélisme avec *La Princesse de Clèves* n'est peut-être pas étranger. En effet, dans le deuxième récit, sous-titré « Qu'on ne peut donner si peu de puissance à l'amour qu'il n'en abuse », une femme, Madame de Termes, avoue à son mari l'inclination qu'elle a pour le Baron de Bellegarde, un jeune amant du passé qui, pour des raisons de fortune, fut évincé par le Marquis de Termes. A ceux qui ont prétendu que Madame de Villedieu s'était inspirée du roman de Madame de Lafayette, Micheline Cuénin a donné un démenti inattaquable[53]. S'il y a eu le moindre calque, c'est dans le sens inverse qu'il a eu lieu. En réalité, les aveux et les douleurs de Pauline, épouse de Polyeucte, conviennent beaucoup mieux à la Marquise de Termes. Comme Pauline, la Marquise a été poussée dans un mariage sans amour, alors qu'elle soupirait pour un jeune amant sans « assez de bien pour satisfaire l'avarice de son pere » (p. 72). Comme elle, la Marquise a gardé la nostalgie de ses premiers amours; comme elle, elle tâche de ne plus revoir cet amant afin de ne point raviver leur passion. Après l'aveu, le Marquis de Termes se conduit en honnête homme, affligé mais fidèle à son amour. Il décide cependant de rompre les liens du mariage car, dit-il, « je prefererois la qualité de vôtre mari à toutes les fortunes du monde, mais je ne sçai point la conserver quand elle vous est odieuse » (p. 75). La Marquise insiste pourtant qu'il demeure auprès d'elle: « Vôtre vuë m'est plus utile que vôtre absence, & nôtre separation, me laissant à moi-même, me livreroit peut-être au plus redoutable de mes ennemis »

(p. 77). Accents corneliens, s'il en est. Enfin, le Marquis libère sa femme de ses vœux en trouvant la mort à la bataille de Jarnac, après avoir fait de son neveu, le jeune Bellegarde, « son légataire universel, à condition qu'il épousât sa veuve » (p. 78). On songe encore à Polyeucte[54] qui convoque Sévère, en présence de Pauline (IV, iv):

> Vous êtes digne d'elle, elle est digne de vous,
> Ne la refusez pas de la main d'un époux,
> S'il vous a désunis, sa mort vous va rejoindre. (vv. 1305-07)

L'intérêt que suscitent *Les Désordres de l'Amour* n'est toutefois pas dans ces petits jeux comparatifs. « *Les Désordres de l'amour* sont le terme de l'évolution d'un talent qui commence avec *Alcidamie* »[55]. Certes, et on se réfère la plupart du temps à cette œuvre si l'on veut circonscrire l'achèvement de l'écriture, autant que la psychologie de l'amour chez Madame de Villedieu. Ce qui a surtout changé entre les *Annales galantes* et les *Désordres*, c'est le ton, le timbre même de la voix qui raconte. Est-ce un effet du séjour au couvent, en 1672? Peut-être, mais *Les Mémoires de la vie d'Henriette-Sylvie de Molière*, qui précèdent les *Désordres* d'un an, n'ont pas ce sérieux. Quoi qu'il en soit, Madame de Villedieu a choisi le mode grave pour rendre compte des conséquences désastreuses de la passion. Curieusement, elle semble vouloir condamner l'Amour, « ressort de toutes les autres passions de l'ame » (p. 118), elle qui en avait si souvent parlé avec tant de grâce, tant de légèreté, tant d'humour. Elle était d'ailleurs parfaitement consciente de son changement d'attitude. A la fin du deuxième récit, elle blâme l'amour tout en avouant ses propres péchés mignons du passé:

> J'espere ne rapporter pas de moindres preuves, que non seulement il (l'amour) fait agir nos passions, mais qu'il merite souvent tout le blâme que ces passions peuvent attirer; qu'il nous conduit jusques au desespoir, & que les plus parfaits ouvrages de la nature & de l'art dependent quelquefois d'un moment de son caprice & de ses fureurs. Je ne doute point qu'en cet endroit plus d'un lecteur ne dise d'un ton ironique que je n'en ai pas toûjours parlé de cette sorte, mais c'est sur cela même que je me fonde pour en dire tant de mal, & c'est pour en avoir fait une parfaite experience que je me trouve autorisée à le peindre avec de si noires couleurs. (*ibid.*)

Pour des raisons qu'on ignorera sans doute toujours, Madame de Villedieu avait opté dès 1674 pour une vie dévote. Sa « conversion », neuf ans avant sa mort, dictait dorénavant une vision du monde qui n'était pas sans ombres augustiniennes. Elle se fit donc « l'historienne » de l'amour tyrannique qu'elle se persuada d'avoir vécu intensément dans la souffrance. On assiste à une pénible reconstruction de son passé, qui efface toutes les joies et accentue la seule douleur. Elle en était arrivée à croire que « C'est avec de beaux sentiments qu'on fait de la mauvaise littérature » (Gide, *Journal*). Les *Désordres* doivent dénoncer l'ennemi qui rôde chez Racine, chez La Rochefoucauld, chez Madame de Lafayette, bientôt sa grande alliée dans *La Princesse de Clèves*. De là ses « nouvelles historiques » qui étalent les malheurs que l'amour cause aux plus grands de ce monde. Sans minimiser la valeur stylistique des *Désordres de l'Amour,* on peut dire que l'écriture s'y épanche avec une tristesse complaisante, toute tournée vers soi, égocentrée, à la manière de Baudelaire qui appelle sa douleur, qui lui demande sa main, et la prie de voir « se pencher les défuntes Années, Sur les balcons du ciel, en robes surannées » (*Recueillement*). Madame de Villedieu ne résiste pas non plus à la poésie des amours perdues: la mode, et son cœur, l'invitaient, une fois encore, à pleurer son passé en des Maximes d'amour endeuillées:

Maxime I

Mais l'Amour, ce tiran des plus illustres ames,
Cet ennemi secret de nos prosperitez,
Qui, sous de faux plaisirs, nous déguisant ses flames,
Nous fait passer des maux pour des félicitez;
Aux yeux du nouveau Roi fait briller ses chimeres,
Il se laissa charmer à leur vaine douceur,
Et leurs voluptez mensongeres,
En seduisant les sens, amolissent le cœur. (p. 5)

Maxime II

Mais est-il un bon-heur effectif et durable,
Dans ce qui roule sur l'amour?
Tout s'y trouve sujet aux perils d'un retour;
Son espoir le plus juste & le plus vraisemblable,

> Nait, se détruit, & renait dans un jour.
> Ses douceurs passent comme un songe,
> Ses promesses ne sont qu'un seduisant mensonge;
> Ce que nous connoissons de plus grand sur la terre,
> Ce qui fait à nos yeux son plus bel ornement,
> Les loix, l'honneur, la paix, la guerre,
> Tout se trouve sujet à son enchantement. (p. 43)

Madame de Villedieu, adversaire de l'amour? Oui, si on la rattache à la pensée précieuse qui s'était réfugiée dans un fantasme schizophrénique où l'amant seul, prosterné et respectueux, rendait hommage à la chasteté. Oui, si on peut voir dans ces *Désordres* « des aventures propres à toucher des femmes souvent mal mariées qui se laissaient entraîner par un féminisme avoué ou inconscient »[56]. Si, par contre, on joint les *Désordres de l'Amour* aux *Billets galants* qui en annonçaient déjà la tonalité, on conviendra que cette adversaire inattendue n'a jamais cessé d'aimer son ennemi. Madame de Villedieu est cette nouvelle Hermione, désespérée, prisonnière de la fascination que l'amour exerce sur elle, sa vie durant. Les *Désordres,* c'est le cœur (meurtri et fatigué) qui dément le discours rationnel:

> Et ne voyais-tu pas, dans mes emportements,
> Que mon cœur démentait ma bouche à tous moments?
> (*Andromaque*, VIII, vv. 1547-48)

Madame de Villedieu, était-elle « féministe », dans la mesure où on peut prudemment se servir de cette étiquette sociale dans le contexte du XVIIe siècle? Si « féminisme » signifie méfiance des hommes après l'expérience de leurs infidélités, alors Marie-Catherine pourrait joindre les rangs. Mais—nous l'avons dit plus haut—s'agit-il vraiment de « féminisme », défini par quelque action évolutionnaire, ou entendons-nous seulement une plainte séculaire qui dénonce la difficulté d'aimer et d'être aimé dans la constance? Rêver d'amour et de l'amant parfait est tout à fait le contraire de la psychologie féministe, car c'est le reflet d'une quête de bonheur éternel où homme et femme se joignent en une parfaite harmonie. Ce côté chimérique et conservateur de la pensée de Madame de Villedieu est tout entier dans l'aveu de la jeune Madame de Termes. Alors que son mari lui demande pourquoi elle l'a épousé sans l'aimer, elle répond:

Madame de Villedieu 93

> Je fis ce qu'il me fut possible pour ne vous épouser pas, (...). Je refusai d'obeïr, je voulus me jetter dans un convent, et cent fois, il me vint une pensée de me faire mourir plûtot que de consentir à ce funeste mariage, mais j'étois jeune & timide, mon pere étoit absolu sur sa famille, & d'ailleurs je ne croyois point mon amour aussi violent qu'il l'étoit. Comme il n'avoit jamais eu de but qu'un mariage, je pensois qu'il cesseroit, quand l'espoir de ce mariage seroit éteint. Vous êtes un des hommes du monde le plus accompli; j'esperai que vous chasseriez aisément Bellegarde de mon cœur, & j'avois un désir si sincère de vous aider, que je ne doutai pas qu'il ne reüssît. Mais helas! Je me suis trompée, & bien que je vous trouve infiniment estimable, vous ne sçauriez empêcher que Bellegarde ne soit encore l'homme du monde le plus aimé. (p. 73-74)

Le Marquis de Termes est un mari « accompli », mais Bellegarde possède toute la séduction d'une obsession masochiste. Elle en sera un jour punie, en proie à des jalousies imaginaires et obsessionnelles à leur tour.

Ce n'est pas sans raison que Micheline Cuénin a parlé de « magazines féminins modernes où les rédactrices se savent suivies et même moralement responsables devant leurs lectrices »[57], en évoquant le côté « courrier du cœur » dans *Les Désordres de l'Amour*. Mais ce genre de littérature féminine, aujourd'hui comme au XVIIe siècle, n'est « féministe » que de nom, car « l'enjeu reste toujours le rapport aux hommes, dans une situation de séductrice recyclée »[58]. L'œuvre de Madame de Villedieu, tantôt sur un mode plus plaisant—*Annales galantes*—, tantôt empreinte d'une triste gravité—les *Désordres*—, pose surtout la problématique de l'amour féminin, et de ses échecs qui entraînent lassitude et résignation. C'est dans ce sens que l'on comprend mieux la « conversion » à la dévotion de Madame de Villedieu, son mariage sans passion, en 1677, avec Claude-Nicolas de Chaste, ses dernières années, sans éclat, confinée à son veuvage, Claude-Nicolas étant décédé au tout début de 1679.

Conclusion

Madame de Villedieu a été le chantre de l'amour. A ce point de vue elle n'était pas différente de Mlle de Scudéry, de Madame Deshoulières ou de Madame de Lafayette. Mais alors que l'amour chez ces dernières se pare souvent des grâces de la coquetterie galante, faite de retraits ou de pudiques séductions, « fleur bleue » à souhait, ou, comme dans *La Princesse de Clèves*, se reconnaît à un écartèlement entre la vertu (triomphante) et l'appel de l'inclination, ce même amour, tyrannique ou mutin, éclate chez Madame de Villedieu comme une puissance incontrôlable, minant la résistance de la raison, asservissant cœur et corps à la sensualité du désir. Autant que l'auteur de *La Princesse de Clèves,* et parfois davantage, Madame de Villedieu peut être comparée à Jean Racine. Ils avaient à peu près le même âge, la même fougue, la même conviction que l'amour est une fatalité à laquelle on ne résiste pas. Le malheur tragique dans *Les Désordres de l'Amour* n'est pas fondé sur un rejet « féministe » de l'asservissement, mais sur le désespoir de ne pouvoir posséder l'objet de ses désirs. Possession et soumission se confondent en une seule et même joie érotique.

* * *

V

Madame de Lafayette

L'Actualité permanente de *La Princesse de Clèves*

*D*ès que l'on aborde l'étude de l'œuvre de Madame de Lafayette, et surtout *La Princesse de Clèves,* le malaise d'une bibliographie pléthorique s'installe. Contrairement à Madame de Villedieu qui a été passablement négligée jusqu'à une date récente et qui n'a pas été tout à fait réhabilitée dans les ateliers de la critique littéraire, l'auteur de *La Princesse de Clèves* a été surabondamment entourée, fêtée, commentée, analysée, sanctifiée, et on en passe. Depuis la remarquable bibliographie sélective de Marie-Odile Sweetser[1], proposée en 1974 pour la seule *Princesse de Clèves,* d'innombrables études sont encore venues grossir l'arsenal existant, au point où l'on peut sérieusement se demander s'il reste vraiment quelque chose de neuf à dire à son sujet. Alain Niderst a proposé les meilleures clefs[2]. Roger Duchêne vient de s'imposer une nouvelle fois avec une vaste et savante biographie[3]. La discussion autour du véritable auteur de *La Princesse de Clèves* semble terminée, malgré la solide argumentation en faveur de Segrais, par Geneviève Mouligneau[4], et, rappelons-le, la reconnaissance (un peu réticente) de l'importante contribution du même Segrais à *Zaïde*[5].

Du coté de l'interprétation, où *La Princesse de Clèves* reçoit évidemment la part du lion, le bilan provisoire dressé par Maurice Laugaa[6] en 1971 montre l'étonnante variété de la pensée critique, les accords et désaccords selon l'air du temps, l'allégeance idéologique, l'option critique—de loin la plus tenace—, la lecture historique, psychologique ou technique. Plus récemment on a retrouvé Dieu à la cour des Valois par le biais des prédicateurs français du XVIIe siècle[7]. Et—fallait-il même s'en étonner?—

Madame de Lafayette a également été appelée au tribunal bienveillant d'une interprétation féministe[8].

Ce qui reste malgré tout surprenant, c'est que chacun, en dépit des lectures interprétatives qui l'assaillent, réagit d'une manière toute personnelle aux problèmes moraux et psychologiques que pose la relation entre les protagonistes majeurs de *La Princesse de Clèves*. C'est que ces problèmes, nombreux et complexes, risquent à tout instant d'évoquer en chaque lecteur, en chaque lectrice, un souvenir, une expérience vécue, une image aimable ou douloureuse du passé, voire du présent. *La Princesse de Clèves,* d'une façon ou d'une autre, s'accroche à notre vie intime, sollicite un jugement qui est peut-être même une auto-punition, ou arrache des aveux que l'on avait enfouis dans l'ombre de sa conscience. Mais n'est-ce pas le propre du drame, de la tragédie, dans la vie comme au théâtre, dira-t-on, que de bouleverser nos émotions et nos scrupules, que d'ouvrir une fenêtre sur notre propre vie afin de nous faire revivre nos péchés et nos remords? Certes, mais *La Princesse de Clèves* pratique cette dissection morale avec une insolence plus vive, plus cruelle, oserait-on ajouter. Sa gamme opératoire est infinie, cent fois plus tentaculaire que la plus noire des tragédies raciniennes auxquelles on la compare volontiers. Racine explore surtout les guerres intestines, la relation familiale, « d'autorité », disait Barthes; parfois la passion amoureuse s'empare d'un geôlier, homme ou femme, et sème la mort. « Au fond il (Racine) faisait toujours la même tragédie (...) Une tragédie racinienne est en un sens toujours la même tragédie », écrivait Péguy[9]. Et les personnages raciniens sont exceptionnels dans la mesure où ils dominent temporellement le monde. En outre, les circonstances dans lesquelles leurs passions éclatent ne sont pas moins exceptionnelles. Œdipe et sa mère engendrent des frères jumeaux, ennemis; Pyrrhus aime une femme, veuve et mère, dont il a virtuellement tué l'époux; Néron décide de la disgrâce de sa mère, par ambition politique et, fortuitement, par amour. La dynamique racinienne s'appelle inceste, adultère, meurtre. Seule Bérénice échappe plus ou moins à ce monde déchaîné. Racine émeut, mais son spectateur demeure en marge de son univers monstrueux.

Rien de tel chez Madame de Lafayette. Politiquement parlant, les grands de ce monde ressemblent à des impuissants. Leurs intrigues suivent l'inclination de leur cœur, comme si nulle autre activité ne les réclamait. Des jalousies éclatent, mais c'est entre amants, entre mari et femme, comme il se doit dans un monde dominé par les « galanteries ». Mais il n'y a pas de jalousie meurtrière entre des personnages liés par le sang. A la jalousie succède le désespoir, non une pensée ou un acte criminels. Le seul désaccord dans l'œuvre entre père et fils (le père du Prince de Clèves n'approuve pas la passion de son fils pour Mlle de Chartres) disparaît aussitôt avec la mort opportune du père. La Princesse de Clèves accusera de Nemours de la mort de son mari, mais de fait ce « meurtrier » reste fort innocent. Il a des torts, mais après la mort de M. de Clèves, il devient plutôt bouc émissaire, au lieu de coupable. La violence de la passion n'entraîne pas d'actions violentes. On ne se donne pas la mort. On « quitte le monde ». De Nemours se croira désespéré d'avoir perdu à tout jamais celle qu'il aime, mais « le temps et l'absence ralentirent sa douleur et éteignirent sa passion » (p. 394). Les cœurs se brisent, lentement, tristement. Aux cris et aux spasmes du théâtre racinien se substituent une douleur lancinante, un effritement progressif de la volonté, un abandon langoureux aux pulsations du désir. *La Princesse de Clèves* est l'histoire de la passion prise au ralenti. De là son visage plus familier, car l'identification des passions est liée au degré de solidarité que l'écrivain établit entre ses personnages et ses lecteurs. Une jeune femme, mariée sans amour, est plus qu'un thème littéraire; c'est une expérience vécue par l'écrivain et par mille femmes de son temps. C'est aussi le drame de toutes les générations, illustré par la poésie brûlante de *La femme adultère* de Camus. Un amour interdit, subit et irrésistible, colorait le fantasme collectif de l'éthique précieuse, ou, comme dans le cas de Mademoiselle de La Vallière, devenait une fatalité que seul le repos de la vie conventuelle dissiperait lentement. Au cours des siècles la méditation et le rêve dans l'enceinte monastique sont devenus plus rares, mais la presse féminine a généreusement veillé à maintenir les audacieuses illusions du conte de fée[10]. A chaque instant une sorte d'actualité psychologique permanente nous frappe. La relation entre Madame de Chartres et sa fille, l'impact même de l'éducation maternelle, l'héritage moral légué à la Princesse de Clèves, tout cela pèse sur la trame romanesque comme une problématique ininterrompue de l'éducation féminine à travers les âges. Le fardeau parental n'est pas une donnée psychologique propre seulement au XVIIe siècle. Par ailleurs, l'univers féminin de Mlle de Chartres subit l'influence d'un milieu, d'un climat—aux teintes nobles et royales pour les circonstances—, dominés par le souci de plaire, de séduire, d'être aimable (susceptible d'être aimée). Formation mondaine d'une jeune femme, à laquelle le chatoiement des lieux donne une illusoire unicité. Mais le bruissement des robes, les murmures jaloux ou les chuchotements médisants d'une noblesse décadente ne représentent qu'un décor sonore, inventé par Lulli, derrière lequel se profile une image beauvoirienne de la femme apprivoisée.

    Mariage sans amour, rêves du cœur, culpabilité d'une conscience enfiévrée, soupçons, reproches, jalousie, paranoïa, sentiment d'émasculation, affliction aux séquelles psychosomatiques: l'union de Mlle de Chartres avec le Prince de Clèves, vouée à l'échec moral, ouvre le vaste éventail des désordres éternels du lien conjugal sclérosé par l'incompatibilité. Le veuvage, enfin, libérateur de nom, sera hanté par le remords de ne pas s'être donnée dans la joie et d'avoir cédé dans son cœur au péché; hanté aussi par le spectre exigeant de la fidélité. *La Princesse de Clèves,* hier et aujourd'hui, risque parfois de laisser un âcre arrière-goût de défaite personnelle, une sorte de nausée, en évoquant des carences morales, des faiblesses, des abandons aux amours interdites. A la réflexion, le modernisme de cette œuvre dite surannée effraie quelque peu.

    L'univers viril n'est pas plus exaltant, ni moins actuel. Le Prince de Clèves, on l'a vu, possède tous les symptômes du mari abattu, angoissé, incapable d'accuser une défaite, rongé par le sentiment d'avoir été atteint dans sa virilité même. Et nous ne sommes pas si sûr qu'il « demeure un honnête homme jusque dans les questionnaires haletants qu'il impose à la princesse, jusque dans les tortures qu'il lui inflige »[11]. Il n'ignorait pas que Mlle de Chartres ne l'aimait pas, mais il a préféré prendre des risques qu'il a aussitôt transformés en droits. Il incarne le mythe tenace de la possession, à l'instar de l'extravagant Alidor de *La Place Royale* de P. Corneille. En tant que modèle viril, Le Prince de Clèves offre l'image d'un mari arrogant, fier d'avoir triomphé de ses rivaux, fier aussi de sa prise, amoureux, certes, mais obsédé par l'amour qu'on lui doit, par contrat de mariage, et foncièrement insensible à l'honnêteté déchirante de son épouse. Cet « honnête homme », qui se dit le plus compréhensif des maris avant la saison des orages, a des exigences maritales qui ne laissent pas d'évoquer l'impitoyable relation entre « le maître et son esclave »[12].

    On a vu parfois en lui une victime, autant qu'un bourreau, et on a pu blâmer la Princesse de Clèves pour avoir fait subir à son mari l'épreuve de l'aveu. « . . . elle ne manque pas non plus d'une certaine cruauté perverse », a-t-on dit, « Car ces aveux romanesques de la princesse de Clèves, comme de la comtesse de Tende, s'adressent toujours à la personne qui va directement souffrir, le mari »[13]. On lui reproche encore de se jeter aux genoux du Prince, « le visage couvert de larmes et d'une beauté si admirable », exerçant ainsi le sadisme de l'agenouillement, de l'humiliation[14]. Péguy en avait dit autant à propos d'Iphigénie lorsqu'elle infligeait, selon lui, sa soumission filiale et l'abandon de sa vie à son père Agamemnon. Mais n'est-ce pas prêter à la Princesse de Clèves une cruelle manœuvre d'auto-justification à laquelle, de toute évidence, elle ne songe pas puisqu'elle ne se débarrassera jamais de son sentiment de culpabilité? Il est vrai que l'acte confessionnnel est toujours égocentré, puisque c'est une tentative souvent désespérée de libérer la conscience du poids de ses fautes. La confession est peut-être le dernier recours à un affranchissement du moi étouffé. L'aveu, ne serait-il donc que le pantin complaisant de la sincérité? Et aurait-il mieux valu, comme le Prince ose le suggérer, de continuer à se taire et de le laisser « dans cet aveuglement tranquille dont jouissent tant de maris » (p. 374)? C'est, bien entendu, faire peu de cas de la vertu (objective et subjective) de la sincérité. C'est peut-être oublier que le roman tout entier gravite autour de la notion haïssable du paraître, dénonçant à tout instant la dissimulation et l'hypocrisie qui règnent à la cour des Valois et, davantage, dans le cœur de tous les hommes. A ce point de vue, *La Princesse de Clèves* est une difficile et lente quête de la vérité, comme il ressort clairement des dernières pages consacrées aux adieux de la princesse et du duc de Nemours. Madame de Lafayette impose à son héroïne l'agonie de la vérité, la seule épreuve dont l'être humain peut sortir grandi et libéré. Dure leçon, au point de choquer certains contemporains de la romancière. Comme nous le verrons, l'aveu fait au Prince est malheureusement un échec, mais le Prince n'en comprend même pas la faible valeur cathartique parce que, lui aussi, continue d'appartenir au monde de la dissimulation. Aux yeux de Madame de Lafayette, seule la vérité absolue, atteinte à travers des larmes et des sacrifices, a le droit de triompher. Le Prince de Clèves a tort. Le mari qui refuse la vérité, même voilée, parce qu'elle heurte sa virilité et son amour-propre, a tort. L'universalité de la problématique de l'aveu est précisément dans ce refus, ou ce rejet, de la vertu féminine, aussi imparfaite soit-elle.

Le duc de Nemours, amoureux transi, ressemble sans doute davantage à un personnage strictement romanesque. Il est beau, charmeur, irrésistible auprès des femmes. Il s'éprend de la princesse et consacre dorénavant sa vie et ses efforts à la réalisation de ses désirs. Il a tout pour plaire, surtout lorsque ses goûts deviennent monogamiques. Mais n'est-ce pas là une image d'Epinal d'un personnage beaucoup plus complexe et, sous son masque héroïque, proche d'une typologie masculine assez courante? Ayant aperçu la princesse, il devient aussitôt avide d'adultère, et, comble de l'insouciance morale, jaloux d'un mari qu'il soupçonne pourtant d'avoir été trahi; il en arrive même au point où « l'extrémité du mal de M. de Clèves lui ouvrit de nouvelles espérances » (p. 373). S'il n'ose se déclarer à la princesse, c'est moins parce qu'il respecte son état matrimonial, que parce qu'il a été subjugué par sa beauté, reflet d'une vertu à laquelle la vie mondaine ne l'a guère habitué. Elevé sans foi ni loi, aristocrate jusqu'au bout des ongles, il cultive l'obsession de posséder une femme interdite, un fruit défendu.

Madame de Lafayette s'est vaguement inspirée de Brantôme pour créer ce personnage: « ... il disoit que la plus propre recepte pour jouyr de ses amours estoit la hardiesse; et qui seroit bien hardy en sa première poincte, infailliblement il emportoit la forteresse de sa dame; et qu'il en avoit ainsi conquis de ceste façon plusieurs, et moictié à demy force, et moictié en jouant »[15]. Chez Brantôme, le duc de Nemours, de son propre aveu, est un séducteur agressif, et il n'est donc pas étonnant que le personnage de Madame de Lafayette ait été souvent comparé à Dom Juan[16], du moins avant sa rencontre avec la princesse. Le domjuanisme du duc de Nemours semble cependant superficiel, sinon illusoire. En effet, la typologie domjuanesque comprend la permanence d'un esprit d'adolescent en quête d'assurance et de virilité, une incapacité « d'aimer, même passagèrement un type fixe de femme », un goût « de l'amour indifférent et indéterminé ». Dom Juan « aime les femmes, mais est incapable d'aimer une femme »[17]. Le duc de Nemours est loin d'avoir ces caractéristiques. Il n'est pas sans maturité, même s'il n'a pas la « prudence » (inutile) de M. de Clèves. Il est convaincu de n'aimer qu'une seule femme et, pour le prouver, il rejette toutes celles qu'il aurait jamais aimées. On devine ses prouesses galantes, mais, en dépit de Brantôme, on ne lui découvre qu'une très molle agressivité domjuanesque. A croire Madame de Lafayette, les femmes lui tombaient dans les bras sans qu'il eût trop à se mettre en frais. Ses maîtresses n'étaient point des conquêtes; elles s'offraient libéralement à lui. Le Nemours de *La Princesse de Clèves* a obtenu trop de redditions sans livrer combat. Contrairement à Dom Juan, le Nemours du roman apparaît d'abord comme un amant relativement passif.

De Nemours est donc un homme séduisant, d'une réputation galante enviable, non dépourvu d'ambitions politiques, mais jamais au point d'y sacrifier les plaisirs de sa vie amoureuse. On « le peut baptiser par tout le monde la fleur de toute chevallerie »[18]. De prime abord il est curieux qu'un homme comme lui, constamment sollicité par des œillades, comblé, perde quelque peu ses moyens, mais non son attrait, à la vue de la princesse. S'agirait-il d'un trait précieux cher à Mlle de Scudéry qui, pourtant, ne croyait pas tellement au coup de foudre? La perfection féminine, sous les traits de la Princesse de Clèves, priverait l'amant ébloui de ses meilleures initiatives amoureuses. La femme-socle triompherait! Ou faut-il penser à Néron (aussi voyeur que de Nemours) qui découvre Junie à la lueur des flambeaux, et « ravi d'une si belle vue, (a) voulu lui parler, et (sa) voix s'est perdue » (*Britannicus*, II, II, v. 395-96)?

Ce premier effet de surprise sera cependant suivi, chez l'un comme chez l'autre, de laborieuses démarches, sournoises à l'occasion, de sous-entendus, de voyeurisme indiscret. Ce chasseur n'est pas le dompteur de Némée. Il se déplace dans de hautes broussailles, caché, aux aguets, l'œil furtif. Parfois, assis auprès de son aimable proie, il se complaît dans son propre éloge, il prend quelque plaisir à semer confusion et embarras:

> Les grandes afflictions et les passions violentes (...), dit-il à Mme de Clèves, font de grands changements dans l'esprit; et, pour moi, je ne me reconnais pas depuis que je suis revenu de Flandre. (...) Il y a des personnes à qui on n'ose donner d'autres marques de la passion qu'on a pour elles que par les choses qui ne les regardent point (...) L'on voudrait qu'elles sussent qu'il n'y a point de beauté, dans quelque rang qu'elle pût être, que l'on ne regardât avec indifférence (...) Et ce qui marque encore mieux un véritable attachement, c'est de devenir entièrement opposé à ce que l'on était, et de n'avoir plus d'ambition, ni de plaisir, après avoir été toute sa vie occupé de l'un et de l'autre. (p. 293-94)

Est-ce discrétion ou infatuation? Maladresse ou cruauté? Quoi qu'il en soit, la princesse pensa que « Le discours de M. de Nemours lui plaisait et l'offensait quasi également », car « Les paroles les plus obscures d'un homme qui plaît donnent plus d'agitation que des déclarations ouvertes d'un homme qui ne plaît pas » (p. 294). Elle est troublée parce qu'il l'assaille d'allusions qui la forceraient de se déclarer vaincue. S'il était Rodrigue, que l'on a accusé de cruauté[19], elle lui répondrait volontiers: « Va, je ne te hais point ». D'ailleurs,

> Quand elle fut en liberté de rêver, elle connut bien qu'elle s'était trompée lorsqu'elle avait cru n'avoir plus que de l'indifférence pour M.

de Nemours. *Ce qu'il lui avait dit avait fait toute l'impression qu'il pouvait souhaiter* et l'avait entièrement persuadée de sa passion. Les actions de ce prince s'accordaient trop bien avec ses paroles pour laisser quelque doute à cette princesse. (p. 294-95; nous soulignons)

On a pourtant eu tendance à louer le duc de Nemours pour les changements subits dans sa conduite, puisque sa passion « fut d'abord si violente qu'elle lui ôta le goût et même le souvenir de toutes les personnes qu'il avait aimées et avec qui il avait conservé des commerces pendant son absence » (p. 269); en outre, « Il prit une conduite si sage et s'observa avec tant de soin que personne ne le soupçonna d'être amoureux de Mme de Clèves ... » (p. 270). Remarquons que l'oubli de « toutes les personnes qu'il avait aimées » est tout simplement le propre de l'homme nouvellement amoureux. Il n'y a là rien d'exceptionnel. Quant à sa « conduite si sage », elle consiste à dissimuler sa passion à l'entourage mondain, tandis qu'il s'évertue à persuader Mme de Clèves de son amour. A la vantardise qui consiste à étaler ses conquêtes, les plus faciles qui soient, s'est substituée une énergie passionnelle, canalisée vers un but unique: la conquête de la plus vertueuse des femmes. Du reste,

Il a été discret, nous apprend Mme de Clèves, tant qu'il a cru être malheureux; mais une pensée d'un bonheur [entendez victoire], même incertain, a fini sa discrétion. Il n'a pu s'imaginer qu'il était aimé sans vouloir qu'on le sût. Il a dit tout ce qu'il pouvait dire; (...) J'ai eu tort de croire qu'il y eût un homme capable de cacher ce qui flatte sa gloire. (p. 351-52)

Une telle lucidité démasque partiellement le duc de Nemours, et on ne peut s'empêcher, une nouvelle fois, de songer à Néron, l'instinct criminel en moins.

C'est, dira-t-on, beaucoup de sévérité pour un personnage qui inspire généralement de la sympathie. C'est que nous le soupçonnerions volontiers d'agir en toute circonstance sous l'impulsion d'une expérience amoureuse qui le fascine par sa nouveauté. Les femmes faciles s'abandonnaient à lui. Le jeu galant, trop répété, peut devenir lassant. Par contre, la Princesse de Clèves, prisonnière de sa conscience morale et d'une sourde spiritualité, assujettie à l'éducation maternelle et à une crainte vertueuse de sa propre sensualité, a le pouvoir de revitaliser pour de Nemours l'épreuve de la conquête, devenue banale, aisée, fastidieuse. Contrairement aux autres femmes, Mme de Clèves possède la beauté et la séduction de l'obstacle. Elle est l'ultime défi. « ... je crois même, lui dit la princesse, que les obstacles ont fait votre constance » (p. 387). Néron était moins subtil:

> Et c'est cette vertu, si nouvelle à la cour,
> Dont la persévérance irrite mon amour
> (*Britannicus*, II, II, v. 417-18)

En somme, comme l'a fort bien dit un critique, « Nemours n'a aucun souci moral: il illustre de façon saisissante l'égoïsme de la passion (...) Cet 'homme de plaisir' docile à tous les entraînements démontre en se consolant et en oubliant son amour que la princesse n'avait peut-être pas tort de le refuser »[20].

Cette typologie du duc de Nemours porte le masque du monogame éphémère. La beauté féminine, l'ingénuité, la rare vertu, sinon un trait de naïveté, au sein d'un monde corrompu, attirent et obsèdent Nemours. Il s'excite à l'idée de la prise, mais il préfère prolonger la jouissance de la chasse. Il risque même de confondre son goût de l'obstacle avec sa fidélité, voire avec son amour. Madame de Lafayette ne lui donne jamais raison; elle l'éconduira sans trop de scrupules, tout en faisant semblant d'avoir peint Nemours sous les traits séduisants d'un « trop malheureux, et trop parfait amant »[21].

Une thématique féminisante?

Ces réflexions sur le duc de Nemours et même sur M. de Clèves pourraient, aujourd'hui plus que jamais, soulever le problème du féminisme de Madame de Lafayette. En effet, si l'on voit dans M. de Clèves un mari irrecevable, et dans le duc de Nemours « un homme de plaisir » sans réelle constance, on croirait volontiers que la romancière prenait plaisir à dénoncer l'égoïsme, l'inconséquence et l'infidélité des hommes. Remarquons d'ailleurs que ces trois défauts se retrouvent, avec variantes, chez l'un et l'autre. Egoïsme du Prince qui se complaît dans une rageuse jalousie. Egoïsme de M. de Nemours qui est incapable d'accepter le refus de la princesse. Inconséquence d'un mari qui ose louer la sincérité, mais en rejette furieusement les effets lorsqu'elle le met à l'épreuve:

> Je vous donne, lui dis-je [il parle à Mme de Clèves], le conseil que je prendrais pour moi-même; car la sincérité me touche d'une telle sorte que je crois que si ma maîtresse, et même ma femme, m'avouait que quelqu'un lui plût j'en serais affligé sans en être aigri. Je quitterais le personnage d'amant ou de mari, pour la conseiller et pour la plaindre. (p. 284)

Quand au duc de Nemours, qui s'était promis de cacher son amour à tous, il n'a pu résister à l'indiscrétion, à la vanité même, et, en dépit de l'affliction et du « déplaisir mortel » (p. 352) qu'il en ressent, il est cause des « cruelles suites de (son) imprudence » (*ibid.*).

M. de Clèves est infidèle à l'amour inviolable qu'il avait promis à sa femme. Mme de Clèves se trompe lorsqu'elle dit de lui qu'il « était peut-être l'unique homme du monde capable de conserver de l'amour dans le mariage » (p. 387), car, après l'aveu, il n'a cessé de la soupçonner, de l'accabler, de l'humilier. La fidélité n'agit pas sous l'emprise de l'amour-propre.

Le duc de Nemours montrera que son amour n'est pas éternel; mais plus grave, il n'arrive pas à inspirer confiance, simplement parce qu'il est homme: « . . . les hommes conservent-ils de la passion dans ces engagements éternels? » lui demande la princesse. « Dois-je espérer un miracle en ma faveur et puis-je me mettre en état de voir certainement finir cette passion dont je ferais toute ma félicité? » (*ibid.*). Le dernier réquisitoire de Mme de Clèves n'est pas sans cette glaciale hostilité propre à quelque discours féministe.

Le « féminisme » dont il serait néanmoins question relève, une fois de plus, de la récrimination, du reproche, de la méfiance. En outre, dans la bouche de la princesse, l'exigence féminine repose sur l'orgueil de l'unicité, car elle ne supporterait pas l'idée de croire de Nemours « toujours amoureux et aimé » (p. 388). Elle crée la jalousie avant même qu'elle ait des raisons d'être jalouse. Elle prévoit les souffraces de son cœur avant d'être trompée. Elle refuse le risque. Elle craint l'usure du temps. La Princesse de Clèves n'est pas féministe; elle est nihiliste. Elle semble avoir peur de la vie, peur d'aimer, peur de pleurer. Elle cherche son repos dans un désert, en compagnie d'Alceste, frappé des mêmes phobies. Elle ne croit plus en l'amour parce qu'elle est devenue misanthrope, à la manière d'un La Rochefoucauld vieillissant. Pourquoi vouloir confondre ce cynisme larmoyant avec un discours féministe? Suffit-il de dresser un bilan des griefs contre les hommes, inspirés par l'éducation de Mme de Chartres, pour brandir ce roman comme le plus clair des manifestes féministes? Il n'y a pas un mot dans *La Princesse de Clèves* qui tende à promouvoir la cause des femmes. Pas même un espoir que les hommes se donneront un jour aux délices de l'amour fidèle. Le pessimisme de cette œuvre est profond, total, plus désespérant même que les plus sombres austérités jansénistes.

La Femme sur la sellette

Une autre caractéristique de *La Princesse de Clèves* est que les femmes n'y sont pas traitées avec plus de sympathie que les hommes. C'est dire que le « féminisme » de ce roman est suicidaire et va jusqu'au bout de son propre anéantissement. Passons sur la médisance dont Madame de Lafayette enveloppe Mme de Valentinois, une des plus célèbres femmes qui peuplent le roman, et louée pour sa beauté par Brantôme[22]. Madame de Lafayette a sans doute quelques antipathies personnelles, mais ses réflexions sur les femmes en général sont beaucoup plus significatives. Cette cour qu'elle décrit est la parfaite arène pour une faune que dominent l'intérêt et l'ambition:

> L'ambition et la galanterie étaient l'âme de cette cour, et occupaient également les hommes et les femmes. Il y avait tant d'intérêts et tant de cabales différentes, et les dames y avaient tant de part que l'amour était toujours mêlé aux affaires et les affaires à l'amour. (p. 252)

Puis il y a les Arsinoé qui, faute de mieux, ont embrassé la vertu: « Celles qui avaient passé la première jeunesse et qui faisaient profession d'une vertu plus austère, étaient attachées à la reine » (*ibid.*). Mais constamment « Toutes ces différentes cabales avaient de l'émulation et de l'envie les unes contre les autres: les dames qui les composaient avaient aussi de la jalousie entre elles, ou pour la faveur, ou pour les amants . . . » (p. 253). C'est contre elles et l'air de galanterie que Mme de Chartres prévient sa fille, car cette cour est surpeuplée de femmes de petite vertu, toujours prêtes à se donner, comme des odalisques de sérail, même si elles ne sont plus favorites: le roi « n'avait pas une fidélité exacte pour ses maîtresses; il y en avait toujours une qui avait le titre et les honneurs; mais les dames que l'on appelait de la petite bande le partageaient tour à tour » (p. 266).

Puis, que de vanité, que de frivolité chez la femme. C'est même de Nemours qui en fait la réflexion, non sans insolence: il trouve

> qu'il n'y a point de femme que le soin de sa parure n'empêche de songer à son amant; qu'elles en sont entièrement occupées; que ce soin de se parer est pour tout le monde aussi bien que pour celui qu'elles aiment; que lorsqu'elles sont au bal, elles veulent plaire à tous ceux qui les regardent; que, quand elles sont contentes de leur beauté, elles en ont une joie dont leur amant ne fait pas la plus grande partie. (p. 271)

Il n'est pas inutile de rappeler que de Nemours songeait précisément à la princesse lorsqu'il confiait ses pensées au Prince de Condé. A la vanité féminine correspond évidemment celle des hommes.

De quelque côté que l'on regarde, hommes et femmes dans *La Princesse de Clèves* offrent l'image de la dissimulation, des jeux d'intérêt, de la tromperie. Moralement ce monde romanesque est miné, sans que la responsabilité n'en revienne plus à un sexe qu'à l'autre. Seule la princesse, après une longue période de dissimulation, aura le courage, ou la lassitude, de quitter l'univers du paraître. Elle cherchera enfin le repos, moins peut-être parce que de Nemours risque de devenir infidèle, que parce qu'elle ne peut plus consentir à vivre dans un monde infernal où règnent la cupidité, la jalousie, l'envie, l'usurpation amoureuse. Elle arrive au terme d'une véritable crise spirituelle; elle rejette le monde parce qu'elle en craint les pièges:

> Par vanité ou par goût, dit-elle au duc de Nemours, toutes les femmes souhaitent de vous attacher (...) Je vous croirais toujours amoureux et aimé et je ne me tromperais pas souvent. Dans cet état néanmoins, je n'aurais d'autre parti à prendre que celui de la souffrance; je ne sais même si j'oserais me plaindre. (p. 388)

Nous entendons ici un refus de la souffrance, non une protestation féministe. La Princesse de Clèves « quitte le monde », vaste entité corrompue dont de Nemours n'est qu'un reflet, aimé, mais appréhendé et repoussé.

D'autres détails militent contre une vision féministe dans *La Princesse de Clèves*. Mme de Chartres enseigne à sa fille à se méfier des hommes, de leurs tromperies, de leur infidélité, mais en même temps elle lui rappelle

... combien la vertu donnait d'éclat et d'élévation à une personne qui avait de la beauté et de la naissance; mais elle lui faisait voir aussi combien il était difficile de conserver cette vertu, que par une extrême défiance de soi-même et par un grand soin de s'attacher à ce qui seul peut faire le bonheur d'une femme, qui est d'aimer son mari et d'en être aimée. (p. 248)

Il faut donc que la femme se méfie d'elle-même, de « la révolte des sens », comme le disait déjà Pauline, et qu'elle s'évertue surtout à aimer et à être aimée. Traditionalisme quelque peu illusoire dont Molière émaillait les dénouements de son théâtre, confiant le bonheur de l'amour conjugal aux rêves juvéniles. L'éducation de Mme de Chartres est puritaine, voire de mauvaise foi, mais le féminisme n'y a nulle part. De mauvaise foi, car cette mère soucieuse de la vertu de sa fille « ne craignit point de donner à sa fille un mari qu'elle ne pût aimer en lui donnant le prince de Clèves » (p. 258).

Les dernières pages du roman, habitées d'une révolte tranquille contre les risques de la douleur, marquées d'une fermeté presque glaciale, intransigeante, ont fait dire que « Madame de La Fayette proclame son attachement implicite à la libération de la femme »[23]. Il est vrai que la princesse se libère de l'emprise mondaine, et, par voie de conséquence, du duc de Nemours. Mais est-ce un geste féministe? ou une décision à laquelle la morale janséniste n'est pas tout à fait étrangère? Il n'est pas étonnant que le critique qui pousse la Princesse de Clèves vers une idéologie féministe dont, il faut le dire, ni elle ni Madame de Lafayette n'avaient une idée bien précise, est obligé de moderniser le personnage à outrance, afin de le faire ressembler à un certain type de modèle féminin, reconnu pour sa hargne et sa sourde hostilité: on parle de sa « cruauté qui frise la perversion » auprès de son mari, « des humeurs changeantes d'une maîtresse qui distille tour à tour l'espoir et le chagrin ». Enfin, elle « vouait sciemment son mari à la mort et son amant au renoncement fatal »[24]. La voilà bien métamorphosée en mante religieuse! Le féminisme ou la mort de l'homme! Nous craignons que cette vue soit une simplification grossière, encore que spectaculaire, de la revendication féministe...

La Tentation du péché

Ces quelques remarques obligent néanmoins de reposer la question des motivations de la princesse, aspirant au repos, à la fuite, au désert.

Nous avons évoqué la possibilité d'une raison sociologique: le spectacle du « monde », de sa corruption, de ses vaines promesses, ouvre la voie à la retraite. Aux « galanteries », à la promiscuité morale, succèdent, pour celle qui a choisi l'exil, « des occupations plus saintes que celles des couvents les plus austères » (p. 395). N'y a-t-il cependant pas une raison plus personnelle, soutenant le dégoût du monde, l'intensifiant même? Un sentiment de culpabilité, de péché, auquel la retraite offre une juste réparation? Quelque chose de plus profond même que le remords d'avoir causé la mort de M. de Clèves? Quelque chose de plus intense que le douloureux regret d'avoir aimé dans son cœur, d'avoir désiré le duc de Nemours?

L'éducation dispensée par sa mère l'a constamment mise en garde contre « le peu de sincérité des hommes, leurs tromperies et leur infidélité » (p. 248). On imagine aisément chez Mlle de Chartres un mécanisme instinctif de défense, dirigé contre tous les hommes qui cherchent à lui faire la cour. Réticence aux avances du Prince de Clèves, même si ce dernier semble paré de grandes vertus. Refus de céder au chevalier de Guise qui « avait tant de mérite et tant d'agrément » (p. 259), pour qui elle n'éprouve que de la pitié. Nulle inclination ne trouble son cœur: elle épousera le Prince « avec moins de répugnance qu'un autre » (p. 258). On la devine aimable mais frigide: « Je ne touche ni votre inclination, ni votre cœur, et ma présence ne vous donne ni de plaisir, ni de trouble » (*ibid.*), lui reproche doucement le Prince.

Apparaît le duc de Nemours, auréolé du prestige d'avoir été pressenti comme soupirant de la reine d'Angleterre. Mme de Clèves

> ... avait ouï parler de ce prince à tout le monde comme de ce qu'il y avait de mieux fait et de plus agréable à la cour; et surtout Mme la dauphine le lui avait dépeint d'une sorte et lui en avait parlé tant de fois qu'elle lui avait donné de la curiosité, et même de l'impatience de le voir. (p. 261)

Elle est donc attirée par la réputation du plus grand amant du royaume. Sa sensibilité cède au plaisir de le voir. Elle est charmée d'avance par un homme qui, à ses yeux, incarne l'amant volage[25]. C'est moins la personne du duc de Nemours qui la fascine, avant même de l'avoir rencontré, qu'un type d'homme, irrésistible, dominateur. La Princesse de Clèves, si indifférente envers les autres, anticipe le plaisir d'être « exposée » aux yeux d'un séducteur. Avant même que M. de Nemours ne fasse son entrée spectaculaire, la princesse est soumise à sa gloire. Sa curiosité et son impatience se portent sur une image domjuanesque contre laquelle sa mère l'a pourtant si souvent prévenue. Elle est séduite par cette virilité sauvage, insouciante; elle est séduite par ce mal de l'inconstance que de Nemours semble représenter, et par tout ce que son éducation réprouve. Elle est séduite par le fruit défendu. D'avance elle goûte au péché. Aussi, dès qu'elle rentre du bal où elle a vu de Nemours, où elle a dansé avec lui, « l'esprit si rempli de tout ce qui s'était passé au bal, (...) quoiqu'il fût fort tard, elle alla dans la chambre de sa mère pour lui en rendre compte; et elle lui loua M. de Nemours avec un certain air qui donna à Mme de Chartres la même pensée qu'avait eue le chevalier de Guise » (p. 263). Première confession innocente dont la princesse ne mesure pas encore toute la gravité.

Le coup de foudre de cette première rencontre trouve son origine dans le désir du péché. Pour cette raison, Mme de Clèves, devenue de plus en plus consciente de l'agitation de son cœur, cache son trouble à sa mère, à qui elle n'avait pourtant jamais hésité à se confier:

> Elle ne se trouva pas la même disposition à dire à sa mère ce qu'elle pensait des sentiments de ce prince qu'elle avait eue à lui parler de ses autres amants; sans avoir un dessein formé de lui cacher, elle ne lui en parla point. (p. 270)

Mais Mme de Chartres, clairvoyante, « jugeait bien le péril où était cette jeune personne, d'être aimée d'un homme fait comme M. de Nemours » (*ibid.*). De Nemours, trop séduisant, arrogant, égoïste, qui « trouve qu'il n'y a point de souffrance pareille à celle de voir sa maîtresse au bal, si ce n'est de savoir qu'elle y est et de n'y être pas » (p. 271-72). Il est fat, mais il plaît. Il possède l'insolence d'un homme auquel nulle femme ne résiste. Mme de Clèves, tout de suite enivrée par sa vue[26], décide un moment de l'éviter, sous prétexte de maladie. Sage réflexe craintif, que Mme de Chartres approuve et justifie en lui faisant un portrait redoutable du duc de Nemours:

> Elle se mit un jour à parler de lui; elle lui en dit du bien et y mêla beaucoup de louanges empoisonnées sur la sagesse qu'il avait d'être incapable de devenir amoureux et sur ce qu'il ne se faisait qu'un plaisir et non pas un attachement sérieux du commerce des femmes. (p. 274)

Mme de Chartres confirme ainsi ce que sa fille sait déjà. En effet, la reine Dauphine lui avait dit que

> M. de Nemours avait raison (...) d'approuver que sa maîtresse allât au bal. Il y avait alors un si grand nombre de femmes à qui il donnait cette qualité que, si elles n'y fussent point venues, il y aurait eu peu de monde. (p. 272)

Par ailleurs, on ne cessera de rappeler à Mme de Clèves le « nombre infini de maîtresses » de M. de Nemours avant son retour de Bruxelles, ainsi que sa désinvolture légendaire avec les femmes, « car il ménageait également celles qui avaient du mérite et celles qui n'en avaient pas » (p. 275-76). Mais il affiche maintenant une mine plus grave. Aurait-il changé? Serait-il amoureux? Et au secret abandon au désir interdit se mêle peut-être dans le cœur de la princesse l'orgueil d'avoir triomphé de ce nouvel Hippolyte... Quoi qu'il en soit, comme de cause à effet dans une âme bouleversée, le sentiment de honte que ressent Mme de Clèves, la prise de conscience de plus en plus aiguë du péché vers lequel elle incline, la déterminent enfin à avoir recours à la confession. Sans que le nom de Dieu ne soit prononcé, nous entrons avec elle dans un monde spirituel où la contrition précède l'espoir du pardon. Mais encore faut-il qu'une volonté de mortification accompagne l'effort confessionnel. La pensée de sa culpabilité

> la détermina à conter à Mme de Chartres ce qu'elle ne lui avait point encore dit. Elle alla le lendemain dans sa chambre pour exécuter ce qu'elle avait résolu; mais elle trouva que Mme de Chartres avait un peu de fièvre, de sorte qu'elle ne voulut pas lui parler. (p. 275)

Hasard ou recul, afin de prolonger la jouissance du péché? Mme de Clèves ne parle pas, même si sa mère n'avait qu'« un peu de fièvre », et que « Ce mal paraissait néanmoins si peu de chose » (*ibid.*)... Mme de Chartres se meurt, mais la princesse continue de se taire, tout en se préoccupant de l'inclination de M. de Nemours, se persuadant « aisément que ce n'était pas de Mme la dauphine qu'il était amoureux » (p. 277). Elle a alors tous les symptômes d'une âme tourmentée, assaillie de contradictions, oscillant entre le bien et le mal, sans jamais se décider:

> Elle ne pouvait s'empêcher d'être troublée de sa vue (lors des visites de M. de Nemours), et d'avoir pourtant du plaisir à le voir; mais quand elle ne le voyait plus et qu'elle pensait que ce charme qu'elle trouvait dans sa vue était le commencement des passions, il s'en fallait peu qu'elle ne crût le haïr par la douleur que lui donnait cette pensée. (*ibid.*)

Enfin, les paroles de Mme de Chartres, moribonde, dénoncent la passion de sa fille, et, dans un sens, la maintiennent dans la honteuse béatitude de son péché. En effet, elle évoque « le péril » où elle la laisse, l'inclination qu'elle a pour de Nemours, « le bord du précipice » où se trouve sa fille, prête à chuter, mais elle lui refuse cette confession qui aurait pu la sauver: « je ne vous demande point de me l'avouer » (*ibid.*). Mme de Chartres exhorte sa fille à prendre courage, à respecter sa réputation, à s'exiler, loin de la cour, ce lieu de débauche. Elle craint de voir sa fille « tomber comme les autres femmes », mais elle ne lui offre que les solutions de la volonté. Toute solution chrétienne, qui consisterait à avouer son péché, et qui serait peut-être la seule solution qui puisse la sauver, et en fin de compte la sauvera, est ajournée. Mme de Chartes « vécut encore deux jours, pendant lesquels elle ne voulut plus revoir sa fille, qui était la seule chose à quoi elle se sentait attachée » (p. 278). Attitude paradoxale, voire cruelle. Désespérait-elle du remords de sa fille? Ou voulait-elle signifier, par son refus de la revoir, combien sa fille avait moralement trahi et abandonné sa mère? C'est cette rupture ultime entre mère et fille qui exaspérera l'incurable culpabilité de la Princesse de Clèves. Et après la mort de Mme de Chartres, la princesse « se trouvait malheureuse d'être abandonnée à elle-même » (*ibid.*).

Les Aveux imparfaits

Dans de telles circonstances, où le souvenir de la mort étouffe comme un linceul, on comprend que la Princesse de Clèves devienne obsédée par la catharsis de l'aveu. L'aveu à son mari est la conséquence directe de l'abandon maternel. Mais à une confession ajournée, puis refusée, succède un aveu également avorté, parce qu'elle tait le nom de l'amant. Aveu coupable aussi puisqu'il cause la mort du Prince, rongé, miné par la jalousie et incapable de prononcer un véritable pardon.

La Princesse de Clèves échoue auprès de sa mère et auprès de son mari parce qu'elle se terre dans des demi-vérités. Elle ruse constamment avec sa propre sincérité. Il n'est donc pas étonnant que ni sa mère ni le Prince ne lui accordent leur absolution. Elle sait que la pensée même du duc de Nemours, amant impossible, est objet de péché, mais elle temporise, elle recule autant qu'elle peut le moment de son expiation. En marge de la morale mondaine, responsable de codes sociaux, d'un sens du devoir et, étonnamment, de la foi conjugale, se dissimule une spiritualité mystérieuse qui invite la Princesse à reconnaître sa faute et, par voie de conséquence, à emprunter la voie de la retraite où Dieu (caché, à peine nommé) assurera son salut.

Plusieurs éléments d'ordre psychologique et spirituel permettent de découvrir le sens religieux de *La Princesse de Clèves*[27], en dépit de la quasi-absence du nom de Dieu. Nous avons noté la fréquence de l'acte confessionnel: d'abord, ingénument, auprès de Mme de Chartres, puis un aveu avorté auprès de la même. Lors de l'agonie de Mme de Chartres, la princesse est réduite au silence, comme si l'aveu venait trop tard. Enfin, l'aveu à son mari, M. de Clèves, si incomplet, si cruel même, pour ainsi dire miné par la « direction d'intention » et la « restriction mentale »! On a écrit qu'il y a « enfin une autre marque qu'a pu laisser la religion chrétienne et en particulier le rite de la confession. Madame de La Fayette est obsédée par l'aveu »[28]. Certes, mais avant les ultimes aveux en présence du duc de Nemours, Mme de Clèves n'a jamais appris à se confesser comme il faut. C'est à la fin de son calvaire qu'elle en arrive seulement à dire toute la vérité, à littéralement expier ses fautes—à la manière de Phèdre—qu'elle avait toujours eu tendance à masquer sous quelque raison mondaine, sous une langueur maladive, sous une complaisance dont elle reconnaissait la faiblesse, sans toutefois la repousser. Songeons à l'épisode de la lettre du vidame. Mme de Clèves et de Nemours

> ... résolurent de faire la lettre de mémoire. Ils s'enfermèrent pour y travailler; on donna ordre à la porte de ne laisser entrer personne et on renvoya tous les gens de M. de Nemours. Cet air de mystère et de confidence n'était pas d'un médiocre charme pour ce prince et même pour Mme de Clèves. La présence de son mari et les intérêts du vidame de Chartres la rassuraient en quelque sorte sur ses scrupules. (p. 328)

Elle s'abandonne à la présence exquise de son amant, cachant ses scrupules derrière la proximité rassurante de son mari. La solitude, le silence même après le renvoi des domestiques, les enveloppent de leur charme érotique. Son corps tout entier frémit d'émotion, elle se laisse emporter par une familiarité imprévue mais délicieuse, « une liberté et un enjouement dans l'esprit », écrit la romancière, « que M. de Nemours ne lui avait jamais vus et qui redoublaient son amour » (*ibid*.). Sous le prétexte de la lettre, la Princesse de Clèves prolonge la volupté des confidences, des « choses plaisantes » que lui chuchote de Nemours; elle entre dans un « esprit de gaieté, de sorte qu'il y avait déjà longtemps qu'ils étaient enfermés, (...) qu'ils n'avaient pas encore fait la moitié de la lettre » (*ibid*.). Frivolités somnambuliques, rêves vécus, doux péché du fantasme réalisé, auxquels un dur réveil apportera remords et angoisse: « Mme de Clèves demeura seule, et sitôt qu'elle ne fut plus soutenue par cette joie que donne la présence de ce que l'on aime, elle revint comme d'un songe » (p. 329). Eveillée, se souvenant de ses soupçons contre M. de Nemours, elle pénètre plus avant dans le péché. Elle pense aux « cuisantes douleurs que lui avait causées la pensée que M. de Nemours aimait ailleurs et qu'elle était trompée. Elle avait ignoré jusqu'alors les inquiétudes mortelles de la défiance et de la jalousie » (p. 330). Elle se déclare une maîtresse imaginaire, jalouse sans droits, possessive sans raisons. Son cœur étouffe, sa raison s'égare, mais elle ressentira néanmoins, tout comme Phèdre, bientôt, le faible sursaut de sa conscience déchirée. C'est dans une confusion toute racinienne, à laquelle se mêle une cruelle lucidité, que Mme de Clèves éprouve les premiers spasmes de l'attrition:

> Elle trouva qu'il était presque impossible qu'elle pût être contente de sa passion (la passion de M. de Nemours). Mais quand je le pourrais être, disait-elle, qu'en veux-je faire? Veux-je la souffrir? Veux-je y répondre? Veux-je m'engager dans une galanterie? Veux-je manquer à M. de Clèves? Veux-je me manquer à moi-même? Et veux-je enfin m'exposer aux cruels repentirs et aux mortelles douleurs que donne l'amour? Je suis vaincue et surmontée par une inclination qui m'entraîne malgré moi. Toutes mes résolutions sont inutiles; je pensai hier tout ce que je pense aujourd'hui et je fais aujourd'hui tout le contraire de ce que je résolus hier. Il faut m'arracher de la présence de M. de Nemours. Il faut m'en aller à la campagne ... (*ibid*.)

Evolution du « repos »

Petit préambule bibliographique

Il convient tout d'abord de rappeler que la notion du « repos », saisie surtout vers la fin du roman, a fait couler beaucoup d'encre. Simone Fraisse écrit que « L'origine de la valeur attribuée au repos est donc religieuse » (voir « Le 'repos' de Madame de Clèves »[29]), mais que dans *La Princesse de Clèves,* « un mot qui prenait tout son sens dans la perspective d'une expérience spirituelle n'exprime plus que la sécheresse d'une sagesse à courte vue ». « Ainsi, le repos, même découronné de son auréole religieuse, reste une valeur morale » (*op. cit.,* p. 565). Dans un article de mise au point remarquable, « The Ideal of 'repos' in Seventeenth Century French Literature »[30], Domna Stanton démontre l'ambiguïté du terme, ayant, tantôt un sens strictement moral, tantôt une connotation religieuse; c'est là une simple vérité historique et sémantique: « In the Bible, as in the earliest periods of French literature, the meaning of *repos* is both serious and superficial, sacred and profane » (p. 84). Domna Stanton admet que « Mme de Clèves achieves, then, what Bourdaloue, echoing Augustine, calls 'la mort des désirs' » (p. 96), mais elle rejoint en fin de compte la thèse de Simone Fraisse sur la laïcité du « repos »: « She (Mme de Clèves) is, in the end, physically independent, emotionally and morally self-sufficient. This is the final meaning of her *'repos'* » (p. 101). Attirons également l'attention sur un article de J. Campbell, « 'Repos' and the Possible Religious Dimension of *La Princesse de Clèves* »[31]. Campbell rejette la théorie de l'ultime conversion religieuse de Mme de Clèves et conclut que « it seems difficult to grant a religious significance to the final act of *La Princesse de Clèves* » (p. 72). L'article déjà cité de Marie-Odile Sweetser (« *La Princesse de Clèves* devant la critique contemporaine ») évoque les nombreuses interprétations dont le « repos » a été l'objet (p. 27), tout en rappelant que « Madame de Clèves appartient à son temps et son œuvre reflète un climat intellectuel et spirituel qui est celui d'un humanisme chrétien parfaitement orthodoxe » (p. 28). Nous n'aurions qu'une légère réserve au sujet de cette « orthodoxie », car le jansénisme, et tout ce qu'il implique sur le plan moral et spirituel, appartient aussi à l'humanisme chrétien du XVIIe siècle.

Fuir celui ou celle qu'on aime, s'isoler, loin du monde, dans un désert, soupirait Alceste, lui aussi victime de sa passion, voilà la première démarche, encore imparfaite, qui tend à assurer le repos de l'âme. Le séjour à Coulomniers, où le mal de sa passion la poursuivra sous les traits de M. de Nemours caché et indiscret, est destiné à faire oublier « le tumulte de la cour », dit-elle à M. de Clèves, car « il y a toujours un si grand monde chez vous qu'il est impossible que le corps et l'esprit ne se lassent et que l'on ne cherche du repos » (p. 332). Il est plus que probable que Madame de Lafayette s'est souvenue des *Pensées* de Pascal en écrivant ces lignes. En effet, Pascal avait écrit dans l'édition dite de Port-Royal (1670):

> Ils (les hommes) ont un instinct secret qui les porte à chercher le divertissement et l'occupation au dehors, qui vient du ressentiment de leurs misères continuelles; et ils ont un autre instinct secret, *qui reste de la grandeur de notre première nature, qui leur fait connaître que le bonheur n'est en effet que dans le repos, et non pas dans le tumulte;* et de ces deux instincts contraires, il se forme en eux un projet confus, qui se cache à leur vue dans le fond de leur âme, qui les porte à tendre au repos par l'agitation, et à se figurer toujours que la satisfaction qu'ils n'ont point leur arrivera si, en surmontant quelques difficultés qu'ils envisagent, ils peuvent s'ouvrir par là la porte au repos[32].

On ne doute point que cette réflexion pascalienne, soutenue par l'idée de la nature divine de l'homme, ait une dimension métaphysique. Ce « bonheur », qui est « repos », précède le péché originel, ou le tumulte de l'âme: on l'acquiert grâce à la foi en Dieu, ce à quoi tend tout l'effort apologétique des *Pensées*. « ... rien ne donne le repos que la recherche de la vérité »[33], écrivait encore Pascal. Ou: « Notre nature est dans le mouvement; le repos entier est la mort »[34], et « Rien n'est si insupportable à l'homme que d'être dans un plein repos, sans passions, sans affaire, sans divertissement, sans application. Il sent alors son néant, son abandon, son insuffisance, sa dépendance, son impuissance, son vide »[35]. Le plus souvent le « repos » pascalien relève d'une spiritualité d'espérance; parfois, « repos » se confond avec une simple absence d'agitation morale, sens mondain qui a fait dire que « l'idée du repos (...) n'était pas neuve en littérature »[36]; Corneille et Racine justifient ce sens. On a même vu dans l'idée du « repos » un idéal philosophique, greffé sur « une peur de vivre »[37]. Il y a donc ambiguïté, voire équivoque dans la notion du

« repos », signifiant tantôt absence d'agitation morale, tantôt inclination spirituelle. Mais si l'équivoque est présente dans *La Princesse de Clèves,* on peut aussi imaginer qu'il y a, d'un sens à l'autre, au gré des étapes confessionnelles, une évolution, une sorte d'élargissement métaphysique du sens mondain, qui épouse l'évolution spirituelle de la Princesse de Clèves. De la même manière que l'on a pu souligner dans *La Princesse de Clèves* la dimension augustinienne[38], ou religieuse, de « l'inclination », on peut envisager la valeur hautement spirituelle du « repos », ou l'aspiration à la vérité qu'éclaire un rayonnement divin.

On a dit et répété que *La Princesse de Clèves* était une œuvre sans Dieu, et que Madame de Lafayette « si proche de ses dernières années, (avait) un état d'esprit, sinon antireligieux, du moins dégagé de toute préoccupation religieuse »[39]. Mais la même chose pourrait être dite de La Rochefoucauld, si près d'elle, ayant collaboré au roman[40], perclus et malade, à deux années de sa mort, en 1680, et qui « a rendu l'âme entre les mains de Monsieur de Condom (Bossuet) »[41], en bon chrétien. L'œuvre de La Rochefoucauld n'est pas ostensiblement théocentrée, mais on a démontré d'une façon tout à fait convaincante qu'elle trouvait sa cohérence dans ses liens avec la pensée augustinienne et janséniste[42].

Faut-il donc attendre la rencontre avec l'abbé de Rancé, attestée par une lettre du 22 novembre 1686[43], pour voir jaillir quelque lueur spirituelle du cœur de Madame de Lafayette? Elle était très liée avec Madame de Sévigné, dévote, spirituellement émotive, assez proche même du nouveau catholicisme jansénisant[44]. Elle accompagnait Madame de Sévigné pour aller entendre Bourdaloue qui avait dit que « En effet, c'est dans la retraite et la séparation du monde qu'on trouve ce repos où l'on apprend à connaître Dieu »[45]. On a peut-être trop tendance à confondre une certaine mollesse dans la pratique religieuse au XVIIe siècle avec de l'indifférence. Du reste, comment séparer en ce siècle théocratique la pensée morale et la réflexion spirituelle, même si cette dernière demeure intériorisée, secrète? L'anthropocentrisme du XVIIe siècle avait le pouvoir de voiler les remous de l'âme, et ce n'était pas toujours la tâche de la pensée laïque de plaider ouvertement la cause de Dieu. Descartes, certes, s'y attelait dans ses *Méditations,* publiées en 1641, mais quelle discrétion chez Pascal dont l'œuvre spirituelle ne fut révélée qu'après sa mort[46]. Et ses *Provinciales,* écrites sous l'anonymat, se concentraient bien davantage sur la morale relâchée de la mondanité que sur quelque vertige métaphysique. Ne point (trop) parler de Dieu ne signifiait pas qu'on l'avait banni de son cœur. La pudeur classique aurait frémi devant le tapage spirituel de Paul Claudel!

Qu'en est-il donc de ce *repos* dont on a parfois éloquemment nié la consistance, afin de lui préférer le refus, voire « une condamnation sans appel du mariage »?[47]. Disons que si Madame de Lafayette a lu les *Pensées* de Pascal au moment de leur première publication en 1670, il n'est certainement pas exclu—il est même presque certain—qu'elle ait lu *L'Imitation de Jésus-Christ* dans la traduction et l'adaptation poétique de Pierre Corneille[48], parue dès 1651 (20 chapitres), complétée et publiée en 1656, republiée « sans texe latin » en 1670[49]. Compte tenu du parallélisme entre certains thèmes majeurs de *L'Imitation* et ceux de *La Princesse de Clèves*— condamnation du monde, rejet de l'amour humain[50], sérénité de la retraite, fuite du monde, félicité de la vie conventuelle—, on peut se demander si *L'Imitation* de Corneille n'est pas une source négligée de l'interprétation spirituelle de la notion du « repos ». En effet, on peut y relever de nombreux passages qui confirment le premier sens pascalien du « repos »:

C'est vous, simples, c'est vous dont l'heureuse prudence
Du vrai repos d'esprit possède l'abondance,
C'est par là que les Saints, morts à tous ces plaisirs
Où les soins de la Terre abaissent nos désirs,
N'ayant le cœur qu'en Dieu, ni l'œil que sur eux-mêmes,
Elevaient l'un et l'autre aux vérités suprêmes, (I, XI)

Cherche Dieu, cherche en lui le salut de ton âme,
Sans chercher rien de plus dessous cette couleur;
Tu ne rencontreras qu'amertume et douleur,
Si jamais dans ton Cloître autre désir t'enflamme.
Tâche d'être le moindre et le Sujet de tous,
Ou ce repos d'esprit qui te semble si doux
Ne sera guère en ta puissance: . . . (I, XVII)

O plaisirs passagers, si jamais nos pensées
De vos illusions n'étaient embarrassées,
Si nous pouvions bien rompre avec le Monde et vous,
Que par cette sainte rupture,
L'âme se verrait libre et pure,
Et se conserverait un repos long et doux! (I, XX)

C'est au Ciel, c'est en Dieu qu'il te faut habiter,
C'est là, c'est en lui seul qu'un vrai repos se fonde,
Et quoi qu'étale ici le Monde
Ce n'est qu'avec dédain que l'œil s'y doit prêter. (II, I)

L'humble ainsi trouve tout facile,
Toujours content, toujours tranquille,
Quelque confusion qu'il lui faille essuyer:
Et comme c'est en Dieu que son repos se fonde
Sur le mépris du Monde,
En Dieu malgré le Monde il sait appuyer. (II, II)

Ton repos est une conquête
Dont jouissent en sûreté
Ceux dont la conscience est sans impureté,
Et le cœur est un port où n'entre la tempête
Que par la vaine anxiété. (II, VI)

Il est sans doute inutile de poursuivre la transcription des versets de *L'Imitation de Jésus-Christ*, où le repos de l'âme se fonde sur l'amour et la contemplation de Dieu. Cet humanisme chrétien se confond avec quelque aspiration janséniste parce que orthodoxie et jansénisme puisent tous deux à une même source évangélique. Les Stances de Polyeucte rejetaient les plaisirs du monde avec autant de force que ne le fit la morale janséniste la plus austère. Il faut que les êtres soient « morts à tous ces plaisirs » afin d'accéder aux « Vérités suprêmes ». De Polyeucte à Mme de Clèves une même ascèse s'est emparée du cœur et de l'âme. Sans Dieu, ils souffriront « amertume et douleur ». La rupture avec le monde est une « rupture sainte » qui donne à l'âme un « repos long et doux ». Mme de Clèves découvre la Vérité parce que, enfin, elle a avoué toute la vérité à M. de Nemours, au prix du « mépris du monde » et de la désintégration de sa chair coupable. « Les raisons qu'elle avait de ne point épouser M. de Nemours lui paraissaient fortes du côté de son devoir et insurmontables du côté de son repos » (p. 392). « Insurmontables », parce que céder à l'amour, c'est aussi céder aux voluptés charnelles du mariage. Le plaisir du corps est incompatible avec le « repos » en Dieu, car « ... le cœur est un port où n'entre la tempête / Que par la vaine anxiété »! L'angoisse de Mme de Clèves devant la séduction de l'amour charnel lui ouvre la voie à la sérénité spirituelle. Mais il faut d'abord que le corps, source de passion, soit détruit. Elle « tomba donc dans une maladie violente », puis « elle demeura dans une maladie de langueur qui ne laissait guère d'espérance de la vie » (p. 393). Sous l'effet d'une « santé, qui demeura considérablement affaiblie » (*ibid.*), les désirs du corps se dissipent, lentement, insensiblement. « La nécessité de mourir, dont elle se voyait si proche, l'accoutuma à se détacher de toutes choses » (*ibid.*), et elle parvient enfin à surmonter « les restes de cette passion qui était affaiblie par les sentiments que sa maladie lui avait donnés (*ibid.*). La chair —« les passions et les engagements du monde » (*ibid.*)—se meurt: elle aura désormais « des vues plus grandes et plus éloignées », car son « repos » est maintenant lié à cette transcendance que lui ouvrent les portes de la mort. « Ton repos est une conquête » avait écrit Corneille. Retirée dans une maison religieuse ou chez elle, sur ses terres, en un état permanent de retraite spirituelle, Mme de Clèves découvre l'indifférence des « autres choses du monde », au point « qu'elle ne pensait plus qu'à celles de l'autre vie » (p. 394). La pensée morale s'est transformée en pensée métaphysique. Et à l'égard de M. de Nemours, « il ne lui restait aucun sentiment que le désir de le voir dans les mêmes dispositions où elle était » (*ibid.*). Souhait d'ascèse, de commune désincarnation, d'osmose spirituelle avec l'homme qu'elle a aimé, tout comme Polyeucte avait espéré attirer Pauline dans le monde du repos et de la béatitude éternels. L'optimisme de Corneille avait exaucé les vœux le Polyeucte, tandis que Madame de Lafayette fait disparaître M. de Nemours dans l'oubli de sa passion. Mme de Clèves s'abandonne à « des occupations plus saintes que celles des couvents les plus austères » (p. 395): elle est seule à triompher, car c'est « en Dieu (...) qu'un vrai repos se fonde ».

Contrairement à Roger Francillon, nous n'avons pas parlé de conversion. L'itinéraire moral et spirituel de Mme de Clèves n'est guère illuminé par une soudaine lumière céleste. Exposée au monde de la corruption et du paraître, elle s'étourdit à la pensée de la séduction virile, elle goûte au fruit délicieux mais défendu de l'amour secret, elle s'abandonne au péché du cœur, aux « flatteuses voluptés ». Presque aussitôt sa conscience alarmée et sa vertu la poussent au geste confessionnel, au réflexe chrétien qui allège, puis dissipe la culpabilité. Victime de sa faiblesse et des plaisirs masochistes de l'amour, elle n'arrive pas tout de suite à avouer la vérité de ses sentiments, car elle en perdrait le charmant privilège. L'aveu la hante toutefois. Mais lorsqu'elle prend la résolution de se confesser à sa mère, elle saisit une faible excuse—Mme de Chartres a un peu de fièvre—pour retarder ses aveux. Mourante, sa mère refuse d'entendre sa confession. Et faute de véritable confession, son sentiment d'avoir péché contre sa vertu s'aggrave. Elle s'enlise dans sa culpabilité. Elle est une pécheresse à qui la grâce et le désir de se purifier continuent de manquer. Maladroitement elle ruse avec la vérité, même lorsqu'elle tente désespérément d'avouer sa faute à son mari. La vraie confession éclaire la vérité sur soi, sur l'ampleur du mal auquel on s'était abandonné. En toute bonne conscience la vraie confession récuse à tout jamais la tentation de la faute et aboutit à la douceur du repos de l'âme. L'aveu à soi d'avoir péché, même en termes voilés, apporte la quiétude: le Monde s'évapore et la Vérité pascalienne, fondée en Dieu, anéantit le désir de la chair. Mme de Clèves, soumise à l'épreuve du péché, meurtrie, mais enfin guérie, rendue à la Vérité, réussit, elle aussi, son pari.

Le dénouement de *La Princesse de Clèves* est la dernière étape d'une spiritualité triomphante que l'attrait du Monde avait momentanément étouffée. Malgré ses imperfections, l'éducation de Mme de Chartres, ponctuée de la nécessité de la vertu et de l'horreur des plaisirs interdits, avait préparé la princesse à goûter au repos spirituel. A moins que l'on ne mette les dernières pages du roman sur le compte de quelque velléité spirituelle qui consisterait à effleurer les choses « de l'autre vie » sans trop y croire, *La Princesse de Clèves* demeure le témoignage d'une spiritualité frémissante, d'une interrogation métaphysique que l'approche de la mort éveille et sensibilise au plus haut point. Nous ne parlons plus ici de Mme de Clèves, mais de Madame de Lafayette, amie fidèle de La Rochefoucauld, impotent depuis 1669, cloué à sa chaise, à qui « il (...) arrivait de crier de douleur et de demander la mort comme une grâce »[51]. Jour après jour, Madame de Lafayette regardait la mort en face, sous les traits de son pauvre ami perclus. La pente pessimiste de son roman vient peut-être davantage de cette quotidienne vision funèbre que de la méditation des *Maximes* ou autres écrits d'inspiration augustinienne[52]. Ainsi, l'accueil du cœur aux angoisses de l'âme ou à l'appel du repos imprimait d'une profonde marque autobiographique[53] la sérénité spirituelle d'une princesse dont la « vie, qui fut assez courte, laissa des exemples de vertu inimitables » (p. 395).

Conclusion

La Princesse de Clèves est une œuvre dont le sens peut varier selon l'humeur passagère de son lecteur. La raison en est qu'aucun personnage n'est absolument vertueux ni absolument méprisable. On songe, une fois de plus, à Racine et ses leçons aristotéliciennes. La différence, toutefois, est dans la permanence de ces oscillations du cœur, qui caractérisent si profondément le roman de Madame de Lafayette. Nous croyons que Racine penche du côté de la compassion, de la déculpabilisation de ses personnages tourmentés[54]. Mais nous sommes bien contraint d'admettre qu'en dernière analyse le Mal chez Racine se déclare et expie. Le masque criminel n'est jamais tout à fait arraché: Etéocle, Polynice, Créon, Hermione, Néron, Roxane, Phèdre, Athalie. Ils sont et restent maudits. Rien de tel dans *La Princesse de Clèves*. La passion dévore, mine la conscience, affaiblit ou anéantit les faibles restes d'une morale chancelante ou médiocre. La faute a ses attraits mais elle ne pousse point au crime. Mme de Clèves s'accroche encore au péché de son cœur au moment où elle avoue une demi-vérité à son mari, mais elle cherche néanmoins à apaiser ses soucis, non à exaspérer ses jalousies. Elle maquille la vérité, mais elle ne cherche pas à nuire. Elle aurait pu se taire et mourir avec son secret. Elle a préféré prendre le risque de la sincérité voilée. Entre la honte du péché inavoué et le blâme de l'inconstance, elle ose choisir le dernier. Malgré l'imperfection d'une conduite chrétienne désorientée, Mme de Clèves mise sur la vertu. Ce n'est tout de même pas si mal quand l'être tout entier se consume dans la passion. Et il y a donc quelque sévérité excessive à la rendre responsable de la mort du Prince de Clèves. Tout comme il serait injuste de voir en elle une mondaine qui ne se préoccupe que de l'estime de son milieu, que du « qu'en dira-t-on ? », que d'un devoir conjugal dont elle n'a même pas connu les joies. Faible et coupable ? Certes. Jamais odieuse.

Son mari, M. de Clèves, n'est pas non plus sans les fautes de son sexe. Il se préoccupe moins des sentiments de sa future épouse, à qui il reproche sa frigidité, que du plaisir qu'il a de la posséder. Assailli de soupçons, il l'espionne, tend des pièges, et en même temps aggrave sa propre douleur. Il ne reconnaît point la vertu imparfaite de son épouse. Il l'accable de reproches. Il va jusqu'à la charger de la responsabilité de sa mort, ce qui explique dans une certaine mesure que Mme de Clèves, dans un réflexe de vengeance inconsciente, transposera sa propre culpabilité sur la personne de M. de Nemours. Pourtant, M. de Clèves, ce moribond saisi de toutes les fureurs de la jalousie, continue d'inspirer quelque pitié. Il aime, égoïstement sans doute, sans être aimé. Il a toutes les vertus d'un honnête homme avant de succomber à sa rage irraisonnée. Il incarne, lui aussi, ce que Madame de Villedieu avait appelé les désordres de l'amour. Sans qu'il y ait

filiation entre ces deux personnages, M. de Clèves rappelle Oreste qui se
« livre en aveugle au destin qui (l)'entraîne ». Le spectacle de la folie n'est
jamais une source de mépris, mais de compassion. Le souvenir de M. de
Clèves hantera la princesse parce qu'il était, malgré tout, un homme de
qualité qui méritait d'être aimé.

    Le duc de Nemours a un lourd passé. Homme à femmes, tombeur
de cœurs, vain, fat. Il n'a qu'une très vague idée de toute droiture morale.
Il est essentiellement hédoniste, surtout lorsqu'il nourrit l'obsession de posséder un jour Mme de Clèves. Jamais il ne s'interroge sur la moralité de sa
conduite, de ses indiscrétions, de son voyeurisme, de ses sous-entendus. Il
conduit les manœuvres de la conquête comme s'il s'agissait d'un jeu. Il a
d'ailleurs des joies puériles—et érotiques—en dérobant le portrait de la princesse, ou en la voyant jouer avec sa canne des Indes. Mais il n'a rien d'un
Vicomte de Valmont. Sa tactique amoureuse est viscérale, non rationnelle.
Il calcule peu ou pas. Il est conduit par son désir, mais il reste retenu parce
qu'il est intimidé par la beauté inaccessible d'une « vertu, si nouvelle à la
cour ». Il est jaloux et envieux, mais il ne manque jamais de respect envers
celle qu'il aime aveuglément. Il en souffrira, mais il aura quand même la
délicatesse de respecter le refus de la princesse. Il montrera, en fin de
compte, qu'il sait se conduire en amant courtois. Il a le don de s'effacer.
Madame de Lafayette l'éconduit, mais sans trop le condamner.

    Ainsi, loin de son décor somptueux et de ses titres de noblesse
éblouissants, *La Princesse de Clèves* est donc le roman d'une humanité
moyenne. Les faiblesses du cœur l'emportent sur la raison, au point même
où Mme de Clèves doit être mue par de plus hautes visions afin de pouvoir
accepter avec sérénité la mort de ses amours. Le corps anéanti autorise la
quiétude de l'âme. Pour le reste, personne ne souhaite du mal à personne.
On voit, on aime, on désire. Dans un sens il n'y a rien de plus simpliste
que cette psychologie amoureuse. Puis, comme dans les romans et comme
dans la vie, l'obstacle ou l'attrait du péché attisent le feu de la passion. Le
désir consume, mais le drame n'éclate pas. Au carrefour de l'amour interdit
les amants impossibles se tournent le dos et se quittent, chacun empruntant
sa propre route semée de tendres souvenirs.

*   *   *

Conclusion

Au terme de l'étude de ces œuvres féminines où le grave et le pathos alternent avec les émotions du cœur, on peut sans doute se demander s'il a existé une écriture féminine bien distincte au XVIIe siècle. Distincte surtout par rapport aux normes classiques auxquelles la tradition nous a habitués. Y eut-il une écriture de femme aisément reconnaissable, frappée d'une féminité, d'une unicité indéniables? Ce problème, certes, relève des méandres, voire des arabesques de la stylistique, susceptible à la rigueur de trier et de cataloguer des indices sexuels qui traduiraient (ou trahiraient) le mouvement même de l'écriture féminine. Et dans ce cas, Guilleragues aurait maîtrisé tout l'art subtil du pastiche. Il reste que bon nombre de femmes qui se sont penchées avec une sympathie toute féministe sur la littérature de leurs consœurs ont conclu que la spécificité de l'écriture féminine relève peut-être davantage d'un désir, parfois même d'une volonté, que d'une authenticité spontanée. « On ne crée pas avec son sexe, mais avec son moi profond. Je ne crois donc pas à une spécificité », écrit Evelyne Wilwerth[1]. Elle rappelle néanmoins que certaines femmes écrivains, au moment de l'explosion féministe des années 70, recherchaient délibérément une « écriture très physique, mettant en évidence des particularités féminines (évocation du corps sexué, de la grossesse, de l'accouchement, etc) »[2]. En somme, la recherche même de la spécificité incite à ajuster l'écriture aux pulsions de la psyché féminine, consciente à la fois de sa différence physiologique et des différences socio-culturelles qui en ont été les séquelles. Il est donc possible de féminiser intentionnellement l'écriture, d'en faire une création consciente du moi féminin. La spontanéité (dirait-on le « naturel féminin »?) cède à une volonté stylistique, à l'artifice d'un dire distinctif, exclusif et prétendument féminin[3]. On sait, par exemple, que le discours féministe est souvent soutenu, soit par un langage excessivement érotico-sexuel, soit par une agressivité que domine un lexique de la révolte et du refus. Une thématique féministe, radicalisée ou tempérée, a tendance à « vomir » les exigences d'une frustration idéologique réprimée. Ce discours exprime donc la volonté collective d'une minorité—morale—brimée: de là un éclatement verbal au niveau de la sexualité enfin impudique, ou au niveau de la revendication sociale longtemps ignorée ou méprisée. La spécificité féminine de ce langage ne peut cependant exister ou subsister que dans un contexte sociologique particulier. En outre, cette spécificité n'est finalement pas plus caractéristique du collectif féminin que de n'importe quel collectif minoritaire qui a le sentiment d'avoir vécu et de vivre encore sous des lois d'oppression. La thématique féministe engendre une certaine originalité par rapport au discours bourgeois et viril, mais elle n'établit pas vraiment le sexe de l'écriture. D'ailleurs, toute écriture féminine qui est idéologiquement neutralisée, ou intégrée à un système de communication objectif, démontre clairement que la spécificité de l'écriture féminine n'est jamais qu'un trompe-l'œil séduisant.

Ces quelques remarques générales étaient nécessaires avant d'interroger la possibilité de quelques traits distinctifs de l'écriture féminine au XVIIe siècle. L'impudicité (féminine) n'étant pas encore à la mode, on aurait quelque difficulté à en trouver des traits révélateurs. On avancerait même volontiers l'hypothèse que la littérature féminine du Grand Siècle n'a pas eu de grandes tendances féministes puisqu'elle ne songe jamais à faire appel à quelque graphisme sexuel, approprié, commode même pour établir l'identité de son sexe. Madame de Villedieu, la plus audacieuse à ses heures folles, s'est contentée d'imiter Saint-Amant. Et Mme de Clèves, même en caressant la canne des Indes, vit dans la plus parfaite stérilité sexuelle. Quant à Marie de Gournay ou Madeleine de Scudéry, seule une symbolique acrobatique, et suspecte, pourrait évoquer les vibrations de leur chair. Ces dames, décidément, sont restées discrètes.

Ce qui, par contre, n'est ni ignoré ni tu, c'est le statut social de la femme, moralement et psychologiquement minoritaire en dépit du prestige dont on a parfois voulu entourer une certaine société féminine, restreinte mais privilégiée. On dira peut-être que les hommages rendus à la femme, sous la plume intarissable de Madeleine de Scudéry, empruntent la voie (ou la voix) de l'égalité des sexes. Mais n'était-ce pas rêve, plutôt que réalité? Rêve ou jeu littéraire, charmants tous deux sous leurs dehors vaporeux. Quoi qu'il en soit, Marie de Gournay, moquée à loisir, n'est pas concernée.

Georges de Scudéry signe les œuvres de sa sœur. Marie-Catherine Desjardins amuse, avant qu'on ne la voue à l'oubli. Madame de Lafayette fait des cachotteries derrière la docte stature de Ménage, de Segrais ou de La Rochefoucauld. La femme écrivain jouit tout au plus d'une tolérance compassée, jamais d'acceptation totale. Et le paradoxe de la femme de lettres est souvent dans une prise de conscience de son propre talent, accompagnée de modestie et de soumission aux règles de l'étiquette ou de la tradition. Marie de Gournay protestait en brandissant l'autorité virile. Madeleine de Scudéry se donne le vertige dans un monde éthéré où l'homme asservi se conformerait aux désirs féminins de la conquête amoureuse. Mais ses *Conversations morales* révèlent aussi que « Le gynécée s'anime à l'entrée d'un homme quel qu'il soit, et (...) que la présence 'd'un honnête homme réjouit et divertit plus une compagnie de dames que la plus aimable femme de la terre ne saurait le faire' »[4]. Madame de Villedieu est à la fois une maîtresse et une veuve inconsolable. L'univers de Mme de Clèves est dominé par l'infatuation et le désir refoulé d'être possédée. L'ombre virile, menaçante mais séduisante, ne cesse de recouvrir la vision féminine. Cette infériorité psychologique, voire sentimentale et mondaine, que les structures sociales imposent à la femme aurait pu, aurait dû, diront d'aucuns, engendrer un langage du refus à fortes résonances récriminatrices. Mais à parcourir l'ensemble des œuvres féminines du XVIIe siècle, on est surpris de n'y entendre que relativement peu d'accents révoltés, sauf sous le souffle complice, un peu tendancieux même, d'une actuelle critique féminisante. Ce n'est donc ni dans quelque libéralisation sexuelle, ni dans une rébellion dite féministe que les œuvres féminines du XVIIe siècle puisent une quelconque originalité commune.

Ce serait plutôt dans la thématique du *moi* que les femmes écrivains pourraient se rencontrer. En effet, chacune d'elles *se raconte,* à sa manière propre, parce que la seule façon de se faire entendre et d'être reconnue par une société trop sourde et trop aveugle était de se poser en exergue de son œuvre. De là cette tonalité autobiographique dans l'œuvre de Marie de Gournay, même lorsqu'elle se coiffe du bonnet magistral: *Le Proumenoir,* la *Copie de la vie de la Damoiselle de Gournay,* la *Peinture de mœurs,* l'*Apologie pour celle qui écrit,* enfin l'*Egalité*[5]. Toutes pièces pleinement justificatives du *moi,* de son tempérament, de son savoir, de ses aspirations. Ecrire au féminin, c'était s'affirmer, se tailler une place légitime, se déclarer présente dans une société qui avait pris l'habitude de vivre intellectuellement au milieu du silence des femmes. Il n'y a donc rien d'étonnant que

Madeleine de Scudéry ait voulu projeter un monde aimable, plus inventé que vécu, dont elle devenait l'épicentre verbal. C'est elle qui alimente de ses rêves mille conversations galantes, mille dialogues qui, sous le couvert de la bonne compagnie, ne sont que l'éclatement d'un interminable soliloque. Madeleine n'a peut-être pas toujours dit ce qu'elle était, mais elle a certainement dit ce qu'elle souhaitait être. Marie de Gournay s'occupait du coin du savant. Madeleine de Scudéry était la courriériste de son cœur esseulé. Marie-Catherine Desjardins, elle aussi, et avec plus de fougue encore, se racontait sans cesse. Désespérée ou enjouée, elle livrait l'histoire de son âme dans ses *Billets,* dans *Anaxandre* ou dans les *Mémoires de la vie d'Henriette-Sylvie de Molière.* Ailleurs elle parlait des désordres de l'amour qui, dans le fond, avaient surtout été les siens. Parmi cette fécondité de l'écriture il se glisse toujours un air de confidence, quelque aveu du cœur, peine ou joie qui interrogent la vie à travers le prisme du moi désemparé. Quant au roman de Madame de Lafayette, il n'est nul besoin de broder autour de la relation de l'auteur avec La Rochefoucauld[6] pour y découvrir une profonde réflexion de femme sur le vide de sa vie érotique. Mariée, mais vivant à l'état de veuve, Madame de Lafayette raconte et justifie sa méfiance des hommes, et sa propre solitude, à travers l'expérience désabusée de Mme de Chartres. La frêle Mlle de Chartres, fille à marier, illustre ensuite l'illusion du bonheur conjugal[7], l'illusion même de vouloir s'épanouir au milieu des joies de l'amour. Il y a dans *La Princesse de Clèves,* d'une manière subtile et secrète, grâce aux froideurs du style[8], le bilan d'une vie ratée sur le plan sentimental, mais récupérée, réhabilitée par la conviction toute personnelle que seul importe le repos de l'âme et du corps. Le roman représente l'abandon volontaire, librement consenti, des désordres délicieux de l'amour. Madame de Lafayette y sacrifie, non seulement son héroïne, mais toutes ses propres déceptions. L'écriture, ici comme ailleurs, prend forme de catharsis.

    Thématique féminine du *moi*, disions-nous. Est-ce à dire que la confidence, cachée ou étalée, ou que le besoin de « s'identifier » sont ignorés des hommes? Question saugrenue à l'entendement de tous les intimistes, depuis Montaigne—un peu bourru même—jusqu'à Benjamin Constant, ou Julien Green. La thématique du *moi* n'est jamais sexuée. Elle est toutefois plus urgente en temps de crise d'identité. Si elle caractérise donc assez bien la littérature féminine au XVIIe siècle—songeons encore à cette correspondance autobiographique de Madame de Sévigné!—, c'est qu'elle correspond à une pulsion intime du moi qui étouffait depuis trop longtemps sous le poids d'une société patriarcale. Il était possible qu'une femme vive de sa plume. Il était probable qu'une femme se sentit mieux vivre grâce à son écriture libératrice.

❋ ❋ ❋

Notes

Chapitre I: *Autour d'un féminisme tronqué*

1. Il n'est pas sans intérêt de rappeler que Marie de Gournay a été crue membre de l'Académie française par ses contemporains. Il est vrai que nombreux de ses amis en faisaient partie. Voir Roger Zuber, *Les « Belles Infidèles » et la formation du goût classique* (Paris: A. Colin, 1968), p. 37.

2. Voir à ce sujet l'immense succès de l'Edition Des Femmes, ou la Collection Femme chez Denoël/Gonthier. Pour le domaine littéraire une excellente bibliographie critique existe pour les années 1970-82, signée Elissa D. Gelfand et Virginia Thorndike Hules: *French Feminist Criticism: Women, Language, and Literature* (New York, London: Garland Publishing, Inc., 1985). Cet ouvrage constitue la meilleure initiation au féminisme littéraire des dernières années.

3. Nous songeons surtout à la riche étude de Ian Maclean, *Woman Triumphant, Feminism in French Literature, 1610-1652* (Oxford: Clarendon Press, 1977).

4. Roger Lathuillère, dans sa remarquable étude, *La Préciosité, Etude historique et linguistique*, tome I (Genève: Librairie Droz, 1966), parle constamment d'un « mouvement » (p.e. pages 219, 220, 221). C'était déjà la position de René Bray, de Daniel Mornet, de Debu-Bridel (cité par Lathuillère pour son « mouvement révolutionnaire », p. 221), d'Antoine Adam. On ne peut nier que tous ces critiques suggèrent, en parlant de « mouvement précieux », une sorte d'activité commune, peut-être même une volonté féminine collective.

5. La controverse n'est pas finie, surtout depuis l'étude de J. M. Pelous, *Amour précieux, Amour galant (1654-1675)* (Paris: Klincksieck, 1980). Avant Pelous, un ouvrage non moins convaincu de l'inexistence des précieuses: Ian Richmond, *Héroïsme et Galanterie: l'abbé de Pure, témoin d'une crise (1653-1665)* (Sherbrooke, Que.: Naaman, 1977). Le point de vue de Richmond a été pris à partie par Carlo François dans *Précieuses et autres indociles* (Birmingham, AL: Summa Publications, Inc., 1987). Une intéressante passe d'armes amicale entre I. Richmond, d'une part, et Philippe Sellier et Ian

Maclean d'autre part, a animé un colloque en 1985: voir les *Actes* dans *Présences féminines, Littérature et Société au XVIIe siècle français,* édités par Ian Richmond et Constant Venesoen (Paris, Seattle, Tuebingen: Biblio 17, *PFSCL,* 1987).

6. Nous voudrions rappeler une vérité assez banale: c'est que le conflit entre deux individus n'est pas seulement réservé aux sexes opposés. Le concept « maître-esclave », par exemple, n'est pas forcément hétérosexuel. De nos jours la querelle, ou les contradictions, entre différents groupes féminins, tous sous la bannière du féminisme, démontre l'ampleur du problème que pose l'entente harmonieuse. Un ouvrage à méditer à ce sujet: *What Is Feminism?,* edited by Juliet Mitchell and Ann Oakley (Oxford: Basil Blackwell, 1986). Nous relevons la phrase suivante: « Recently the different meanings of feminism for different feminists have manifested themselves as a sort of sclerosis of the movement, segments of which have become separated from and hardened against each other » (« What Is Feminism? », par Rosalind Delmar, dans *op. cit.,* p. 9).

7. Rapportons les paroles de Victor Hugo dans une correspondance avec Léon Richer, cité par Benoîte Groult, dans *Le Féminisme au masculin* (Paris: Denoël-Gonthier, 1977), p. 12: « Dans notre civilisation, il est douloureux de le dire, il y a une esclave. La loi a de ces euphémismes: elle l'appelle une mineure! Cette mineure selon la loi, cette esclave selon la réalité, c'est la femme. Dans notre législation telle qu'elle est, la femme ne possède pas, elle n'este pas en justice, elle ne vote pas, elle ne compte pas, elle n'est pas. Il y a des citoyens, il n'y a pas de citoyennes. C'est là un état violent: il faut qu'il cesse ». Il est seulement étonnant que le mot soit de Victor Hugo, amant tyrannique de Juliette Drouet.

8. L'infériorité sociale de la femme au XVIIe siècle ressort amplement des études anciennes de Gustave Fagniez, *La Femme et la société française dans la première moitié du XVIIe siècle* (Paris: J. Gamber, 1929); de Gustave Reynier, *La Femme au XVIIe siècle. Les ennemis et les défenseurs* (Paris: Tallandier, 1929); de Charles Gidel, *Les Français du XVIIe siècle* (Paris: Garnier, s.d.). Plus récent, et d'un point de vue sociologique, est l'ouvrage éclairant d'Elisabeth Badinter, *L'Un est l'Autre, des relations entre hommes et femmes* (Paris: Odile Jacob, 1986).

9. Voir l'article que lui consacre A. Strubel, dans J. P. de Beaumarchais, Daniel Couty, Alain Rey, *Dictionnaire des littératures de langue française,* P-Z (Paris: Bordas, 1984), p. 1758. Et dans une étude plus ancienne: « Elle est bien l'une des plus grandes apôtres de l'emancipation de la femme et, en même temps, l'une des premières émancipées » (Léon Abensour, *Histoire générale du féminisme, des origines à nos jours* (Paris-Genève: Réimpression de l'édition de Paris de 1921, Statkine, 1979), p. 139. Enfin, selon Benoîte Groult, *op. cit.,* p. 16: « Christine de Pisan, première femme à vivre de sa plume, (qui) allait donner au féminisme son expression moderne ».

10. Voir Emile V. Telle, L'Œuvre de Marguerite d'Angoulême, Reine de Navarre (Toulouse: Imprimerie toulousaine Lion et Fils, 1937), chapitre X, p. 355 et ss.

11. Voir Louise Labé, Œuvres complètes, édition critique et commentée par Enzio Giudici (Genève: Droz, 1981), p. 17. Il est dommage que la démonstration de la valeur féminine soit parfois affectée par un zèle qui confond vertu et courage féminins avec des traits féministes. On lit: « La poétesse Louise Labé (1524-1566) repoussa par les armes les assiégeants de sa ville natale . . . » (Andrée Michel, Le Féminisme, Paris: P.U.F., coll. « Que sais-je? », 1979), p. 42, et la conclusion: « Ainsi, 'le féminisme avait pris son essor avec l'apparition de la Renaissance' " (ibid.), cité d'après Sheila Rowbotham, Féminisme et Révolution.

12. L'étude la plus utile reste celle de Ruth Kelso, Doctrine for the Lady of the Renaissance (Urbana: University of Illinois Press, 1956). L'auteur identifie au moins 891 écrits, pour ou contre la femme! La majorité, curieusement, est écrite par des hommes.

13. Pour Marie de Romieu, voir le livre de Léon Feugère, Les Femmes poètes au XVIe siècle (Genève: Slatkine Reprints, 1969).

14. Illana Zinguer, Misères et Grandeur de la femme au XVIe siècle (Genève: Slatkine, 1982).

15. « . . . rien ne nous autorise à affirmer que les femmes, dans l'ensemble, ne se soient pas accommodées patiemment des satisfactions que la nature recommande et de sentiments paisibles tels que la confiance, l'amour maternel, le goût de la sécurité et du foyer et même cette reconnaissance bienveillante que mérite l'artisan d'un bonheur moyen » (Maurice Bardèche, Histoire des femmes, tome II (Paris: Stock, 1968), p. 109-09).

16. Germaine Greer, La Femme eunuque, traduit de l'anglais par Laure Casseau (Paris: ed. Robert Laffont, 1971), p. 318.

17. Le thème de l'infidélité imprime toute la littérature du XVIIe siècle: d'Urfé, Corneille (voir l'infidélité imaginaire de Polyeucte), Molière (l'obsession du cocuage, et un thème majeur dans Dom Juan), Racine et sa larmoyante Andromaque, les Lettres portugaises. Du côté des femmes écrivains, Madeleine de Scudéry, Madame de Villedieu, et l'admirable exemple de La Princesse de Clèves. Bref, c'est toute la thématique de la « femme abandonnée » qui traverse le siècle en gémissant. Voir à ce sujet, Marie-Odile Sweetser, « La Femme abandonnée: esquisse d'une typologie », dans PFSCL, 10, 2, 1978-79.

18. Les féministes elles-mêmes (et eux-mêmes) en arrivent à voir l'impasse où s'engagent les diverses ambitions féminines. La diversification du féminisme pose de plus en plus un problème de définition et, par voie de conséquence, s'abandonne au piège du galvaudage. Rosalind Delmar écrit: « The fragmentation of contemporary feminism

bears ample witness to the impossibility of constructing modern feminism as a simple unity in the present or of arriving at a shared feminist definition of feminism » (*op. cit.,* p. 9). Que la fragmentation existe n'a rien d'étonnant puisque toutes les femmes n'appartiennent ni au même milieu intellectuel, ni au même environnement social, économique, culturel, etc. Appliquée toutefois à un domaine spécifique comme celui de la création littéraire, l'approche féministe peut (et devrait) néanmoins se permettre un rétrécissement de sa définition; les limites du champ culturel l'y invitent.

19. Maïté Albistur et Daniel Armogathe, *Histoire du féminisme français*, I (Paris: Edition Des Femmes, 1977), p. 9.

20. Nous renvoyons ici à l'excellente étude de Marina Yaguello, *Les Mots et les femmes* (Paris: Payot, 1979), chapitre 5, « Le discours féministe et anti-féministe ».

21. C'est ainsi que la radicalisation du féminisme de Simone de Beauvoir, trente ans après *Le Deuxième Sexe*, a fortement déçu Betty Friedan. Voir l'article de Jacques J. Zéphir, « Simone de Beauvoir et la femme », *Revue de l'Université d'Ottawa*, vol. 54, no. 1, janv.-mars, 1984, p. 37-53.

Les vues récentes de Friedan, de Greer ou d'Elshtain, plus tournées vers un féminisme conservateur de type familial, sont de plus en plus sévèrement critiquées par le féminisme radical. La solidarité féminine est minée par des luttes intestines. Voir le point de vue intransigeant de Judith Stacey, dans *What Is Feminism?*, *op. cit.*, p. 219-48.

22. Andrée Michel, *op. cit.*, p. 3.

23. Nous nous rendons compte qu'il y a ici comme un non-sens. En fait, le « féminisme négatif » n'existe pas, mais ce type de « féminisme tronqué » a été inopinément adopté par des femmes qui, de temps à autre, ont à se plaindre des hommes.

24. Guilleragues, *Chansons et bons mots valentins, Lettres portugaises*, édition Frédéric Deloffre et Jacques Rougeot (Genève, Paris: Droz et Minard, 1972).

25. Marie-Catherine Desjardins (Madame de Villedieu), *Lettres et Billets galants*, édition critique par Micheline Cuénin (Paris: Société d'Etude du XVIIe siècle, 1975).

26. Nous ne sommes par sûr qu'on puisse interpréter *La Princesse de Clèves* dans un authentique sens féministe, comme l'a fait M. Paul Genuist dans deux articles qui, par ailleurs, ne manquent pas d'intérêt: « Pour une interprétation féministe de *La Princesse de Clèves* », *PFSCL*, 9, 1978, p. 135-49; et « *La Princesse de Clèves* est-elle ouverte au discours féministe? », *Cahiers de littérature du XVIIe siècle*, 8, 1986, p. 231-47.

27. Hilarion de Coste, *Les Eloges et vies des reynes, princesses, dames et demoiselles illustres en piété, courage et doctrine qui ont fleury de nostre temps et du temps de nos pères*, 1630, 595 p. Le titre même de l'ouvrage en montre les limites:

seules les grandes dames (privilégiées) sont en cause; et les vertus féminines sont admirables sur le plan moral.

28. C'est un peu l'impression produite par l'ouvrage cité d'Albistur et Armogathe.

29. Jean Mesnard lui a consacré un important article dans *Présences féminines:* « 'Honnête homme' et 'Honnête femme' dans la culture du XVIIe siècle » (*op. cit.*, p. 15-46).

30. Cet aspect du « féminisme » au XVIIe siècle a été magistralement souligné par l'étude de Carolyn C. Lougee, *Le Paradis des femmes* (Princeton, NJ: Princeton University Press, 1976).

31. Léon Abensour, *op. cit.*, p. 154.

32. *Ibid.* Le cartésianisme de Poullain de la Barre a été contesté. Voir Marc Angenot, *Les Champions des femmes* (Montréal: Presses de l'Université du Québec, 1977), p. 58-59.

33. Voir Tallemant des Réaux, *Historiettes*, I, édition Antoine Adam, La Pléiade (Paris: Gallimard, 1960), p. 379-80.

34. O. Biyidi, dans *Dictionnaire des littératures de langue française*, P-Z, p. 1783.

35. On sait que le problème de la spécificité de l'écriture féminine a été soulevé sans que théoriciens et théoriciennes ne tombent d'accord. Voir surtout les écrits de Georges Cesbron, de Béatrice Didier, de Nicole Brossard, Hélène Cixous, Irma Garcia, Catherine Ravelli. Pour une bibliographie plus complète: E. D. Gelfand et V. Thorndike, *op. cit.* Nous n'avons nullement l'intention de participer au débat; de là ce prudent « au sens large », limitant l'interrogation à une thématique et, peut-être, aux effets narcissiques de l'écriture.

Chapitre II: *Mademoiselle de Gournay*

1. Notre travail était terminé lorsque nous avons pris connaissance de l'ouvrage récent d'Elyane Dezon-Jones, *Marie de Gournay, Fragments d'un discours féminin* (Paris: J. Corti, 1988). Il faudra dorénavant renvoyer à cette étude pour tout détail biographique, surtout à partir des textes autobiographiques de Mlle de Gournay, ainsi que pour des points de vue touchant ses « Textes féministes », *Egalité des hommes et des femmes*, et *Grief des dames.*

2. Adrien Baillet, *Jugemens des savans sur les principaux ouvrages des auteurs*, tome II (Paris: Moette, Le Clerc, Morisset, Prault, Chardon, M.DCCXXII), p. 654.

3. Mlle de Gournay est née en 1565. Elle est donc fille du XVIe siècle. Son dévouement à Montaigne et à son œuvre, ainsi que sa défense acharnée de la langue de Ronsard (contre les innovations de Malherbe) montre combien elle était, selon le joli titre de l'ouvrage de Marjorie Ilsley, « a daughter of the Renaissance » (*infra*). Le XVIIe siècle l'a tolérée sans la prendre très au sérieux.

4. Mlle de Gournay était bouleversée par la mort tragique du roi Henri IV. En 1610, l'année de l'assassinat, elle publia son *Adieu de l'âme du Roy de France et de Navarre, Henry le Grand à la Royne* avec *la Défence des Pères Jésuites*. Pour une analyse de l'*Adieu*, et une excellente idée de la rhétorique pathétique (sensibilité théâtrale) de Mlle de Gournay, voir Marjorie Henry Ilsley, *A Daughter of the Renaissance, Marie le Jars de Gournay, Her Life and Works* (The Hague: Mouton & Co., 1963), chapitre IX, « The Tragic Year 1610 ». La thèse de Marjorie Ilsley est le meilleur ouvrage que nous connaissions sur l'œuvre de Mlle de Gournay.

5. Voir Léon Feugère, *op. cit.*, p. 166.

6. Cité par Mario Schiff, *La Fille d'alliance de Montaigne, Marie de Gournay* (Paris: Librairie H. Champion, 1910), p. 27: « Ennemie des malherbisants, elle n'épargne pas davantage les précieuses au nombre desquelles on l'a rangée à tort. A quoi bon 'gehenner son stile, pour suivre le train des donzelles à bouche sucrée' puisqu'elles-mêmes acceptent 'soit en l'oraison soluë, soit en la poesie, infinies choses qu'elles ne disent pas' ». Voir aussi le commentaire de M. Ilsley, *op. cit.*, p. 164, à propos des « donzelles ».

7. Elle s'est dépeinte dans une assez longue pièce en vers, intitulée *Peincture de mœurs, A Monsieur le President d'Espaignet, Conseiller D'Estat* (Voir M. Schiff, *op. cit.*, p. 109). On y lit:

> Voicy donc mes deffaux: je suis d'humeur bouïllante,
> J'oublie à peine extréme une injure preignante,
> Je suis impatiente et subjecte à courroux:
> De ces vices pourtant je rompts les plus grands coups,
> Je dis rompre au dehors où l'esclat est visible,
> De les rompre au dedans cela m'est impossible: (vv. 9-14)

8. Cité par L. Feugère, *op. cit.*, p. 225.

9. C'est le cas du livre de F. Desplantes et P. Pouthier, *Les Femmes de lettres en France* (Genève: Slatkine Reprints, 1970, de l'édition de 1890).

10. L'ouvrage de Léon Feugère.

11. Ouvrage de Jean Larnac, publié à Paris, aux éditions Kra, en 1929.

12. *Op. cit.*, p. 69-70.

13. Adrien Cart, *La Poésie française au XVIIe siècle (1594-1630)* (Paris: Boivin & Cie, 1939). Voir aussi le vibrant hommage que lui a rendu Claudine

Herrmann, « Le Combat de Mademoiselle de Gournay contre les Grammairiens », dans *Actes de Fordham,* Biblio 17, *PFSCL,* 9, édités par Jean Macary (Paris, Seattle, Tuebingen, 1983), p. 185-205.

14. Il s'agit de la *Copie de la vie de la Damoiselle de Gournay,* composée en 1616 et publiée en 1641, dans la dernière édition des *Advis ou les Presens de la Demoiselle de Gournay.* Le texte de la *Copie* a été transcrit dans un article d'Elyane Dezon-Jones, « Marie de Gournay: le je/u palimpseste », dans *L'Esprit Créateur,* Summer 1983, XXIII, p. 26-36. Nous reviendrons sur les intentions de cet article. Ce texte apparaît aussi dans *Fragments d'un discours féminin,* voir n. 1.

15. On lit dans l'épître en tête du *Proumenoir de Monsieur de Montaigne (infra)*: « Je baise les mains à Madame & à Mademoiselle de Montaigne ma seur, & à messieurs de la Brousse & de Mattecoulon vos freres, & qui me font cet honneur de se dire aussi les miens » (p. 5).

16. Montaigne, *Œuvres complètes,* texte établi par A. Thibaudet et M. Rat, La Pléiade (Paris: Gallimard, 1962), p. 1595, n. 10 de la p. 645.

17. *Ibid.,* p. 645-46.

18. Texte reproduit dans *Essais* de Michel de Montaigne, édition publiée par J. V. Le Clerc (Paris: Lefèvre, 1826), tome III, p. 440. Mario Schiff, qui transcrit le même texte (*op. cit.,* p. 14) est convaincu que l'éloge dans les *Essais* est bel et bien de la main de Montaigne.

19. « J'ay pris plaisir à publier en plusieurs lieux, l'esperance que j'ay de Marie de Gournay le Jars ma fille d'alliance: et certes aymee de moy paternellement. Si l'adolescence peut donner presage, cette ame sera quelque jour capable des plus belles choses. Le jugement qu'elle fit des premiers Essays, et femme, et en ce siècle, et si jeune, et seule en son quartier, et la bienveillance qu'elle me voüa, sur la seule estime qu'elle en print de moy, long-temps avant qu'elle m'eust veu, sont des accidents de tres digne consideration » (cité par M. Schiff, *op. cit.,* p. 13).

20. « . . . sa modestie lui fait tronquer toute la fin de ce chapitre »: opinion de J. V. Le Clerc, *op. cit.,* p. 440.

21. Nous avons consulté l'édition de 1594, *Le Proumenoir de Monsieur de Montaigne,* par sa fille d'alliance (Paris: Abel l'Angelier, M.D.XCIIII). Outre le récit d'Alinda et de Léontin (appelé communément *Le Proumenoir,* puisqu'elle aurait raconté cette histoire au cours d'une promenade avec Montaigne), ce petit livre de 108 pages (la pagination couvre deux faces) comprend une *Version du Second Livre de l'Aeneïde,* et un *Bouquet poetique ou Louanges.*

22. Jean Larnac, *op. cit.,* p. 69.

23. Léon Feugère, *op. cit.,* p. 138.

24. *Op cit.*

25. Marie de Gournay est parfaitement consciente de ces longueurs: « Mais, mon pere, qui me pourroit pardonner la longueur de mon caquet en ceste digression, sinon vous qui me reprenez que je suis d'ordinaire trop taciturne en recompense » (*Le Proumenoir*, p. 58).

26. Signalons à ce propos un article de Thérèse Casevitz, « Mademoiselle de Gournay et le féminisme », consacré à l'analyse paraphrastique de l'*Egalité des hommes et des femmes*, et disant que « Cette dissertation contient en germe tout ce que réclameront, bien des années plus tard, les adeptes du féminisme » (*Revue politique et littéraire*, 1925, p. 768). Nous verrons que les choses ne sont pas aussi simples.

27. Il y a huit éditions séparées du *Proumenoir* (1594, 1595, 1598, 1599, 1607, 1626, 1634, 1641). C'est à partir de 1626 que la première version a été considérablement modifiée. E. Dezon-Jones (*op. cit.*, p. 57) attribue cette suppression au fait que les passages « féministes » auraient fait double emploi avec l'*Egalité*, publiée en 1622. Pour comprendre *Le Proumenoir* dans le contexte de la relation de Mlle de Gournay avec Montaigne, l'édition originale de 1594 s'impose. Parmi les digressions: réflexions sur les devoirs du Prince (p. 8-12), sur le droit d'opposition au prince usurpateur (p. 18), sur l'inconstance des hommes (p. 29-31), enfin, sur le mérite des femmes (p. 41-58).

28. On retiendra surtout l'interprétation de Domna Stanton, qui voit dans *Le Proumenoir* une symbolique de l'émancipation intellectuelle de la fille par rapport au père phallocratique. Dès lors *Le Proumenoir* constituerait aussi une recherche de l'écriture féminine authentique, libérée des entraves paternelles (ou viriles), quitte même à en reconnaître le caractère « chétif ». Voir Domna Stanton, « Woman as Object and Subject of Exchange: Marie de Gournay's *Le Proumenoir* (1594) », *L'Esprit Créateur*, Summer 1983, XXIII, 2, p. 9-25.

29. *Op. cit.*, p. 7.

30. *Histoire de la littérature française au XVIIe siècle*, tome I (Paris: Domat, 1956), p. 103.

31. *Ibid.*

32. Octave Nadal, *Le Sentiment de l'amour dans l'œuvre de Pierre Corneille* (Paris: Gallimard, 1948), p. 61.

33. On sait que Montaigne reçut le manuscrit puisqu'on le retrouva parmi ses papiers après sa mort. Mais il ne semble pas avoir répondu à Mlle de Gournay. M. Ilsley (*op. cit.*, p. 34) suppose que la correspondance s'est perdue. E. Dezon-Jones (*op. cit.*, p. 23) suggère que le silence de Montaigne pourrait venir de son peu de goût pour les romans de chevalerie. Ou est-il possible que Montaigne estimât qu'un tel sujet ne devait pas être traité par une jeune fille? Ou qu'il en avait ressenti le sens symbolique, hypothèse à laquelle Domna Stanton ne s'attarde pas (*op. cit.*, p. 23). Il faut dire que Marie de Gournay voile (et donc transcrit) la sexualité de quelques images sanglantes qui, d'une

certaine manière, pourraient autant illustrer le viol que la mort de l'héroïne: « Le glorieux sang de Cirus tombera tout à cette heure aux pieds d'un barbare, & par la playe d'une femme, & par la playe de ta fille » (p. 60), gémit Alinda. Elle est frappée deux fois et « A tout cela ne laissa elle point eschapper ne cry ne clameur: fors un seul pitoiable gemissement au douloureux arracher de la dague, qui par la violance du coup estoit entree dans le matelas, lequel fut bien tost bagné du sang degorgé de ces deux plaies, qui se rependit de la jusques à terre » (p. 61).

34. Cité par Mario Schiff, *op. cit.*, p. 16.
35. Cité par Mario Schiff, *ibid.*
36. L'article cité d'Elyane Dezon-Jones va nettement dans ce sens. L'auteur voit une filiation autobiographique qui part du *Proumenoir,* passe par la version de 1616 de la *Copie de la Vie de la Damoiselle de Gournay,* pour aboutir à l'*Egalité* (1622), au *Grief* (1626), et enfin à la version, publiée en 1641, de la *Copie.* C'est dire que l'écriture de Marie de Gournay est dominée par un « JE » évident, même si celui-ci prend à l'occasion la forme plus universelle (et rationnelle) du « NOUS », ou, comme dans la *Copie,* du narrateur distancié: elle s'y nomme « La Damoiselle de Gournay Marie de Jars ».

Il n'est pas sans intérêt de faire remarquer que la critique féministe (Domna Stanton, ou Elyane Dezon-Jones) recherche et retrouve spontanément la présence du « JE féminin », comme s'il s'agissait là, justement, d'un trait, sinon unique, du moins plus visible de l'écriture féminine. Mais ne s'agirait-il pas non plus, dans le cas de Marie de Gournay, d'un réflexe hérité du contact avec Montaigne et son œuvre? Rappelons pour mémoire que l'expression « tiers chef du Triumvirat de Plutarque & de Senecque », donc Montaigne, se trouve déjà dans *Le Proumenoir,* à la page 11. Marie de Gournay reprend ce titre dans l'*Egalité:* « le tiers chef du Triumvirat de la sagesse humaine et morale en ses Essais » (voir M. Schiff, *op. cit.,* p. 66).

37. Henri Coulet, *Le Roman jusqu'à la Révolution,* Collection U (Paris: Armand Colin, 1967), p. 141.
38. Voir l'article de Roger Duchêne, « La Veuve au XVIIe siècle », dans *Onze études sur l'image de la femme dans la littérature française du dix-septième siècle,* réunies par Wolfgang Leiner (Tuebingen, Paris: Gunter Narr Verlag et Jean-Michel Place, 1984), p. 165-81. Nous avons eu l'occasion de relever le veuvage moral d'Elvire dans *Dom Juan* (« Vir et Virago dans la comédie moliéresque » dans *Présences féminines, Littérature et Société au XVIIe siècle français,* p. 219-36), qui va exactement dans le sens de François de Sales. Quant au veuvage (réel) de Célimène, il demande une réflexion sur le libertinage de Molière, que nous proposons dans une étude à paraître: « La relation matrimoniale dans l'œuvre de Molière ».
39. On ne détache pas facilement ce « béatifiée » de son sens originel, c'est-à-dire religieux. Furetière l'entendait encore ainsi, même si Malherbe, au début du siècle,

l'avait légèrement élargi: « se béatifier: Se rendre heureux: 'C'est une absurdité de dire que par la vertu seule un homme se puisse béatifier' (Malherbe) », dans *Grand Larousse de la langue française*, tome 1.

40. Rappelons que « l'adolescence », aux XVIe et XVIIe siècle, s'étire jusqu'à l'âge de vingt-cinq ans. «Adolescence. . . . La fleur de la jeunesse, l'âge depuis 14. ans jusqu'à 20. ou 25 » (Furetière, *Dictionnaire universel*, tome I).

41. Voir Noémi Hepp, « A la recherche du 'mérite des dames' », dans *Destins et Enjeux du XVIIe siècle* (Paris: P.U.F., 1985), p. 113.

42. *Ibid.*

43. *Op. cit.*, p. 187. Marc Angenot rappelle dans son *Les Champions des femmes*, que Marie de Gournay répondait indirectement au libelle de Jacques Olivier, publié en 1617, sous le titre *Alphabet de l'Imperfection et Malice des Femmes*. Le libelle, réédité au moins quatorze fois au XVIIe siècle, provoqua une levée de boucliers. Pour ce qui est de l'originalité de l'*Egalité*, selon M. Angenot, Mlle de Gournay « suit . . . de près le 'Paradoxe' de Charles Estienne: elle le gonfle surtout d'exemples antiques et modernes » (p. 53). Il s'agit de la traduction par Estienne d'un des « Paradoxes » d'Ortensio Landi: « Pour les Femmes, Déclamation XXIII ».

44. Nous suivons l'édition de Mario Schiff, *op. cit.*

45. « Une circonstance qui ajouta encore beaucoup de prix au travail de Mademoiselle de Gournay et qui mérite notre reconnaissance, c'est que, la première, elle a traduit en français les passages grecs, latins, italiens, cité par Montaigne, et qu'elle en a recherché les sources, non indiquées jusque là: rude et laborieuse entreprise . . . » (Léon Feugère, *op. cit.*, p. 145).

46. L'humanisme classique est largement fondé sur la connaissance des auteurs anciens. Plutarque, par exemple, était particulièrement connu grâce aux traductions d'Amyot (première édition des *Vies* en 1559, et souvent réimprimée en France et à l'étranger; la plus suivie est celle de 1567). Les *Morales* d'Amyot (première traduction en 1542, puis l'édition Vascosan en 1572, suivie de bien d'autres) étaient même mieux connues que les *Vies*. Montaigne « les considère comme 'la cresme de la philosophie et presentée d'une simple façon et pertinente' avec 'des opinions . . . douces et accommodables à la société civile'; il en fait lecture avec Mademoiselle de Gournay . . . » (Robert Aulotte, *Amyot et Plutarque, La Tradition des Moralia au XVIe siècle* [Genève: Droz, 1965], p. 258). Au XVIIe siècle, la tradition humaniste persiste, mais dans des cercles restreints: chez les de Mesmes, chez les frères Dupuy. On y voit Gassendi, La Mothe le Vayer, Naudé, Ménage, Chapelain, Balzac (voir Antoine Adam, *op. cit.*, p. 285-92). L'érudition existe donc, surtout si elle est passée par l'université. Mais on peut se demander si Marie de Gournay s'adressait à un public aussi distingué et savant. Les

dames, de l'aveu de Mlle de Gournay elle-même, étaient encore loin de posséder le bagage humaniste que leur propose l'*Egalité*.

47. Résumons notre propre lecture. Il s'agit d'égalité, non de supériorité d'un sexe sur l'autre. Les détracteurs des femmes sont ignorants, se rabattent sur des croyances populaires et fondent leur soi-disant force sur la faiblesse physique de la femme. Surtout, ils se vantent. Il faut en appeler à la sagesse des Anciens. Les Anciens ont reconnu le mérite des femmes; ce qui leur a manqué, c'est l'accès à l'éducation. Anciens et Modernes tombent d'accord là-dessus. Traditionnellement la femme a été tenue en état d'infériorité à cause de la loi salique. Mais l'histoire montre la valeur des femmes: voir, entre autres, les Lacédémoniens, les Germains, les Carthaginois. Ce qui compte, ce n'est pas le physique, mais la vertu morale, la probité, la modestie. Après tout, la différence des sexes n'existe que pour la procréation. Seule l'âme compte. Dieu, les Pères de l'Eglise l'ont confirmé. Voyez saint Paul, saint Jérôme, saint Jean, saint Pierre, saint Basile. Voyez les exemples grandioses de Judith ou de Marie-Madeleine. Et les Sibylles. Bref, si Dieu et son Eglise ont accordé tant de privilèges à la femme, il serait absurde que l'homme s'y oppose: ce serait sacrilège, et blasphématoire!

48. Soulignons toutefois l'analyse féministe, très élaborée, proposée par E. Dezon-Jones, *op. cit.*, p. 64-74. On y lit: « Elle (Marie de Gournay) choisit d'examiner les faits, sans passion, en suivant la voie de la raison, et en évitant de tomber dans un excès ou dans l'autre » (p. 65). Nos conclusions sont sensiblement différentes.

49. Jean-Pierre Guillerm, dans *Le Miroir des femmes*, I (Lille: Presses universitaires de Lille, 1983), p. 26. A titre d'exemples, les auteurs de l'anthologie donnent un extrait des *Œconomiques* d'Aristote (traduites en 1532), de l'*Economique* de Xénophon (traduite en 1531), et des *Œuvres meslees de Plutarque,* traduites par Jacques Amyot en 1572 (la traduction des *Vies des hommes illustres* date de 1559).

50. Pour s'en convaincre il suffit de consulter le livre éclairant de Jean-Marie Aubert, *La Femme, Antiféminisme et Christianisme* (Paris, Cerf/Desclée, 1975) ou les textes des Pères de l'Eglise, choisis et présentés par France Quéré-Jaulmes, dans *La Femme, les grands textes des Pères de l'Eglise* (Paris: Centurion, 1968).

51. Sans relever tous les traits misogynes des *Essais*, rappelons que Montaigne citait saint Jérôme: « . . . et est le voeu de la virginité le plus noble de tous les voeux, comme estant le plus aspre: 'diaboli virtus in lumbis est' ['La force du diable est dans ses reins'], dict S. Jerosme » (III, V, éd. La Pléiade, p. 839).

52. Platon, *Œuvres complètes, La République,* Livres IV-VII, texte établi et traduit par Emile Chambry (Paris: Les Belles Lettres, 1961), p. 451b, 451e, 453e, 455d.

Dans la mesure du possible nous citons les anciens dans la traduction française de l'édition « Les Belles Lettres ». Les éventuelles variations dans les textes consultés par Marie de Gournay ne peuvent pas être aussi grandes, au point de dénaturer la pensée. Que

Marie de Gournay les ait lus dans l'original (son grec est assez faible) ou dans une traduction française de son temps n'y change rien (le « Plutarque » d'Amyot, le « Xénophon » de Geofroy Tory de Bourges, l'« Aristote » de Sibert Lowenborsch, etc. Voir *Le Miroir des femmes, op. cit.,* p. 29, 33, 37). Nous citons Plutarque d'après Amyot (éd. Clément ou éd. Walter, *infra*).

53. *Ibid.,* p. 455e et 456a.

54. Mario Schiff (*op. cit.,* p. 79) signale un développement sur ce personnage et d'autres femmes orateurs dans la deuxième (1634) et troisième (1641) éditions des « Mélanges ». Nous avons consulté l'édition de 1634: *Les Advis ou, Les Presens de la Demoiselle de Gournay* (Paris: Toussainct Du-Bray, M.DC.XXXIV).

55. Voir l'explication convaincante de Léon Robin, dans Platon, *Œuvres complètes, Le Banquet* (Paris: Les Belles Lettres, 1958), p. xxii-xxvii.

56. *Le Banquet,* dans *op. cit.,* p. 201d.

57. *Ibid.,* p. 206b, n. 3.

58. *Ibid.,* p. xxiv.

59. Voir Jacques Amyot, *Les Vies des hommes illustres grecs et romains, Periclès et Fabius Maximus,* édition critique par Louis Clément (Paris: Droz, 1934), p. 39; ou *Plutarque, Les Vies des hommes illustres, traduction de Jacques Amyot,* texte établi et annoté par Gérard Walter, La Pléiade (Paris: Gallimard, 1951), p. 361.

60. Voir l'excellente mise au point au sujet de ce personnage par F. Le Corsu, *Plutarque et les femmes dans les Vies parallèles* (Paris: Les Belles Lettres, 1981), p. 150-53.

61. « Pericles », éd. L. Clément, p. 40.

62. *Ibid.*

63. *Les Vies des hommes illustres de Plutarque,* avec des Remarques historiques et critiques de M. Dacier (Paris: Compagnie des Libraires, M.DCC.LXII), tome 3, p. 53.

64. Xénophon, *Banquet,* texte établi et traduit par François Ollier (Paris: Les Belles Lettres, 1961), p. 43-44.

65. Xénophon, *Economique,* texte établi et traduit par Pierre Chantraine (Paris: Les Belles Lettres, 1949). L'*Economique* de Xénophon n'est nullement la défense de la femme telle que Marie de Gournay l'aurait souhaitée. Ischomaque et Socrate tombent d'accord pour départager les tâches traditionnelles entre les hommes et les femmes, sans manquer de respect envers ces dernières. Mais la femme doit rester sous la tutelle de l'homme qui l'instruit, la guide et la forme à son gré. Il est question de l'ignorance dans laquelle les femmes sont tenues, mais le « savoir » que l'on leur réserve leur sera surtout utile pour gérer les affaires du ménage, selon les instructions données par les maris! Voir à ce sujet les observations de Pierre Chantraine, p. 13-14.

66. Marie de Gournay lit évidemment Plutarque dans la traduction de Jacques Amyot, *Les Œuvres morales et meslees de Plutarque, translatees en François par Messire Jacques Amyot* . . . (Paris: Michel de Vascosan, M.D.LXXII). Ces « Moraulx » étaient fort connus, même avant Amyot. Quant aux *Vertueux faicts des femmes,* ils « inspirèrent dramaturges, poètes et conteurs » (Robert Aulotte, *Plutarque en France au XVIe siècle* [Paris: Klincksieck, 1971], p. viii).

67. Furetière consacre dix articles à « vertu ».

68. *Les Vertueux faicts des femmes,* traduction Amyot, tome I, XXXVI, p. 229.

69. Ed. Gérard Walter, tome I, p. 167.

70. *Ibid.,* p. 166.

71. *Ibid.*

72. *Ibid.,* p. 104.

73. Un résumé parfaitement clair de cet héritage se trouve dans le livre d'Elisabeth Badinter, *L'Amour en plus* (Paris: Flammarion, 1980), p. 19-21.

74. Voir l'« Introduction » d'André Wartelle dans Aristote, *Economique* (Paris: Les Belles Lettres, 1968), p. xviii: « . . . ces pages ne sont pas indignes du génie d'Aristote, mais rien ne permet de les lui attribuer, . . . ».

75. *Economique,* livre III, p. 37. Que le livre III soit d'Aristote ou non importe peu: l'état d'esprit est conforme à la pensée aristotélicienne. « La même idée revient dans *Politique,* III, 6, 1278b 38-40; voir encore *Grande Morale,* I, 33, 17-18, 1194b 20-28: 'Dans l'association du mari et de la femme il existe une forme de justice qui s'apparente à la justice politique; sans doute la femme est-elle inférieure à l'homme, mais elle lui est plus intime que l'enfant ou l'esclave, et elle a une plus grande part d'égalité avec son mari'. La soumission de l'épouse a été une des constantes de la morale conjugale des Anciens, et selon Aristote lui-même, s'il peut y avoir une amitié entre mari et femme, c'est une amitié entre inégaux: *Ethique à Nicomaque* VIII, 8, 1158b, 14-17 » (A. Wartelle et B. A. van Groningen, commentant « l'antiféminisme » d'Aristote, dans *op. cit.,* p. 64).

Rappelons aussi quelques « perles » dans *Histoire des Animaux* d'Aristote, texte établi et traduit par Pierre Louis (Paris: Les Belles Lettres, 1969), tome III, livre IX, 1: « la femme (...) est aussi plus jalouse et plus portée à se plaindre de son sort; elle distribue plus facilement les injures et les coups (...) elle est plus effrontée et plus menteuse (...) d'une manière générale, la femelle est moins empressée à agir que le mâle, et il lui faut moins de nourriture » (p. 64).

La traduction de l'*Economique,* en 1532, par Sibert Lowenborsch ne varie que par la forme; le sens du passage que nous avons cité est identique: « . . . mais quant le temps le requerra, ou pour les filles donner en mariage, ou prendre des belles filles, en ces choses obeissent totalement au mary: et ainsy ensemble delibere de ensuyvre la sentence du mary (...) Au surplus, la femme bien composée doibt estimer les moeurs de son mary estre une loy imposée de Dieu pour junction de compaignie et mariage, ... » (*Le Miroir des femmes, op. cit.*, p. 29).

76. Tacite, *Annales*, livres IV-VI, texte établi et traduit par Pierre Wuilleumier (Paris: Les Belles Lettres, 1975), IV, p. 35.

77. Tacite, *La Germanie*, texte établi et traduit par Jacques Perret (Paris: Les Belles Lettres, 1962).

78. En parlant des Gaulois, Tacite dit: « ... car dans ces derniers temps on a gagné sur eux des triomphes plutôt que des victoires » (*La Germanie*, XXXVII, p. 93).

79. *La Germanie*, XVIII, p. 81.

80. *Ibid.*, XLV, p. 99.

81. Nous disons « dernière », même si Mlle de Gournay en suggère une autre, mais elle nous induit innocemment en erreur. En effet, elle écrit: « Si ne mesprisoient pas les femmes nos anciens Gaulois, ny les Cathaginois aussi; lorsqu'estan unis en l'armée d'Hanibal pour passer les Alpes, ils establirent les dames Gauloises arbitres de leurs differends ». Huit lignes plus loin elle « précise »: « Et si ce mesme Historiographe Latin nous apprend », faisant ici allusion à Tacite. En réalité, la source n'est pas Tacite, mais Plutarque, *Moralia, Mulierum Virtutes,* où il est question des femmes celtes. Plutarque rappelle le conflit qui éclata parmi les Celtes avant de passer les Alpes. Les femmes s'interposèrent entre les armées et, après avoir examiné les controverses, en jugèrent en toute équité. Il s'ensuivit que les Celtes continuèrent à consulter leurs femmes sur des questions de guerre et de paix. Plutarque écrit alors: « En tous cas, dans leur traité avec Hannibal ils inclurent la clause que si les Celtes avaient des plaintes contre les Carthaginois, les gouverneurs et généraux des Carthaginois en Espagne seraient les juges; et si les Carthaginois se plaignaient des Celtes, les juges seraient les femmes celtes » (Voir *Plutarch's Moralia,* tome III, éd. F. C. Babbitt [London: W. Heinemann Ltd; Cambridge: Harvard University Press, MCMXLIX], p. 493-95; nous traduisons).

82. On remarquera qu'il n'est pas question ici, ni de qualités féminines ni d'égalité: « (les Chérusques) ont nourri longtemps une paix excessive et amollissante; et il y avait là plus d'agrément que de sécurité, car au milieu de peuples violents et forts on a tort de rester en repos; quand on en vient aux mains, modération et loyauté sont des noms qui appartiennent au vainqueur » (*La Germanie, op. cit.*, p. 91-92).

83. Voir le *Lexicon Taciteum,* ediderunt A. Gerber et A. Greef, vol. I et II (Hildesheim: Georg Ulms Verlagsbuchhandlung, 1962). « Modestia » ou, en allemand, « Mässigung, Selbstbeherrschung »; Tacite a parlé de « modestia hiemis » (*Annales,* XII, 43), « un hiver doux » ou « la clémence de l'hiver ». Quant à « Probitas », en allemand « Rechtschaffenheit », « honnêteté, loyauté ».

84. La deuxième fois, Marie de Gournay l'associe à Ronsard, tous deux ayant chanté la victoire d'Achille sur l'Amazone lors de la guerre de Troie.

85. Voir Sénèque, *Dialogues*, tome III, *Consolations*, texte établi et traduit par René Waltz (Paris: Les Belles Lettres, 1961), « Notice », p. 4.

86. *Ibid.*, I, p. 12.

87. *Ibid.*, XVI, p. 32.

88. La source de Montaigne est Diogène Laërce qui énumérait un nombre d'adages attribués à Antisthène par Dioclès, dans *Vie, Doctrine & Sentences des Philosophes Illustres*. C'est là qu'on peut lire: « La vertu est la même pour les femmes comme pour les hommes ».

89. *Op. cit.*, 38, p. 59.

90. Velleius Paterculus a été découvert en 1515 par Beatus Rhenanus qui, en 1520, édita son *Historiae Romanae ad M. Vinicium consulem libri duo*. L'œuvre fut rééditée plusieurs fois aux XVIe et XVIIe siècles (1546, 1571, 1590, 1591 et 1607 [l'édition de Juste Lipse, ami et admirateur de Marie de Gournay], 1608, 1620, 1639). Voir Velleius Paterculus, *Histoire Romaine*, livres I et II, texte établi et traduit par Joseph Hellegouarc'h (Paris: Les Belles Lettres, 1982).

91. *Op. cit.*, LXVII (liber Secundus), p. 75.

92. Elle évoque même l'opinion favorable, « au sexe », de Théodoret, évêque de Cyr, fécond parmi les Pères de l'Eglise, auteur d'une œuvre considérable, dans laquelle on trouve des oraisons sur la divine Providence, auxquelles Marie de Gournay fait sans doute allusion puisqu'elle parle de « l'Oraison de la Foy ». Dans son *Historia religiosa seu ascetica vivendi ratio*, Théodoret propose « à l'imitation l'exemple de deux femmes » (chapitres XXIX-XXX). Voir A. Vacant et E. Mangenot, *Dictionnaire de théologie catholique*, tome XV (Paris: Letouzey et Ané, 1943), p 313. Montaigne possédait sans doute l'*Histoire ecclésiastique nommée Tripartite*, en traduction française (1568): *L'Histoire ecclésiastique nommée Tripartite, divisée en douze livres: contenant les nobles et illustres faicts tant des hommes que des femmes de la primitive Eglise, . . .* (voir Pierre Villey, *Les Sources de l'évolution des Essais de Montaigne* [Paris: Hachette & Cie, 1933, 2e éd.], tome I, p. 256. Le titre (« tant des hommes que des femmes ») a pu frapper Marie de Gournay.

93. Basile de Césarée, *Sur l'origine de l'homme*, introduction, texte critique, traduction et notes par Alexis Smets et Michel Van Esbroeck (Paris: Editions du Cerf, 1970), p. 213.

94. Il est intéressant de faire remarquer que saint Basile avait retenu la deuxième version de la création dans la Genèse (I, 26-28), c'est-à-dire celle qui s'abstient de discrimination et que J. M. Aubert appelle « sacerdotale » (*op. cit.*, p. 90): « Dieu créa l'homme à son image, à l'image de Dieu il le créa, homme et femme il les créa ». Il

semblerait cependant que les traducteurs du XVIIe siècle aient préféré la deuxième version (Genèse, 2, 21-25). A preuve *L'Histoire du Vieux et du Nouveau Testament,* par Monsieur le Maitre de Sacy (première édition 1670): « Dieu lui (Adam) envoya un sommeil divin que l'Ecriture nomme du nom d'extase; & pendant qu'il dormoit, il tira une de ses côtes, & mit de la chair en sa place. Dieu ayant formé la femme de cette côte qu'il avoit tirée d'Adam, il la lui amena ensuite. Adam la voyant, dit que c'étoit l'os de ses os, & la chair de sa chair; & que dans la suite de tous les siecles l'homme quitteroit son pere & sa mere pour s'attacher à sa femme, & que deux ne feroient plus qu'une seule chair » (Paris: Theodore de Hansy, 1732, p. 3-4). « Ce récit, écrit Aubert, a vraiment fourni le plat de résistance à tous les appétits antiféministes, et cela en une parfaite continuité, depuis la tradition rabbinique jusqu'à l'enseignement chrétien courant, même à une date récente. Et comment? Tout simplement en déduisant de l'antériorité de l'homme sa supériorité » (*op. cit.,* p. 86).

    95. *La Bible, Nouveau Testament,* éd. J. Grosjean, M. Léturmy, P. Gros, La Pléiade (Paris: Gallimard, 1971), p. 357 (II, 17), et p. 423 (XXI, 9).

    96. *Ibid.,* p. 552. « Tondre » ou « Raser » une femme est un signe de honte *(Ire aux Corinthiens,* XI, 6). Selon *Les Nombres,* l'homme qui se consacre à Dieu « laissera toujours croitre les cheveux de la tête », car ses cheveux représentent sa force et sa vertu. Lorsque les hommes se rasent, c'est pour offrir leurs cheveux (ou bonnes pensées) à Dieu: « Leurs cheveux étoient la marque de cet état saint qu'ils avoient choisi ». Voir *Les Nombres* [traduits en français par le Maitre de Sacy] (Paris: Guillaume Desprez, 1686), p. 64-67 (VI, 5-19) et p. 73 (explication du chapitre VI). On remarquera dans ces rites la traditionnelle discrimination sexuelle.

    97. *Ibid.*

    98. Evidemment, « On a souvent accusé les Pères de l'Eglise de misogynie; et de fait on trouve chez beaucoup d'entre eux bien des appréciations peu flatteuses pour les femmes; mais il serait aussi facile d'en collecter d'autres allant en sens inverse » (J. M. Aubert, *op. cit.,* p. 53-54).

    99. *Nouveau Testament,* p. 806.

    100. Voir France Quéré-Jaulmes, *op. cit.,* p. 81 et ss.

    101. M. Albistur et D. Armogathe, *op. cit.,* p. 15.

    102. Voir Saint Jérôme, *Lettres,* texte établi et traduit par Jérôme Labourt (Paris: Les Belles Lettres, 1951-58). Il se déchaîne avec violence, dans la lettre XXXVIII, à Marcella, contre les femmes frivoles qui se fardent et portent perruque: «... elles se fignolent une jeunesse », écrit-il (tome II, p. 69). Même ton dans la lettre CXVII où il tonne contre la tentation du péché de la chair: « Parmi ces innombrables séductions des voluptés, même des cœurs de fer se laissent dompter par la passion, laquelle provoque une faim d'autant plus impérieuse chez une vierge que celle-ci s'imagine plus agréables

tous les plaisirs qu'elle ignore » (tome VI, p. 82). N'empêche que saint Jérôme sait se délecter à la description sensuelle d'une jeune femme qui cherche à plaire; il parle de sa «... tunique (...) décousue à dessein, de manière à laisser apercevoir les dessous (...) ». Puis, « ses seins sont serrés par des bandelettes, et une ceinture froncée sangle trop étroitement sa poitrine (...) Sa mantille glisse par moment, pour montrer à nu les épaules blanches... » (tome VI, p. 85). Les descriptions voluptueuses de saint Jérôme ne sont certainement pas effacées parce que leur auteur prétend que tout ce qu'il sait de la jeune fille à qui il s'adresse, il le sait par le récit de son frère, « par ses larmes et par ses sanglots » (tome VI, CXVII, p. 83).

    103. F. Quéré-Jaulmes, *op. cit.*, p. 99.
    104. *Ibid.*, p. 113.
    105. J. M. Aubert, *op. cit.*, p. 45.
    106. *Nouveau Testament*, p. 560.
    107. *Ibid.*, p. 712.
    108. Mario Schiff, *op. cit.*, p. 50.
    109. C'est évidemment le joli titre du livre de Mariella Righini (Paris: Grasset, 1978).
    110. Voir Ruth Kelso, Albistur et Armogathe, Angenot. Mario Schiff mentionne opportunément l'ouvrage de G. Ascoli, *Essai sur l'histoire des idées féministes en France du XVIe siècle à la Révolution* (Paris: *Revue de synthèse historique*, 1906), suivi de sa « Bibliographie pour servir à l'histoire des idées féministes depuis le milieu du XVIe jusqu'à la fin du XVIIIe siècle » (Mario Schiff, *op. cit.*, p. 47).

Chapitre III: *Mademoiselle de Scudéry*

    1. René Godenne, *Les Romans de Mademoiselle de Scudéry* (Genève: Droz, 1983).
    2. R. Godenne précise que les romans de Mlle de Scudéry comportent 29.931 pages! Si on y ajoute les volumineuses *Conversations* (1680-92), on a une bonne idée de la tâche. « Ces titres (des *Conversations*) représentent une quantité imposante de pages, et indiquent qu'en vieillissant Mlle de Scudéry n'a perdu ni la prolixité que satirisait Boileau ni l'estime du public » (*Choix de Conversations de Mlle de Scudéry*, éd. Phillip J. Wolfe [Ravenne: Longo Editore, 1977], p. 8). Puis il y a les poèmes de Mlle de Scudéry, dont Frédéric Lachèvre a fait le relevé dans sa *Bibliographie de recueils collectifs de poésie au XVIIe siècle*, 4 vol. (Paris: H. Leclerc, 1901-95).
    3. R. Godenne, *op. cit.*, p. 11.

4. Voir Nicole Aronson, « Les Femmes dans les 'Conversations morales' de Mlle de Scudéry », dans *Onze nouvelles études sur l'image de la femme dans la littérature française du dix-septième siècle,* réunies par Wolfgang Leiner (Tuebingen, Paris: Gunter Narr et Jean-Michel Place, 1984), p. 77-90.

5. Voir *Choix de Conversations de Mlle de Scudéry.*

6. *Ibid.,* p. 7.

7. « . . . la première femme à vivre de sa plume (elle fit gagner cent mille écus à Courbé, son libraire) » (R. Godenne, *op. cit.,* p. 11). C'est dire qu'elle était lue!

8. Nicole Aronson, *Mademoiselle de Scudéry ou le Voyage au pays de Tendre* (Paris: Fayard, 1986).

9. *Ibid.,* p. 387.

10. N. Aronson, *op. cit.,* p. 84.

11. Nicole Boursier, « Avatars de l'héroïne chez Madeleine de Scudéry », dans *Présences féminines,* p. 261-89.

12. *Ibid.,* p. 287.

13. Voir Henri Coulet, « Le Pouvoir du charme féminin dans le roman du XVIIe siècle », *XVIIe siècle,* 144, 3, juillet-sept., 1984.

14. Trois portraits dans le tome VII d'*Artamene ou le Grand Cyrus:* Cléomire est la Marquise de Rambouillet, Philonide est sa fille, Julie d'Angennes, et Sapho est évidemment Madeleine de Scudéry elle-même. Tous les textes cités sont tirés de la réimpression de l'édition de Paris, 1656 (Genève: Slatkine Reprints, 1972). Les clés viennent d'abord de Victor Cousin, *La Société française au XVIIe siècle d'après le Grand Cyrus de Mlle de Scudéry,* tome I (Paris: Didier et Cie, 1858), p. 336; confirmées et complétées par les savantes recherches d'Alain Niderst, *Madeleine de Scudéry, Paul Pellisson et leur monde* (Paris: P.U.F., 1976), p. 526 et 527. Enfin, un dernier détail: les portraits sont dans l'*Histoire d'Elise,* racontée par Telamis, ami de l'ambassadeur de Phénicie; Mlle de Scudéry se cache donc derrière les traits d'un homme, ce qui rend les hommages plus naturels et plus flatteurs.

15. *Op. cit.,* p. 341.

16. « Mais ceux qui s'attirèrent le plus d'applaudissements, ce furent le *Cyrus* et la *Clélie* de Mademoiselle de Scuderi, Soeur de l'Autheur du mesme nom. (...) au lieu, dis-je, d'en (Cyrus) faire un modelle de toute perfection, elle en composa un Artamene, plus fou que tous les Celadons et tous les Sylvandres, qui n'est occupé que du seul soin de sa Mandane, qui ne sçait du matin au soir que lamenter, gemir, et filer le parfait Amour. Elle a encore fait pis dans son autre Roman, intitulé *Clélie,* etc. » (Boileau, *Œuvres complètes,* éd. A. Adam et Fr. Escal, La Pléiade [Paris: Gallimard, 1966], p. 444-45).

17. Marmontel, *Elémens de Littérature*, tome VIII (Paris: Persan et Cie, 1822), p. 277.

18. « Un autre apport de Madeleine de Scudéry est l'intérêt qu'elle porte aux analyses psychologiques. Ses dissertations sur le cœur de l'homme furent une des premières tentatives sérieuses de psychologie amoureuse. C'est ainsi qu'elle ouvrit une nouvelle voie aux ouvrages littéraires » (Y. Fukui, *Raffinement précieux dans la poésie française du XVIIe siècle* [Paris: Nizet, 1964], p. 287).

19. On sait que les grands textes mystiques sont parfois traversés d'un immense souffle d'amour de Dieu, au point où le langage mystique se confond avec celui de l'extase amoureuse. Chez Mlle de Scudéry le langage de l'admiration mondaine fait le chemin en sens inverse et colore le ravissement de touches religieuses. Toute divinisation profane est plus ou moins soumise aux emportements du mysticisme religieux.

20. Et dans celle, à toutes fins utiles, de tous les siècles qui l'ont précédé. L'attitude de Montaigne résume la psyché masculinisante (voir à ce sujet l'excellent article de Michel Dassonville, « Le Cœur de Montaigne », *Bibliothèque d'Humanisme et Renaissance*, XXV, 1963). Un témoignage (un reportage, dirait-on aujourd'hui) même plus direct de la femme-objet-de-plaisir, si l'on ne veut pas sortir du beau monde, est celui de Brantôme.

21. La Marquise de Rambouillet, d'origine italienne, parlait italien et français. « . . . elle allait apprendre le latin, seulement pour lire Virgile, quand une maladie l'en empescha. Depuis elle n'y a pas songé, et s'est contentée de l'espagnol » (Tallemant des Réaux, *Historiettes,* I, p. 442-43). Contrairement à Cléomire, elle ne semble pas avoir ignoré les plaisirs de la chair. Selon Tallemant, elle eut six enfants. A. Adam compte « sept maternités » (*op. cit.*, p. 263).

22. Selon Alain Niderst, il s'agit de Mme de Guedreville. Voir *op. cit.*, p. 530. Ce qui est curieux, c'est que Mlle de Scudéry la décrit comme une pédante qui voudrait imiter Sapho (donc Madeleine de Scudéry elle-même), alors que Tallemant des Réaux lui consacre une longue notice où il est surtout question de sa laideur, de son goût des hommes, et de son étourderie (*op. cit.*, II, p. 603).

23. X, p. 350 et ss.

24. Georges Mongrédien attribue le grand succès du *Cyrus* aux énigmes des portraits. Voir son *Madeleine de Scudéry et son salon* (Paris: Tallandier, 1946), p. 47 et ss.

25. « La romancière n'est peut-être pas exactement une précieuse », écrit A. Niderst, *op. cit.*, p. 285. C'est que le critique ne semble d'abord accepter que le côté un peu ridicule de la précieuse: elle « sera donc coquette, minaudière, ou même 'façonnière'. Un peu comme les 'merveilleuses' du Directoire . . . etc. » (*ibid.*, p. 284). Il reconnaît toutefois que le mot « précieux » « ne peut pas avoir un sens trop précis », et « le goût

précieux, si délicat qu'il fût, ne consistait nullement à chercher le galimatias, il visait au contraire à une sorte de fraîcheur naturelle, d'élégance apparemment spontanée et dépourvue de toute emphase et de toute afféterie; c'était le goût même de Madeleine de Scudéry, et s'il est un peu abusif de faire d'elle une précieuse, on ne peut nier ses liens avec ce groupe, les affinités qui l'unissent à lui . . . » (*ibid.*, p. 286). Le jugement d'A. Niderst porte visiblement sur l'esthétique précieuse, non l'éthique. Jean-Michel Pelous, qui se demandera en fin de compte si la précieuse a jamais existé, estime que « Tout porte à croire qu'elle (Mlle de Scudéry) avait en effet assez de bon sens pour se moquer de ses propres billevesées et ne point prendre ses rêves pour des réalités. C'est pourquoi il est impossible de faire de Mlle de Scudéry une 'précieuse' sans quelque mauvaise foi » (*Amour précieux, Amour galant,1654-1675,* [Paris: Klincksieck, 1980], p. 394).

Si, par contre, l'éthique précieuse est en cause, Mlle de Scudéry s'y conforme volontiers: « Puisque les précieuses sont avant tout des femmes qui se méfient de l'amour, qui protestent contre la servitude où les mœurs réduisent leur sexe, il n'était pas illégitime de faire de Madeleine de Scudéry une Précieuse » (A. Adam, *op. cit.,* II, p. 22). En outre, Somaize l'inclut dans sa liste des précieuses (voir Carolyn Lougee, *Le Paradis des femmes,* p. 221). Mlle de Scudéry est la seule à être nommée (deux fois) dans l'anonyme *Cathechisme des Pretieuses:* « Qu'est-ce la doctrine des pretieuses? C'est celle que Monsieur de Voiture nous enseignoit pendant qu'il vivoit sur la terre, et que la savante Mlle de Scudéry tous les samedis enseigne »; et plus loin ce trait significatif: « Les deux sexes ne peuvent-ils estre pourveus de la qualité de pretieux? Non, parce que les pretieuses trouvent assez de quoi se satisfaire entre elles, et d'ailleurs les hommes n'ayant les sentiments assez épurés, n'y peuvent mesme estre reçus en qualité de freres pauvres » (voir Eva Avigdor, *Coquettes et Précieuses, textes inédits* [Paris: Nizet, 1982], p. 87 et 88). Voir aussi un article éclairant où Philippe Sellier établit des réseaux précieux: « Il faut mentionner un quatrième pôle, l'œuvre et la personnne de Mlle de Scudéry, qui ont été au centre des échanges » (« La Névrose précieuse: une nouvelle pléiade? », dans *Présences féminines,* p. 98). Nous partageons la plupart des conclusions de Ph. Sellier. Mlle de Scudéry incarne l'éthique précieuse. Enfin, pour se faire une idée de Mlle de Scudéry comme modèle dans *Les Précieuses ridicules* de Molière, voir Roger Lathuillère, *La Préciosité, Etude historique et linguistique,* p. 119 et ss.

26. A. Adam, *op. cit.,* II, p. 22.

27. « L'introduction à la vie mondaine » de Mlle de Scudéry date de 1635 ou 1639 (voir N. Aronson, *Mademoiselle de Scudéry,* p. 91). La Marquise de Rambouillet, née en 1588, est, ou presque, quinquagénaire.

28. On ne semble pas tomber d'accord sur sa date de naissance. G. Mongrédien la dit baptisée le 1 décembre 1608; A. Adam répète la même date. R. Godenne dit qu'elle

est née en 1607. N. Aronson écrit: « née selon la tradition le 15 novembre 1607 ».

29. *Historiettes*, I, p. 457. Les lettres de Voiture à Mlle de Rambouillet témoignent d'une admiration, voire d'une passion peu commune. Antoine Adam fait remarquer dans une note que « Les choses ne furent pas de la part de Voiture, aussi innocentes que Tallemant veut bien le dire, et le poète perdait parfois son sang-froid. Ce qui est vrai, c'est que Julie elle, ne voulait pas aller au-delà d'un badinage galant » (*ibid.*, p. 1097). Pour les lettres de Voiture, voir *Lettres de V. Voiture*, tomes I et II, éd. Octave Uzanne (Paris: Librairie des Bibliophiles, 1880).

30. Roger Lathuillère, *op. cit.*, p. 370.

31. En 1633 elle avait été la « muse » qui inspira la jolie « Guirlande de Julie ». A. Adam la dit « orgueilleuse et frivole » (*op. cit.*, I, p. 265); en somme, un peu allumeuse, sans toutefois céder à personne.

32. Elle l'a probablement rencontré entre 1645 et 1648 (N. Aronson, *op. cit.*, p. 204), « mais ce n'est qu'en 1652 que ces relations strictement mondaines prennent une tournure plus personnelle » (*ibid.*, p. 206). Pellisson porte le nom d'Acante dans une correspondance à l'eau de rose (voir Mongrédien, *op. cit.*, p. 72 et ss. ou Niderst, *op. cit.*, n. 14, p. 241 et ss.) avec Madeleine-Sapho: « . . . coquette vivant dans un monde irréel tout fait de conventions et d'illusions, elle (Mlle de Scudéry) s'amusa à ce jeu de galanterie qui lui permettait enfin de prendre—pour la première fois—l'attitude de la femme courtisée » (G. Mongrédien, *op. cit.*, p. 70). La date de leur rencontre d'amitié explique sans doute pourquoi Pellisson n'apparaît pas dans *Le Grand Cyrus*, mais reçoit sa place, sous les traits d'Herminius, dès les premiers volumes de *Clélie*. G. Mongrédien (*op. cit.*, p. 76) a cru reconnaître Pellisson sous les traits de Phaon, dans le tome X du *Grand Cyrus*, mais A. Niderst rejette l'identification, compte tenu de la date de publication du tome X (septembre 1653). Les arguments de Niderst sont tout à fait convaincants.

33. R. Godenne, *op. cit.*, p. 71. C'est cette histoire de la jalousie de Leontidas, qui a fait dire que Montausier était le véritable modèle d'Alceste. Il faut dire que certains dialogues entre Leontidas et Alcidamie (surtout à propos de la jalousie et de l'isolement que Leontidas souhaite pour son amante) constituent de beaux préludes au *Misanthrope*.

34. Victor Cousin, *op. cit.*, tome II, cite deux lettres intéressantes à ce point de vue. La première est adressée à Chapelain à propos d'une comédie sur laquelle Mlle de Scudéry et Mlle de Rambouillet (Julie d'Angennes) ne tombent pas d'accord. Le ton, en parlant de Julie d'Angennes, est un peu glacial: « Je vous dirai pourtant, que si quelque chose vous pouvoit faire douter de la justice de votre cause, vous auriez lieu de le faire, dans la seule pensée que Mlle de Rambouillet, qui certainement est la plus excellente personne de mon sexe, désapprouve une chose que je trouve belle, qu'elle condamne une intrigue que je trouve admirablement jolie et merveilleusement conduite; et qu'enfin elle blâme un ouvrage où je n'aperçois point de tache, et où le peu de lumière que j'ai me fait

découvrir de grandes beautés » (p. 442-43). La seconde s'adresse à Julie, Marquise de Montausier, à l'occasion de la mort de son frère Pisani. Il s'agit d'une « consolation » digne de Sénèque. On y lit, entre autres: « Ainsi Madame, bien loin de m'étonner de votre constance, je m'étonnerois si vous en aviez manqué. Toutes les actions de votre vie sont des miracles continuels. Vous avez assemblé toutes les vertus en votre âme, et c'est sans doute pour cette raison que vous avec acquis cette approbation universelle qui fait que toute la terre vous adore, et certes à dire les choses comme elles sont, il ne faut pas trouver étrange si vous êtes aussi propre à combattre les grandes douleurs qu'à résister aux grandes prospérités, etc. » (p. 445). Mlle de Scudéry n'a donc pas pu résister à faire une allusion aux conquêtes de Julie.

35. Nous élargissons ici, à propos de Sapho, l'ensemble de nos remarques dans « Madeleine de Scudéry et la 'Deffense du sexe' », *PFSCL*, XIII, 25, 1986, p. 125-39.

36. Georges Mongrédien, *op. cit.*, p. 235. L'éminent historien a dressé un bilan sommaire mais impressionnant des éloges.

37. Pour Sainte-Beuve, elle est une « fille d'un si grand mérite et sans grâce », mais il « rattacherai(t) désormais au nom de Mlle de Scudéry l'idée, non pas du ridicule, mais plutôt de l'estime, d'une estime très-sérieuse, et point du tout de l'attrait ou de la grâce » (*Causeries du lundi,* tome 4, 3ᵉ éd. [Paris: Garnier Frères, s.d.], p. 141). On regrette un peu l'obsession avec la beauté (« grâce », « attrait »). « Madeleine de Scudéry passait pour bonne, indulgente et généreuse » (Roger Picard, *Les Salons littéraires et la société française* [New York: Brentano, 1943], p. 74). « Even though she was extremely cultured, she detested pedantry and loved the joys of witty conversation » (N. Aronson, *Mademoiselle de Scudéry,* translated by Stuart R. Aronson [Boston: Twayne Publishers, 1978], p. 27). Puis les travaux pleins d'admiration de Mongrédien, Niderst, Aronson, Godenne qui, d'autre part, a pourtant des réserves, surtout au sujet de *Clélie:* « *Clélie,* ou la mort du roman » (*op. cit.,* p. 296), et ce mot sévère: « Comme ce dernier (*Artamène*), mais d'une autre manière, *Clélie* est encore un échec » (*ibid.*, p. 297).

38. N. Aronson évoque quelques estampes où Madeleine de Scudéry, encore jeune (en Astrée, en femme savante, en costume de bal) n'est pas aussi laide qu'on le dit. Voir *op. cit.,* p. 69. Nous avons sous les yeux cinq portraits (quatre reproduits dans l'ouvrage de Mongrédien, le cinquième dans celui de Niderst) de Mlle de Scudéry, mais ils ne se ressemblent guère. Jeune, elle a le nez droit, mais le regard n'est pas le même. Vue par les Romantiques, elle est belle, sans ressemblance avec les portraits des estampes. Enfin, le portrait dans le livre de Niderst la montre « alourdie », au « visage . . . plus carré, mais les yeux sont toujours vifs » (N. Aronson, *ibid.*). Mais elle a cette fois le nez un peu busqué. Où est le vrai visage de Madeleine de Scudéry? N. Aronson rapporte un charmant détail. Nanteuil avait fait un pastel (malheureusement perdu) où elle avait, semble-t-il, de beaux yeux. Elle lui écrit deux courts poèmes, et on lit dans le second:

Notes

Nanteuil, en faisant mon image,
A de son art divin signalé le pouvoir;
Je hais mes yeux dans mon miroir,
Je les aime dans son ouvrage.
(N. Aronson, *ibid.*, p. 70)

Signalons un article de Nicole Boursier, « Autour de Madeleine de Scudéry: Portraits », dans *Ouverture et Dialogue, Mélanges offerts à Wolfgang Leiner*, édité par U. Döring, A. Lyroudias, et R. Zaiser (Tuebingen: Gunter Narr Verlag, 1988). N. Boursier examine les portraits *écrits* (la plupart désobligeants) et suggère finement que l'enlaidissement de Mlle de Scudéry proviendrait d'une crainte, masquée par l'ironie, de la femme dont le talent et le savoir concurrencent dangereusement ceux des hommes. Il est vrai que Mlle de Gournay avait subi le même sort.

39. *Historiettes*, I, p. 685. Aucune des estampes ne donne cette impression ...

40. Furetière, *Le Roman bourgeois,* dans *Romanciers du XVIIe siècle,* éd. A. Adam, La Pléiade (Paris: Gallimard, 1958), p. 989.

41. « Néanmoins, comme on le sait, si le plus souvent la précieuse fuit l'accomplissement érotique, elle ne peut s'empêcher de s'immerger avec délices dans un discours amoureux ininterrompu » (Philippe Sellier, *op. cit.*, dans *Présences féminines,* p. 100).

42. G. Mongrédien, *op. cit.*, p. 64.

43. Notons ici l'excellent article de Pierre Ronzeaud, « La Femme au pouvoir ou le monde à l'envers », *XVIIe siècle,* 108, 1975, p. 9-33. P. Ronzeaud étudie le potentiel politique de la femme au pouvoir. Mlle de Scudéry imaginait son potentiel sentimental.

44. A propos de la comtesse de la Suze, G. Mongrédien, *op. cit.*, p. 102.

45. Ce thème est développé dans le tome X du *Grand Cyrus,* p. 523-33.

46. Voir à ce sujet les excellents commentaires d'Eva Avigdor, *op. cit.*, p. 15-16, ainsi que le texte de *La Coquette Satyre,* qui suit (p. 45 et ss).

47. *Op. cit.*, p. 30.

48. *Op. cit.*, p. 13.

49. N. Aronson, *op. cit.*, p. 88.

50. *Op. cit.*, p. 296.

51. *Op. cit.*, p. 154.

52. *Op. cit.*, II, p. 133.

53. *Op. cit.*, p. 181. Cette observation est fondée sur la lecture de l'ouvrage de Jean Rousset, *La littérature de l'âge baroque en France* (Paris: J. Corti, 1954), p. 152-53. Notons que le texte cité par Jean Rousset n'est pas entièrement de la bouche de Berelise; c'est d'abord Cleodamas qui prend la parole: « ... il n'appartient qu'à ceux qui ont le

cœur tendre, de connoistre les plaisirs d'une certaine espece de resverie douce, qui occupe & qui divertit l'esprit; & qui seduit mesme quelquesfois si doucement la raison, qu'elle donne mille plaisirs qu'on ne sçauroit définir » (IV, p. 890). Puis Berelise reprend: « Il est vray (...) qu'il n'appartient pas à toutes sortes de gens de se mesler de rêver; & qu'il y en a beaucoup qui en parlent. qui ne sçavent ce que c'est que de laisser insensiblement esgarer son esprit, en l'abandonnant plustost aux mouvemens de son cœur, qu'à la conduite de cette imperieuse raison, qui veut qu'on ne pense rien qu'elle n'ait approuvé. etc. » (IV, p. 890-91). Toutes nos citations sont tirées de *Clélie, Histoire romaine*, réimpression de l'édition de Paris (1660) (Genève: Slatkine Reprints, 1973).

 54. *Mademoiselle de Scudéry*, p. 251.
 55. A. Adam, *op. cit.*, II, p. 132.
 56. *Op. cit.*, p. 252.
 57. René Godenne, *op. cit.*, p. 278. La démonstration par R. Godenne du rôle et de la place de l'amour galant dans *Clélie* (et forcément dans *Cyrus*) est tout à fait péremptoire.
 58. Nous renvoyons, une fois de plus, à l'excellent article de Nicole Boursier (note 11), où la condition féminine est analysée à partir d'une comparaison entre les deux Tullie, puis mise en regard de la personnalité de Clélie elle-même.

Chapitre IV: *Madame de Villedieu*

 1. Voltaire, *Le Siècle de Louis XIV*, tome II, préface et notes par René Groos (Paris: Garnier Frères, 1947). Le seul roman qui trouve grâce à ses yeux est *Zaïde*. C'est dire que Voltaire avait le goût un peu limité.
 2. La bibliographie de Cioranescu mentionne quatre petites études. Voir Alexandre Cionarescu, *Bibliographie de la littérature française du dix-septième siècle*, tome III (Paris: CNRS, 1966), p. 1976.
 3. Cité par Georges Mongrédien dans la préface pour *Marie-Catherine Desjardins (Madame de Villedieu), Lettres et Billets galants*, édition critique par Micheline Cuénin (Paris: Société d'Etude du XVIIe siècle, 1975), p. 5.
 4. Dans *Madame de Villedieu, Les Désordres de l'amour*, édition critique par Micheline Cuénin (Genève, Paris: Droz et Minard, 1970), p. xiv. Il s'agit de la thèse de Bruce Morrissette, *The Life and Works of M. C. Desjardins (Madame de Villedieu)*, Washington Studies, 1947.
 5. Ouvrage (tomes I et II) publié à l'Atelier, Reproduction des Thèses, Université de Lille, 1979. Toute référence à cette étude est sous le titre abrégé *Madame de Villedieu*.

Notes 153

    6. Il lui consacre des pages d'un ton nettement persifleur, *Historiettes*, II, p. 900-09.

    7. M. Cuénin, dans *Les Désordres de l'amour*, éd. citée., p. xiv.

    8. Gustave Dulong, *L'Abbé de Saint-Réal, Etude sur les rapports de l'histoire et du roman au XVIIe siècle* (Paris: H. Champion, 1921), p. 77.

    9. René Godenne, dans sa Présentation des *Annales galantes*, I-II (Genève: Slatkine Reprints, 1979), p. ix.

    10. Madame de Villedieu, « Avant propos » des *Annales galantes*, éd. citée.

    11. Note de Tallemant des Réaux, à la suite d'un sonnet écrit par Mlle Desjardins à la manière des « Jouissances » de l'époque baroque. Voir *Historiettes*, II, p. 1584-85.

    12. Voir Tallemant des Réaux, *op. cit.*, p. 1584. Tallemant feint l'indignation, mais il le recopie. « ... d'aileurs, dit-il, elle fait tant de contorsions quand elle recite ses vers, ce qu'elle fait devant cent personnes toutes les fois qu'on l'en prie, d'un ton si languissant et avec des yeux si mourans, que s'il y a encore quelque chose à luy apprendre en cette matiere-là, ma foy! il n'y en a guères » (*ibid.*, p. 901). M. Cuénin le transcrit dans sa thèse (p. 104). Y. Fukui (*op. cit.*) en avait fait de même (p. 292).

    Un jugement de G. Dulong au sujet des œuvres postérieures de Madame de Villedieu s'appliquerait déjà à ce sonnet « gaillard »: « On ne rencontre chez elle ni la préciosité affectée, ni les sentiments guindés. Sa morale est facile et l'amour, dans ses récits, a toujours raison, un amour qui ne se pique d'ailleurs ni de sentiments éthérés, ni d'héroïque constance » (*op. cit.,* p. 79).

    13. Y. Fukui, *op. cit.* Le nom de Saint-Amant, à ses débuts, est souvent attaché au genre. Mais *La Jouyssance* de Saint-Amant est beaucoup plus hardie que celle de Marie-Catherine Desjardins. Qu'on en juge par quelques extraits:

> (...)
> A ce discours l'ame ravie
> De ne sçavoir que repartir
> Je la priois de consentir
> Aux vœux de l'amoureuse envie:
> Et pour terminer tout debat,
> Je l'invitois au doux esbat
> Où jamais femme ne se lasse;
> L'estreignant en l'ardeur qui m'avoit provocqué,
> Mieux que le Houbelon n'embrasse
> L'Aubespine qui l'ayme, et dont il est picqué.

> Là sur sa bouche à demy close,
> Je beuvois, baisant nuict et jour,
> A la santé de notre amour
> Dedans une couppe de rose:
> Ma Bergere en toute saison,
> Ardente à me faire raison,
> S'enyvroit de la mesme sorte:
> Et dans ces doux excès nos sens quasi perclus,
> Sous une contenance morte,
> Confessoient par nos yeux que nous n'en pouvions plus.
> (...)
> (Saint-Amant, *Œuvres,* tome I, édition critique de Jacques
> Bailbé [Paris: Didier, 1971], p. 167-68).

    14. Elle s'était liée à son cousin, François de Saint-Val, par une secrète promesse de mariage en janvier 1655. Le 24 mars, sur intervention de la famille, il y a séparation de corps des époux Desjardins. En 1658, Marie-Catherine rencontre Antoine Boësset, sieur de Villedieu. C'est le coup de foudre et les tendres transports. Marie-Catherine n'a jamais été l'épouse d'Antoine, mais la famille de Villedieu consentit, semble-t-il, qu'elle prît son nom après sa mort au siège de Lille, le 15 août 1667. Voir M. Cuénin, *Madame de Villedieu,* p. 50 et ss.

    15. « Pudibonds » conviendrait mieux. « ... l'intimité d'Astrée avec Céladon déguisé en fille, celle de Diane avec Filandre pareillement déguisé, comportent des moments de sensualité brûlante dont le danger apparaît très bien à travers la prose décente du romancier. Tous ces déguisements, ces jeux et ces feintes sont la preuve d'une curiosité érotique et non pas seulement du goût baroque pour les métamorphoses et les illusions » (Henri Coulet, *Le Roman jusqu'à la Révolution,* p. 151).

    16. Dans *Mémoires de la vie de Henriette-Sylvie de Molière,* éd. M. Cuénin, 1977, p. 7-8. Ce texte a été reproduit grâce à une « Publication du groupe d'étude du XVIIe siècle de l'Université François-Rabelais ». Signalons aussi l'excellent article de Marie-Thérèse Hipp, « Fiction & Réalité dans les *Mémoires de la vie de Henriette-Sylvie de Molière,* de Madame de Villedieu », *XVIIe siècle,* 94-95, 1971, p. 93-117.

    17. M. Cuénin, Introduction pour les *Memoires. . . ,* p. xiv.

    18. M.-T. Hipp, *op. cit.,* p. 99.

    19. Voir *Molière, Les Précieuses ridicules, Documents contemporains,* édition critique par Micheline Cuénin (Genève, Paris: Droz et Minard, 1973), p. 107-22.

    20. M. Cuénin fait remonter les *Billets* à 1661, à une époque où Villedieu refusait d'honorer sa promesse de mariage. Voir éd. citée, p. 18.

    21. *Ibid.,* p. 16.

22. *Ibid.*, p. 95.

23. M. Cuénin, *op. cit.*, p. 7. Micheline Cuénin estime que Marie-Catherine était victime d'un « amant-bourreau » qui, à la faveur d'une convention entre lui et sa maîtresse, réclamait impitoyablement des billets d'amour qui flattaient son amour-propre (*ibid.*, p. 19-20). Compte tenu de ce que l'on sait de ce Villedieu, cette hypothèse mérite certainement d'être retenue. Les premiers billets (on ignore leur classement chronologique) remonteraient toutefois à 1661 (*ibid.*, p. 18) et couvriraient donc la période 1661-67 (mort de Villedieu). On devine quelques datations: 1664, 1666, 1667 . . . Mais écrire quatre-vingt-treize billets (certains très courts, II, VII, XIX, XLVII, XLIX, LXI, LXVIII), étalés sur une période de sept années, ne ressemble pas tout à fait à une obligation à laquelle Marie-Catherine ne pouvait se soustraire. Au risque de paraître byzantin, nous rappelons qu'il y a 364 semaines dans sept années. A moins qu'il y eut d'autres billets (perdus), le rythme de leur rédaction est moins que régulier.

24. Voir à ce sujet le commentaire de M.-T. Hipp, *op. cit.*, p. 101 et ss.

25. Voir M. Cuénin, *op. cit.*, p. 90-93.

26. Voir M. Cuénin, *Madame de Villedieu*, p. 132.

27. Voir M. Cuénin, *op. cit.*, p. VI.

28. René Godenne, dans sa Présentation pour *Cléonice ou le roman galant* (Genève: Slatkine Reprints, 1979), p. XII.

29. *Ibid.*, p. 6.

30. Madame de Villedieu, *Annales galantes*, *op. cit.*

31. On songe par exemple à Dom Garcie dans « La comtesse de Castille », ou à l'Empereur Fréderic Barberousse dans « La Religieuse ».

32. René Godenne, *op. cit.*, p. VIII.

33. *Annales galantes*, Quatrième partie, p. 6. Afin de repeupler la Lombardie, Dulcin et sa femme décident de proclamer un édit de divorce et de permettre à femmes et maris de changer d'époux aussi souvent qu'il leur plaira. On imagine aisément le ton de cette satire du mariage.

34. René Godenne rapporte le témoignage très sérieux, et outré, d'Imbert, dans ses *Lectures variées ou bigarrures littéraires* (1783): « C'est à Madame de Villedieu que la France doit ce genre de roman [la nouvelle historique]. C'est elle qui la première a défiguré, souvent même déshonoré nos Héros Français par des mœurs qui étoient étrangers ». On ne saurait être davantage privé d'humour! Voir René Godenne, *Annales galantes, op. cit.*, p. XI.

35. Micheline Cuénin, dans *Madame de Villedieu*, tome II, fournit un résumé de toutes les œuvres en prose de Madame de Villedieu. Les aventures de chaque annale y sont détaillées.

36. Selon Furetière, élire une favorite selon les mœurs des sultans.

37. Il s'agit d'une « Maxime d'amour », comme on en faisait dans les milieux galants et précieux depuis une dizaine d'années. Voir à ce sujet l'article éclairant de C. Rouben, « Un Jeu de société au grand siècle: les *Questions* et les *Maximes d'amour*. Inventaire chronologique », *XVIIe siècle*, 97, 1972, p. 85-104.

38. Une observation très fine de Micheline Cuénin: « . . . Madame de Villedieu n'a pu représenter de Tartuffe femelle dans ses romans: ce rôle, sur le plan sociologique, est celui de l'homme » (*Madame de Villedieu*, p. 623).

39. Madame de Villedieu évoque les sources sûres, selon elle, de Baronius et de Platus. Pour le premier, il s'agit de Cesar Baronius, auteur des *Annales Ecclesiastiques*, traduites par Claude Durand (1616), par Philippe de Pellevé (1627), Pierre Copin (1636-55), Henry de Sponde (1647). Mais ces *Annales* ne vont que jusqu'à l'an 1198, bien avant qu'il ne soit question des Fraticelles. Il est vrai que Copin avait continué les « annales » jusqu'en 1635, et Sponde jusqu'en 1646. Baronius mentionne les « mauvais moines » (tome I, p. 728, éd. Durand), mais nous sommes loin de certaines pratiques attribuées aux Fraticelles. Il y a eu, sporadiquement, des excès, mais le fondateur Ange de Clarino n'est pas en cause (voir Anne Macdonnell, *Sons of Francis* [London: J. M. Dent & Co., 1902]). Sur les excès de certains « dissidents », voir *Dictionnaire des Hérésies, des Erreurs et des Schismes ou Mémoires pour servir à l'histoire des Egarements de l'Esprit humain* (Paris, 1847), où on lit: « Le nom de frérots fut donné indistinctement à cette multitude de sectes qui inondèrent l'Empire dans le treizième siècle et au commencement du quatorzième (...) Parmi ces sectaires, il y en avait qui soutenaient que l'adultère et l'inceste n'étaient point des crimes lorsqu'on les commettait dans leur secte » (p. 726-27). Voir aussi le *Dictionnaire de spiritualité ascétique et mystique, Doctrine et Histoire*, tome V (Paris: Beauchesme, 1964): il y eut scandale parmi certaines sectes (non associées à Ange de Clarino); débauches, nuits orgiaques, etc. Pour une vue objective du problème, voir John Moorman, *A History of the Franciscan Order* (Oxford: Clarendon Press, 1968), p. 339 et ss. et p. 453 et ss. Quant à Platus, il s'agit vraisemblablement du Jésuite Jérôme Piatti (1548-91), auteur du *De bono status religioso* (1589), réédité en français en 1601, 1607, 1613, 1620, 1621 et 1644 (voir *Dictionnaire de spiritualité . . .* , tome XII, 2, 1986). Madame de Villedieu se donne malicieusement des airs de docte. En effet, il y avait, selon elle, trop de sources pour que l'on « cite toutes nos authoritez » (Table des *Annales galantes*). Il est clair qu'elle invente libéralement les détails de cette histoire. « J'avoüe, dit-elle, que Hortense (sic)—personnage capital des *Fraticelles*—est une fille de mon imagination ». Précisons enfin que les Fraticelles étaient des religieux de l'ordre franciscain, opérant un schisme au moment de la Papauté de Boniface VIII (dont Hortence serait la sœur . . .), en 1295. Ils avaient pris le nom de « pauvres ermites », séparés de l'ordre des Frères mineurs; mais ce privilège leur fut enlevé par Boniface VIII, et ils se révoltèrent. Ils tenaient la pauvreté absolue du Christ pour un dogme.

Fanatiques à leur manière, ils furent plutôt le contraire de débauchés. Excommuniés en 1317 et 1318, ils s'organisèrent en associations indépendantes, et on les trouve jusqu'au XVe siècle sous le nom de « fraticelles ». Les désordres que Madame de Villedieu leur attribue sont, d'une façon générale, ou pure invention, ou détails arbitrairement choisis.

40. Voir à ce sujet M. Cuénin, *Madame de Villedieu,* tome I, p. 618, note 162, et tome II, p. 76. Le passage le plus probant à ce sujet est celui où Madame de Villedieu explique pourquoi Antonin, persécuteur des Fraticelles, s'acharne tant: « Ces hypocrites avoient seduit une sœur qu'il avoit, & sur le pretexte d'appaiser quelques legers debats qu'elle avoit avec son Mary, que le temps & la raison auroient appaisez sans l'aide de personne, ils s'estoient impatronisez dans cette famille, disposoient des biens & des revenus comme de leur propre; & gouvernant à leur gré l'esprit du Mary & de la Femme, ils attiroient sur eux les railleries de tous les gens de bon sens, & les murmures de tous leurs domestiques » (p. 67-68).

41. Cité par M. Cuénin, dans *Madame de Villedieu,* p. 170; nous soulignons.

42. *Ibid.*

43. Voir à ce sujet Micheline Cuénin, *Madame de Villedieu,* p. 61-62 et 172.

44. Allusion, à ne pas en douter, à Ange de Clarino, frère fondateur des Fraticelles.

45. N'y a-t-il pas ici une allusion aux curés de Paris, hostiles aux Jésuites, et recevant l'appui de Pascal dans le *Factum pour les curés de Paris* (en janvier 1658), puis, en avril, dans le *Deuxième écrit des curés de Paris?*

46. *Ancien Testament, op. cit.,* La Pléiade, p. 8.

47. *Nouveau Testament, op. cit.,* La Pléiade, p. 63. Voir également Marc, X, 8, p. 140.

48. Pascal, *Œuvres complètes,* texte établi et annoté par Jacques Chevalier, La Pléiade (Paris: Gallimard, 1954), p. 777.

49. *Ibid.,* p. 772.

50. *Ibid.;* nous soulignons.

51. Il n'a pas fallu attendre le « gros homme vêtu de noir » de Montesquieu (dans la Lettre XLVIII des *Lettres persanes*) pour trouver un religieux quelque peu entreprenant: « C'est un homme nécessaire; il fait la douceur de la vie retirée: petits conseils, soins officieux, visites marquées; il dissipe un mal de tête mieux qu'un homme du Monde; il est excellent » (*Lettres persanes,* éd. Gonzague Truc [Paris: Garnier Frères, 1956], p. 82). Le XVIIe siècle n'en manquait pas! Voir les possibles modèles de Tartuffe: Charpy, abbé de Sainte-Croix, Pierre Gazotti, prêtre italien, l'abbé Roquette, l'abbé de Pons, ce dernier étant, selon Tallemant, « l'original de Tartuffe » qui, un jour, déclara sa passion à Ninon de l'Enclos et, « En traitant son affaire, il luy dit qu'il ne falloit pas qu'elle s'en estonnast, que les plus grands saints avoient esté susceptibles de

passions sensuelles; que saint Paul estoit affectueux, et que le bienheureux François de Salles n'avoit pu s'en exempter » (*Historiettes*, II, *op. cit.*, p. 448-49). Voir aussi Antoine Adam, *op cit.* III, p. 299-303, qui rapporte ce mot de Sébastien Locatelli, dans son *Voyage en France. Mœurs et coutumes françaises (1664-1665):* « Mon penchant pour les femmes m'avait contraint à me prosterner plusieurs fois devant l'autel de la beauté, pour y adorer le Créateur et peut-être la créature » (p. 301). N'est-ce pas un joli commentaire sur ce que Conrard dira à Hortence: « Votre beauté, Madame, poursuivit le faux Frère en regardant Hortence avec beaucoup d'amour, me fait adorer sa (de Dieu) toute-puissance » (p. 86)?

52. Nous renvoyons à l'excellente édition critique par Micheline Cuénin, précédée d'une importante *Introduction* qui dispense d'avoir à analyser les « nouvelles historiques »—quatre en tout—en détail. Une étude plus récente ajoute aussi à l'intérêt que cette œuvre suscite. Voir Arthur Flannigan, *Madame de Villedieu's* « *Les Désordres de l'Amour* »: *History, Literature, and the Nouvelle Historique* (Washington: University Press of America, 1982).

53. *Les Désordres de l'Amour*, Introduction, *op. cit.*, p. xvi et ss.

54. Nous avons essayé de montrer ce côté profondément humain de Polyeucte dans « Polyeucte sous le masque de la grâce », *Studi Francesi*, 93, XXI, III, sept.-déc. 1987, p. 357-68.

55. M. Cuénin, *Les Désordres* . . . , Introduction, p. xix.

56. *Ibid.*, p. li.

57. *Ibid.*, p. liv.

58. Anne-Marie Dardigna, *La Presse féminine, Fonction idéologique* (Paris: Maspero, 1980), p. 31. C'est dans cet ouvrage que l'auteur dénonce toutes les subtilités pseudo-féministes de la presse féminine.

Chapitre V: *Madame de Lafayette*

1. Marie-Odile Sweetser, « *La Princesse de Clèves* devant la critique contemporaine », *Studi Francesi*, 52, 1974, p. 13-29.

2. On retiendra surtout pour l'ensemble de l'œuvre les clefs que propose l'historien dans son importante « Introduction » à *Mme de Lafayette, Romans et Nouvelles*, édition de E. Magne (Paris: Garnier Frères, 1970), p. vii-xliv; et un remarquable article, « Sur la genèse de *La Princesse de Clèves* », *RHLF*, 84, 6, nov.-déc. 1984, p. 883-90. Puis, tout récemment, d'autres hypothèses qui ne contredisent pas les autres: A. Niderst, « Les Princesses de Clèves », *PFSCL*, XV, 28, 1988, p. 45-55.

Notes

Toutes nos citations de l'œuvre de Madame de Lafayette sont tirées de l'édition E. Magne dans l'édition Garnier (Introduction, A. Niderst).

3. Roger Duchêne, *Madame de La Fayette* (Paris: Fayard, 1988).

4. Geneviève Mouligneau, *Madame de La Fayette, romancière* (Bruxelles: l'Université de Bruxelles, 1980). L'auteur apporte des éléments historico-analytiques qui permettent de reconnaître la paternité de Segrais. On sait d'ailleurs que l'auteur des *Nouvelles françaises ou divertissements de la princesse Aurélie* (1656-57) avait sur la « nouvelle historique » des idées qui seraient bientôt celles de Madame de Lafayette: « C'est que Mme de Lafayette partage les idées de la princesse Aurélie, et, préfère 'des chevaliers et princes français' à des Scythes ou à des Parthes invraisemblables » (Gustave Dulong, *op. cit.*, p. 75). Segrais n'était d'ailleurs pas sans un certain humour dont on pourrait peut-être retrouver quelques traces dans *La Princesse de Clèves*. Il avait écrit une nouvelle comique, *Honorine, ou la coquette punie*, qui, « au contraire des 'romans comiques' ne comporte ni grossièreté ni bouffonnerie » (Henri Coulet, *op. cit.*, p. 222).

5. Voir A. Niderst, *op. cit.* p. xvii-xviii.

6. Maurice Laugaa, *Lectures de Mme de Lafayette*, Collection U2 (Paris: Armand Colin, 1971).

7. Voir l'article de Wolfgang Leiner « La Princesse de Clèves et le directeur de conscience: création romanesque et prédication », Biblio 17, *PFSCL*, 13, 1983, p. 45-65. Signalons également, de Jean Calvet, l'*Essai sur la séparation de la religion et de la vie* (Paris: Nizet, 1980), où l'auteur insiste sur la morale mondaine et essentiellement laïque de Madame de Lafayette et de son héroïne, la Princesse de Clèves.

8. Voir les articles cités (Ch. I, n. 26) de Paul Genuist. Voir aussi les commentaires de Pierre Darmon, *Mythologie de la femme dans l'Ancienne France* (Paris: Seuil, 1983), p. 67 et ss.

9. Charles Péguy, *Victor Marie, Comte Hugo*, dans *Œuvres en prose*, La Pléiade (Paris: Gallimard, 1957), p. 780-81.

10. Voir Anne-Marie Dardigna, *op. cit.* Rappelons aussi l'admirable analyse de *La Princesse de Clèves* par Béatrice Didier, *L'Ecriture femme* (Paris: P.U.F., 1981), où l'auteur rappelle que « Ce roman qui est considéré—non sans raison—comme une œuvre beaucoup plus réaliste que les romans précieux, nous semble doué cependant d'une magique irréalité. Cette cour d'Henri II est une cour de contes de fée . . . » (p. 81).

11. A. Niderst, *op. cit.*, p. xxxvii.

12. Empressons-nous de dire toutefois que le Prince de Clèves n'est pas un monstre. Il a pour lui des circonstances atténuantes, dont la violence de son amour n'est pas la moindre. Comme Mme de Clèves, comme de Nemours, il souffre des « désordres de l'amour », ce qui explique sa conduite, sans la justifier.

13. Béatrice Didier, *op. cit.*, p. 79.

14. Béatrice Didier, *ibid.*

15. *Œuvres complètes de Pierre de Bourdeille seigneur de Brantôme*, édition Ludovic Lalanne, tome IV, « Grands Capitaines françois » (Paris: Mme Ve Jules Renouard, 1868), p. 166.

16. Entre autres, par Alain Niderst, *La Princesse de Clèves de Madame de Lafayette* (Paris: Nizet, 1977; 1er éd. en 1969, 2e en 1973), et par Roger Francillon, *L'Œuvre romanesque de Madame de Lafayette* (Paris: J. Corti, 1973).

17. Nous définissons Dom Juan à partir des remarques de Gregorio Marañon, *Don Juan et le donjuanisme* (Paris: Gallimard, 1967), p. 22, 28.

18. Brantôme, *op. cit.*, p. 165.

19. D'abord Octave Nadal, dans *Le Sentiment de l'amour dans l'œuvre de Pierre Corneille* (Paris: Gallimard, 1948); puis Serge Doubrovsky, dans *Corneille et la dialectique du héros* (Paris: Gallimard, 1963).

20. A. Niderst, *La Princesse de Clèves de Madame de Lafayette, op. cit.*, p. 131.

21. Paroles adressées par Pauline à Sévère (*Polyeucte*, II, II, v. 572). On remarquera, en passant, que Sévère, qui représente la mondanité, n'est pas plus victorieux que le duc de Nemours. Tout comme la Princesse de Clèves, Pauline préfère quitter le monde temporel, là où subsiste le souvenir . . .

22. Quelques exemples: « . . . les couleurs et les chiffres de Mme de Valentinois paraissaient partout, et elle paraissait elle-même avec tous les ajustements que pouvait avoir Mlle de la Marck, sa petite fille, qui était alors à marier » (p. 241); en parlant de ses relations avec le roi: « quoiqu'elle n'eût plus de jeunesse ni de beauté, elle le gouvernait avec un empire si absolu que l'on peut dire qu'elle était maîtresse de sa personne et de l'Etat » (p. 244). Voilà donc une sexagénaire qui s'habille comme une fille « à marier »! Quant à sa beauté, Brantôme écrit: « J'ay veu madame la duchesse de Valentinois en l'aage de soixante-dix ans, aussi belle de face, aussi fraische et aussi aymable comme en l'aage de trente ans » (*Les Dames galantes*, éd. Maurice Rat [Paris: Garnier Frères, 1960], p. 222). Si Diane de Poitiers avait son modèle à la cour de Louis XIV, on est en droit de penser à Mme de Montespan, maîtresse du roi depuis 1667.

23. Pierre Darmon, *op. cit.*, p. 67.

24. *Ibid.*, p. 68-69.

25. Ce qu'il n'est pas forcément, même si c'est sa réputation. Ce qui importe, c'est que Mme de Clèves l'imagine sous ses traits les plus domjuanesques, séduisant et dangereux!

26. L'importance du regard, et de ses effets, est soulignée à la page 263, où le verbe « voir » est répété six fois.

27. Cette thèse a été énergiquement soutenue par Roger Francillon, dans *L'Œuvre romanesque de Madame de La Fayette*. R. Francillon donne un large développe-

ment à une réflexion faite par Bernard Pingaud dans son *Madame de La Fayette par elle-même* (Paris: Seuil, 1959): « Mais, plus encore que celle des *Maximes*, l'influence des *Pensées*, qui paraissent au moment où elle commence à songer à *La Princesse de Clèves*, est sensible dans son œuvre, et je m'étonne qu'on ne l'ait pas davantage soulignée » (p. 62). Les *Pensées*, et, selon R. Francillon, les *Trois discours sur la condition des grands*, conservés grâce à Nicole (voir la notice liminaire au « Discours » dans Pascal, *Œuvres complètes*, p. 615). Il conclut: « Ce n'est que par une intervention de Dieu, absent par ailleurs du livre, que Mme de Clèves pourra finalement trouver le repos auquel elle aspire. (...) La présence d'une transcendance divine dans les dernières pages du roman, loin d'être en contradiction avec le reste du livre, donne un sens au refus final, qui pourrait, sans cette présence, apparaître comme une marque d'orgueil démesuré, d'égomanie monstrueuse ou de machiavélisme du cœur » (p. 180). Par ailleurs, R. Francillon se méfie de tout rapprochement avec l'œuvre dramatique de Pierre Corneille. Il n'a pas tenu compte de *L'Imitation de Jésus-Christ*.

 28. Béatrice Didier, *op. cit.*, p. 78.

 29. *Esprit*, novembre 1961, p. 563.

 30. *L'Esprit créateur*, Spring-Summer 1975, p. 79-104.

 31. *Humanitas, Studies in French Literature presented to H. Godin*, ed. by R. L. Davis J. H. Gillespie, R. McBride (Coleraine: New University of Ulster, 1984), p. 65-75.

 32. Pascal, *Œuvres complètes, op. cit.*, p. 1141. Nous soulignons. Toujours en parlant du « Divertissement » (qui est refus de repos et de réflexion spirituelle), Pascal écrit: « Ainsi s'écoule toute la vie. On cherche le repos en combattant quelques obstacles; et si on les a surmontés, le repos devient insupportable, . . . par l'ennui qu'il engendre. Il en faut sortir et mendier le tumulte » (*ibid.*, p. 1142).

 33. Dans *Fragments divers, op. cit.*, p. 1062.

 34. *Pensées*, p. 1137.

 35. *Ibid.*, p. 1138.

 36. Odette Virmaux, *Les Héroïnes romanesques de Madame de La Fayette* (Paris: Klincksieck, 1981), p. 61.

 37. C'est l'interprétation de Simone Fraisse, *op. cit.*, relevée par Paul Genuist dans « *La Princesse de Clèves* est-elle ouverte au discours féministe? », p. 241. Nous avons vu que Simone Fraisse refuse l'interprétation chrétienne du comportement de Mme de Clèves, même si le thème du repos est « toujours teinté de coloration chrétienne » (*ibid.*, p. 562).

 38. Voir Philippe Sellier, « *La Princesse de Clèves*, Augustinisme et préciosité au paradis des Valois », dans *Images de La Rochefoucauld*, Actes du tricentenaire (Paris: P.U.F., 1984), p. 217-28.

39. Cécile Gazier, *Les Belles Amies de Port-Royal* (Paris: Librairie académique Perrin, 1954), p. 125-26. Le même auteur écrit aussi: «... le mot de Dieu n'est pas écrit une seule fois ... » (*ibid.*), alors que le nom de Dieu apparaît précisément dans le roman en relation avec le *repos* de Mme de Clèves. Troublée par les soupçons de son mari, la Princesse dit à M. de Nemours qui lui demanda « ce qui la rendait plus rêveuse que de coutume »: « Au nom de Dieu, lui dit-elle, laissez-moi en repos! » (p. 341). C'est également au nom de Dieu qu'elle avait imploré son mari de la laisser dans la solitude: « Au nom de Dieu, continua-t-elle, trouvez bon que, sur le prétexte de quelque maladie, je ne voie personne » (p. 339-40).

40. Sans ouvrir le débat sur l'auteur de *La Princesse de Clèves*, signalons que dans une édition de 1785 d'une *Bibliothèque de Campagne ou Amusemens de l'esprit et du cœur* (Bruxelles: Benoit Le Francq, 1785), le tome V contient « *La Princesse de Clèves*, par Mad. de la Fayette, le Duc de la Rochefoucault, & Segrais ». Quant à *La Comtesse de Tende*, dans le tome IV de la *Bibliothèque de Campagne*, la nouvelle est attribuée à la Marquise de la Fayette.

41. Madame de Sévigné, dans une lettre à Madame et à Monsieur de Grignan, datée du 17 mars 1680. Voir Madame de Sévigné, *Lettres*, II, édition Gérard-Gailly, La Pléiade (Paris: Gallimard, 1960), p. 647.

42. Voir l'article de Philippe Sellier, « La Rochefoucauld, Pascal, saint Augustin », *RHLF*, 69e année, 3-4, mai-août 1969, p. 551-75.

43. Au sujet de cette correspondance, voir C. Gazier, *op. cit.* Madame de Lafayette avait écrit à l'abbé de Rancé pour lui demander pourquoi il avait quitté le monde. Il répondit: « Je vous dirai simplement que je le laissai parce que je n'y trouvais pas ce que j'y cherchais. J'y voulais un repos qu'il n'était point capable de donner » (*Correspondance de Madame de Lafayette*, II, édition A. Beaunier [Paris: Gallimard, 1942], p. 141).

44. Voir Henri Busson, *La religion des classiques* (Paris: P.U.F., 1948).

45. Cité par Wolfgang Leiner, *op. cit.*

46. Pascal n'hésitait pas à publier son œuvre scientifique: ses *Expériences nouvelles touchant le vide*, en octobre 1647; son *Récit de la grande expérience de l'équilibre des liqueurs*, en octobre 1648; en 1653 il préparait son *Traité de l'équilibre des liqueurs* et le *Traité de la pesanteur de la masse de l'air*, publiés en 1663, un an après sa mort.

47. C'est la thèse de Jean Cordelier dans « Le Refus de la Princesse », *XVIIe siècle*, 108, 1975, p. 43-57. Article fascinant, freudien d'inspiration, modernisant peut-être un peu trop le devenir féminin de Mme de Clèves, mais reconnaissant en fin de compte que « C'est à chaque lecteur (...) d'apporter sa propre réponse, sans juger la princesse, sans la condamner ni l'absoudre, ... » (p. 57).

48. Voir Corneille, *Œuvres complètes,* tomes I et II, textes établis, présentés et annotés par Georges Couton, La Pléiade (Paris: Gallimard, 1980 et 1984).

49. Georges Couton fait une remarque intéressante: « La multiplicité des éditions (de *L'Imitation*) établit sans aucun doute possible que cette traduction correspondait à un besoin et à une attente du public: elle a été pour ainsi dire plébiscitée. Mais si les contemporains ont acheté et ont lu la traduction de *L'Imitation de Jésus-Christ* par Pierre Corneille, ils n'en ont guère parlé » (Corneille, *Œuvres complètes,* II, p. 1530).

50. *L'Imitation* est déjà toute en germe dans la thématique de *Polyeucte* où l'aspiration à la mort du héros chrétien est aussi une aspiration au repos pascalien, greffée sur un refus des « flatteuses voluptés » de l'amour, ou ces « Honteux attachements de la chair et du Monde » (IV, II, v. 1105-06).

51. Antoine Adam, *op. cit.,* IV, p. 87.

52. Nous renvoyons à l'article cité de Philippe Sellier sur l'augustinisme des *Maximes,* mais aussi aux remarques d'Antoine Adam, *op. cit.,* IV, p. 91 et ss., qui insistent sur les sympathies augustiniennes du milieu que fréquente La Rochefoucauld, et sur l'influence de Jacques Esprit, janséniste comme Madame de Longueville, dans la composition des *Maximes.*

53. Nous retrouvons ici la thèse fondamentale de Jean Cordelier, *op. cit.:* « . . . tous les grands romans sont autobiographiques. (...) . . . chaque auteur se délivre de ce qui l'oppresse, et (...) il nous délivre les secrets de sa vie ou des secrets de son être, qu'il ne connaît pas toujours lui-même » (p. 44).

54. Nous avons essayé de préciser ce point de vue dans notre *Racine et le procès de la culpabilité* (Paris: La Pensée universelle, 1981).

Conclusion

1. Evelyne Wilwerth, *Visages de la littérature féminine* (Bruxelles: P. Mardaga, éditeur, 1984), p. 16.

2. *Ibid.,* p. 17.

3. Le côté illusoire de ces tentatives réside souvent dans l'exploitation quelque peu simpliste de recettes dites féminines. A partir d'un bagage linguistique commun— ici la langue française—, l'écriture féminine se réserve une imagerie sexuelle qui n'appartiendrait qu'à elle. Non seulement les ressources restent limitées, ou risquent de se griser par le jeu des variantes; les recettes elles-mêmes se prêtent sans difficulté à la décomposition et deviennent alors objets d'imitation.

4. N. Aronson, « Les femmes dans *Les Conversations morales* de Mlle de Scudéry », dans *Onze nouvelles études . . . ,* p. 79.

5. Sauf *le Proumenoir*, ces textes sont réunis dans l'édition E. Dezon-Jones.

6. J. Cordelier écrit hardiment: « En d'autres termes, écrire *la Princesse de Clèves*, c'est pour Mme de La Fayette, et d'une certaine façon, faire—ou ne pas faire—l'amour avec La Rochefoucauld », *op. cit.*, p. 46. Ce qui paraît plus probant, c'est que « La littérature n'étant le plus souvent que l'expression d'un malaise, on écrit pour dire son inconfort, son trouble, son inquiétude, parfois son incertitude » (*ibid.*, p. 57). A ce niveau, oui, *La Princesse de Clèves* est autobiographique.

7. Point de vue parfaitement démontré dans l'article de P. Leblanc, « Le bonheur conjugal d'après *La Princesse de Clèves* », dans *Mélanges d'histoire littéraire (XVIe-XVIIe siècle), offers à Raymond Lebègue* (Paris: Nizet, 1969), p. 293-303.

8. Bernard Pingaud, *op. cit.*, parle d'une « impression de monotonie gênante » (p. 138), d'un « style de l'analyse (qui) est un style de l'abstention » (p. 139). Madame de Lafayette « élimine donc, dans toute la mesure du possible, les expressions concrètes qui suscitent une adhésion affective du lecteur, pour se cantonner dans le langage pur et impersonnel de l'abstraction » (*ibid.*). Bref, le langage-écran entre l'auteur et son lecteur.

Bibliographie

Ouvrages de référence

Cioranescu, Alexandre, *Bibliographie de la littérature française du dix-septième siècle,* tomes I, II, III. Paris: CNRS, 1965-66.
Dictionnaire des littératures de langue française (éd. J. P. de Beaumarchais, Daniel Couty, Alain Rey), tomes I, II, III. Paris: Bordas, 1984.
Dictionnaire de théologie catholique (éd. A. Vacant, E. Mangenot), tomes II (1905), VI (1920), XII (1935). Paris: Letouzey et Ané, 1903-50.
Dictionnaire de spiritualité ascétique et mystique, Doctrine et Histoire, tomes V (1964), XII (1986). Paris: Beauchesne, 1964.
Dictionnaire des Hérésies, des Erreurs et des Schismes ou Mémoires pour servir à l'histoire des Egarements de l'Esprit humain. Paris, 1847.
Furetière, *Dictionnaire universel,* tomes I, II, III. Paris, SNL-LE ROBERT, 1978.
Grand Larousse de la langue française, 7 vol. Paris: Librairie Larousse, 1971.
La Bible, Ancien Testament, I et II (éd. Eduard Dhorme), et *Nouveau Testament* (éd. Jean Grosjean, Michel Léturmy, Paul Gros), La Pléiade. Paris: Gallimard, 1956, 1959, 1971.
Lexicon Taciteum (éd. A. Gerber, A. Greef), vol. I et II. Hildesheim: Georg Ulms Verlagsbuchhandlung, 1962.

Œuvres et Etudes consultées

Abensour, Léon. *Histoire générale du féminisme, des origines à nos jours.* Genève, Paris: réimpression de l'édition de 1921, Slatkine Reprints, 1979.
Adam, Antoine. *Histoire de la littérature française au XVIIe siècle.* Paris: Domat, 1956.
Albistur, Maïté et Armogathe, Daniel. *Histoire du féminisme français,* tomes I et II. Paris: Edition des Femmes, 1977.

Amyot, Jacques. *Les Œuvres morales et meslees de Plutarque.* Paris: Michel de Vascosan, M.D.LXXII.

———. *Plutarque, Les Vies des hommes illustres,* éd. Gérard Walter, La Pléiade. Paris: Gallimard, 1951.

———. *Les Vies des hommes illustres grecs et romains, Periclès et Fabius Maximus,* éd. Louis Clément. Paris: Droz, 1934.

Angenot, Marc. *Les Champions des femmes.* Montréal: Presses de l'Université du Québec, 1977.

Aristote. *Economique,* éd. André Wartelle et B. A. van Groningen. Paris: Les Belles Lettres, 1968.

———. *Histoire des Animaux,* éd. Pierre Louis. Paris: Les Belles Lettres, 1969.

Aronson, Nicole. « Les Femmes dans les 'Conversations morales' de Mlle de Scudéry », dans *Onze nouvelles études sur l'image de la femme dans la littérature française du dix-septième siècle,* réunies par W. Leiner. Tuebingen, Paris: Gunter Narr et Jean-Michel Place, 1984.

———. *Mademoiselle de Scudéry,* translated by S. R. Aronson. Boston: Twayne Publishers, 1978.

———. *Mademoiselle de Scudéry ou Le Voyage au pays de Tendre.* Paris: Fayard, 1986.

Aubert, Jean-Marie. *La Femme, Antiféminisme et Christianisme.* Paris: Cerf/Desclée, 1975.

Aulotte, Robert. *Amyot et Plutarque, La Tradition des Moralia au XVIe siècle.* Genève: Droz, 1965.

———. *Plutarque en France au XVIe siècle.* Paris: Klincksieck, 1971.

Avigdor, Eva. *Coquettes et Précieuses, textes inédits.* Paris: Nizet, 1982.

Badinter, Elisabeth. *L'Amour en plus.* Paris: Flammarion, 1980.

———. *L'Un est l'Autre, des relations entre hommes et femmes.* Paris: Odile Jacob, 1986.

Baillet, Adrien. *Jugemens des savans sur les principaux ouvrages des auteurs,* tome II. Paris: Moette, Le Clerc, Morisset, Prault, Chardon, M.DCCXXII.

Bardèche, Maurice. *Histoire des femmes,* tome II. Paris: Stock, 1968.

Baronius, Cesar, *Annales ecclesiastiques,* vol. I et II, réduites en deux volumes et en langue française, par Claude Durand, 1616.

Basile de Césarée (saint). *Sur l'origine de l'homme,* éd. Alexis Smets et Michel Van Esbroeck. Paris: Cerf, 1970.

Beauvoir, Simone de. *Le Deuxième Sexe,* I et II. Paris: Gallimard, 1949.

Bibliothèque de campagne ou Amusemens de l'esprit et du cœur, tome IV et V. Bruxelles: Benoit Le Francq, 1785.

Bibliographie

Boileau. *Œuvres complètes,* éd. Antoine Adam et Françoise Escal, La Pléiade. Paris: Gallimard, 1966.

Bouchot, Henri. *Les Femmes de Brantôme.* Paris: Maison Quantin, 1890.

Boursier, Nicole. « Autour de Madeleine de Scudéry: Portraits », dans *Ouverture et Dialogue, Mélanges offerts à Wolfgang Leiner,* éd. par U. Döring, A. Lyroudias, R. Zaiser. Tuebingen: Gunter Narr Verlag, 1988.

———. « Avatars de l'héroïne chez Madeleine de Scudéry », dans *Présences féminines, Littérature et société au XVIIe siècle,* éd. par Ian Richmond et Constant Venesoen, Biblio 17, *PFSCL.* Paris, Seattle, Tuebingen, 1987.

Brantôme. *Les Dames galantes,* éd. Maurice Rat. Paris: Garnier Frères, 1960.

———. *Œuvres complètes,* tome IV, « Grands Capitaines françois », éd. Ludovic Lalanne. Paris: Mme Ve Jules Renouard, 1868.

Busson, Henri. *La Religion des classiques.* Paris: P.U.F., 1948.

Calvet, Jean. *Essai sur la séparation de la religion et de la vie.* Paris: Nizet, 1980.

Campbell, J. « 'Repos' and the Possible Religious Dimension of *La Princesse de Clèves* », dans *Humanitas, Studies in French Literature presented to H. Godin,* ed. by R. L. Davis, J. H. Gillespie, R. McBride. Coleraine: New University of Ulster, 1984.

Cart, Adrien. *La Poésie française au XVIIe siècle (1594-1630).* Paris: Boivin & Cie, 1939.

Casevitz, Thérèse. « Mademoiselle de Gournay et le féminisme », *Revue politique et littéraire,* LXI, décembre, 1925.

Cordelier, Jean. « Le Refus de la Princesse », *XVIIe siècle,* 108, 1975.

Corneille. *Œuvres complètes,* tomes I et II, éd. Georges Couton, La Pléiade. Paris: Gallimard, 1980 et 1984.

Coulet, Henri. « Le Pouvoir du charme féminin dans le roman du XVIIe siècle », *XVIIe siècle,* 144, 3, juill.-sept., 1984.

———. *Le Roman jusqu'à la Révolution,* Collection U2. Paris: Armand Colin, 1967.

Cousin, Victor. *La Société française au XVIIe siècle d'après Le Grand Cyrus de Mlle de Scudéry,* tomes I et II. Paris: Didier & Cie, 1858.

Cuénin, Micheline. *Roman et société sous Louis XIV: Madame de Villedieu (Marie-Catherine Desjardins 1640-1683),* tomes I et II. L'Atelier, Reproduction des thèses, Université de Lille III, Lille, 1979.

Dardigna, Anne-Marie. *La Presse féminine, Fonction idéologique.* Paris: Maspero, 1980.

Darmon, Pierre. *Mythologie de la femme dans l'Ancienne France.* Paris: Seuil, 1983.

Dassonville, Michel. « Le Cœur de Montaigne », *Bibliothèque d'Humanisme et Renaissance,* XXV, 1963.

Desplantes, F. et Pouthier, P. *Les Femmes de lettres en France.* Genève: Slatkine Reprints, 1970.

Dezon-Jones, Elyane. « Marie de Gournay: le je/u palimpseste », *L'Esprit créateur,* Summer 1983, XXIII.

———. *Marie de Gournay, Fragments d'un discours féminin.* Paris: J. Corti, 1988.

Didier, Béatrice. *L'Ecriture femme.* Paris: P.U.F., 1981.

Doubrovsky, Serge. *Corneille et la dialectique du héros.* Paris: Gallimard, 1963.

Duchêne, Roger. *Madame de La Fayette.* Paris: Fayard, 1988.

———. « La Veuve au XVIIe siècle », dans *Onze études sur l'image de la femme dans la littérature française du dix-septième siècle,* réunies par Wolfgang Leiner, Tuebingen, Paris: Gunter Narr Verlag et Jean-Michel Place, 1984.

Dulong, Gustave. *L'Abbé de Saint-Réal, Etude sur les rapports de l'histoire et du roman au XVIIe siècle.* Paris: H. Champion, 1921.

Fagniez, Gustave. *La Femme et la société française dans la première moitié du XVIIe siècle.* Paris: J. Gamber, 1929.

Flannigan, Arthur. *Madame de Villedieu's « Les Désordres de l'Amour »: History, Literature, and the Nouvelle historique.* Washington: University Press of America, 1982.

Francillon, Roger. *L'Œuvre romanesque de Madame de Lafayette.* Paris: J. Corti, 1973.

François, Carlo. *Précieuses et autres indociles.* Birmingham, AL: Summa Publications, Inc., 1987.

Fraisse, Simone. « Le 'Repos' de Madame de Clèves », *Esprit,* nov., 1961.

Feugère, Léon. *Les Femmes poètes au XVIe siècle.* Genève: Slatkine Reprints, 1969.

Fukui, Y. *Raffinement précieux dans la poésie française du XVIIe siècle.* Paris: Nizet, 1964.

Furetière, *Le Roman bourgeois,* dans *Romanciers du XVIIe siècle,* éd. Antoine Adam, La Pléiade. Paris: Gallimard, 1958.

Gazier, Cécile. *Les Belles Amies de Port-Royal.* Paris: Librairie académique Perrin, 1954.

Gelfand, D. E. et Thorndike Hules, V. *French Feminist Criticism: Women, Language, and Literature.* New York, London: Garland, 1985.

Genuist, Paul. « Pour une interprétation féministe de *La Princesse de Clèves* », *PFSCL,* 9, 1978.

———. « *La Princesse de Clèves* est-elle ouverte au discours féministe? », *Cahiers de littérature du XVIIe siècle,* 8, 1986.

Gidel, Charles. *Les Français du XVIIe siècle.* Paris: Garnier, s. d.

Godenne, René. *Les Romans de Mademoiselle de Scudéry.* Genève: Droz, 1983.

Bibliographie 169

Gournay, Marie de. *Les Advis ou, Les Presens de la Demoiselle de Gournay.* Paris: Toussainct Du-Bray, M.DC.XXXIV.

———. *Le Proumenoir de Monsieur de Montaigne, par sa fille d'alliance.* Paris: Abel l'Angelier, MD.XCIIII.

Greer, Germaine. *La Femme eunuque,* traduction Laure Casseau. Paris: Robert Laffont, 1971.

Groult, Benoîte. *Le Féminisme au masculin.* Paris: Denoël-Gonthier, 1977.

Guilleragues. *Chansons et bons mots valentins, Lettres portugaises,* éd. Frédéric Deloffre et Jacques Rougeot. Genève, Paris: Droz et Minard, 1972.

Guillerm, J. P., Guillerm, L., Hordoir, L., Piejus, M. F. *Le Miroir des femmes.* Lille: Presses universitaires de Lille, 1983.

Hepp, Noémi. « A la recherche du 'mérite des dames' », dans *Destins et Enjeux du XVIIe siècle.* Paris: P.U.F., 1985.

Herrmann, Claudine. « Le Combat de Mademoiselle de Gournay contre les Grammairiens », dans *Actes de Fordham,* éd. Jean Macary, Biblio 17, *PFSCL,* 9. Paris, Seattle, Tuebingen, 1983.

Hipp, Marie-Thérèse. « Fiction & Réalité dans les *Mémoires de la vie de Henriette-Sylvie de Molière,* de Madame de Villedieu », *XVIIe siècle,* 94-95, 1971.

Ilsley, Marjorie Henry. *A Daughter of the Renaissance, Marie le Jars de Gournay, Her Life and Works.* The Hague: Mouton & Co., 1963.

Jérôme (saint). *Lettres,* éd. Jérôme Labourt. Paris: Les Belles Lettres, 1951-58.

Kelso Ruth. *Doctrine for the Lady of the Renaissance.* Urbana: University of Illinois Press, 1956.

Labé, Louise. *Œuvres complètes,* éd. Enzio Giudici. Genève: Droz, 1981.

Lachèvre, Frédéric. *Bibliographie de recueils collectifs de poésie au XVIIe siècle,* 4 vol. Paris: H. Leclerc, 1901-95.

Lafayette, Madame de. *Correspondance,* I et II, éd. A. Beaunier. Paris: Gallimard, 1942.

———. *La Princesse de Clèves,* éd. Emile Magne. Genève, Lille: Droz et F. Giard, 1950.

———. *La Princesse de Clèves,* éd. K. B. Kettle. London, Melbourne, Toronto: Macmillan, 1967.

———. *La Princesse de Clèves,* éd. Jean Mesnard. Paris: Imprimerie Nationale, 1980.

———. *Romans et Nouvelles,* éd. Emile Magne, chronologie, introduction et bibliographie par A. Niderst. Paris: Garnier Frères, 1970.

Larnac, Jean. *Histoire de la littérature féminine en France.* Paris: Kra, 1929.

Lathuillère, Roger. *La Préciosité, Etude historique et linguistique,* tome I. Genève: Droz, 1966.

Laugaa, Maurice. *Lectures de Mme de Lafayette,* Collection U2. Paris: Armand Colin, 1971.

Leblanc, P. « Le Bonheur conjugal d'après *La Princesse de Clèves* », dans *Mélanges d'histoire littéraire (XVIe-XVIIe siècle), offerts à Raymond Lebègue.* Paris: Nizet, 1969.

Le Corsu, F. *Plutarque et les femmes dans les Vies parallèles.* Paris: Les Belles Lettres, 1981.

Leiner, Wolfgang. « La Princesse de Clèves et le directeur de conscience: création romanesque et prédication », Biblio 17, *PFSCL,* 13, 1983.

Le Maitre de Sacy. *L'Histoire du vieux et du nouveau Testament.* Paris: Theodore de Hansy, 1732.

———. *Les Nombres,* traduits en français. Paris: Guillaume Desprez, 1686.

Lougee, Carolyn, C., *Le Paradis des femmes.* Princeton: Princeton University Press, 1976.

Macdonnell, Anne. *Sons of Francis.* London: J. M. Dent & Co., 1902.

Maclean, Ian. *Woman Triumphant, Feminism in French Literature, 1610-1652.* Oxford: Clarendon Press, 1977.

Marañon, Gregorio. *Don Juan et le donjuanisme.* Paris: Gallimard, 1967.

Marmontel. *Elémens de littérature,* tomes I-VIII. Paris: Persan et Cie, 1822.

Mesnard, Jean. « 'Honnête homme' et 'Honnête femme' dans la culture du XVIIe siècle, dans *Présences féminines, Littérature et Société au XVIIe siècle français,* éd. Ian Richmond et Constant Venesoen. Paris, Seattle, Tuebingen: Biblio 17, *PFSCL,* 1987.

Michel, Andrée. *Le Féminisme,* « Que sais-je? ». Paris: P.U.F., 1979.

Mitchell, Juliet et Oakley, Ann, editors. *What Is Feminism?* Oxford: Basil Blackwell, 1986.

Molière. *Les Précieuses ridicules, Documents contemporains,* édition critique par Micheline Cuénin. Genève, Paris: Droz et Minard, 1973.

Mongrédien, Georges. *Madeleine de Scudéry et son salon.* Paris: Tallandier, 1946.

Montaigne. *Essais,* 5 vol., éd. J. V. Le Clerc. Paris: Lefèvre, 1826.

———. *Œuvres complètes,* éd. A. Thibaudet et M. Rat, La Pléiade. Paris: Gallimard, 1962.

Montesquieu, *Lettres persanes,* éd. Gonzague Truc. Paris: Garnier Frères, 1956.

Moorman, John. *A History of the Franciscan Order.* Oxford: Clarendon Press, 1968.

Morrissette, Bruce. *The Life and Works of M. C. Desjardins (Madame de Villedieu).* Washington Studies, 1947.

Mouligneau, Geneviève. *Madame de La Fayette, romancière.* Bruxelles: L'Université de Bruxelles, 1980.

Nadal, Octave. *Le Sentiment de l'amour dans l'œuvre de Pierre Corneille.* Paris: Gallimard, 1948.

Niderst, Alain. *Madeleine de Scudéry, Paul Pellisson et leur monde.* Paris: P.U.F., 1976.

———. *La Princesse de Clèves de Madame de Lafayette.* Paris: Nizet, 1977.

———. « Les Princesses de Clèves », *PFSCL*, XV, 28, 1988.

———. « Sur la genèse de *La Princesse de Clèves* », *RHLF*, 84, 6, nov.-déc. 1984.

Pascal. *Œuvres complètes*, éd. Jacques Chevalier, La Pléiade. Paris: Gallimard, 1954.

Paterculus, Velleius, *Histoire romaine*, I et II, éd. Joseph Hellegouarc'h. Paris: Les Belles Lettres, 1982.

Péguy, Charles. *Victor Marie, Comte Hugo*, dans *Œuvres en prose*, éd. Marcel Péguy, La Pléiade. Paris: Gallimard, 1957.

Pelous, J. M. *Amour précieux, Amour galant (1654-1675).* Paris: Klincksieck, 1980.

Picard, Roger. *Les Salons littéraires et la société française.* New York: Brentano, 1943.

Pingaud, Bernard. *Madame de La Fayette par elle-même.* Paris: Seuil, 1959.

Platon. *Œuvres complètes, Le Banquet*, éd. Léon Robin. Paris: Les Belles Lettres, 1958.

———. *Œuvres complètes, La République*, IV-VII, éd. Emile Chambry. Paris: Les Belles Lettres, 1961.

Plutarque. *Les Vies des hommes illustres de Plutarque*, 14 vol., éd M. Dacier. Paris: Compagnie des Libraires, M.DCC.LXII.

Plutarch's Moralia, with an English translation by Frank Cole Babbitt, vol. III. London, Cambridge, MA: Heinemann Ltd., et Harvard University Press, MCMXLIX.

Quéré-Jaulmes, France. *La Femme, Les Grands Textes des Pères de l'Eglise.* Paris: Centurion, 1968.

Réaux, Tallemant des. *Historiettes*, tomes I et II, éd. Antoine Adam, La Pléiade. Paris: Gallimard, 1960.

Reynier, Gustave. *La Femme au XVIIe siècle. Les ennemis et les défenseurs.* Paris: Tallandier, 1929.

Richmond, Ian. *Héroïsme et Galanterie: l'abbé de Pure, témoin d'une crise (1653-1665),* Sherbrooke: Namaan, 1977.

Righini, Mariella. *Ecoute ma différence.* Paris: Grasset, 1978.

Ronzeaud. « La Femme au pouvoir ou le monde à l'envers », *XVIIe siècle,* 108, 1975.

Rouben, C. « Un Jeu de société au grand siècle: Les *Questions* et les *Maximes d'amour.* Inventaire chronologique », *XVIIe siècle,* 97, 1972.

Rousset, Jean. *La Littérature de l'âge baroque en France.* Paris: J. Corti, 1954.

Saint-Amant. *Œuvres*, tome I, éd. Jacques Bailbé. Paris: Didier, 1971.

Sainte-Beuve. *Causeries du lundi*, tome 4, 3e éd. Paris: Garnier Frères, s. d.

Schiff, Mario. *La Fille d'alliance de Montaigne, Marie de Gournay.* Paris: H. Champion, 1910.

Scudéry, Madeleine de. *Artamène ou Le Grand Cyrus,* réimpression de l'édition de Paris (1656). Genève: Slatkine Reprints, 1972.

———. *Choix de conversations de Mlle de Scudéry,* éd. Phillip J. Wolfe. Ravenne: Longo Editore, 1977.

———. *Clélie, Histoire romaine,* réimpression de l'édition de Paris (1660). Genève: Slatkine Reprints, 1973.

Sellier, Philippe. « La Névrose précieuse: une nouvelle pléiade? », dans *Présences féminines. Littérature et Société au XVIIe siècle français,* éd. Ian Richmond et Constant Venesoen. Paris, Seattle, Tuebingen: Biblio 17, *PFSCL,* 1987.

———. « *La Princesse de Clèves, Augustinisme et préciosité au paradis des Valois* », dans *Images de La Rochefoucauld.* Paris: P.U.F., 1984.

———. « La Rochefoucauld, Pascal, saint Augustin », *RHLF,* 69e année, 3-4, mai-août 1969.

Sénèque. *Dialogues,* tome III. *Consolations,* éd. René Waltz. Paris: Les Belles Lettres, 1961.

Sévigné, Madame de. *Lettres,* II, éd. Gérard-Gailly, La Pléiade. Paris: Gallimard, 1960.

Stanton, Domna. « The Ideal of 'repos' in Seventeenth Century French Literature », *L'Esprit créateur,* Spring-Summer 1975.

———. « Woman as Object and Subject of Exchange: Marie de Gournay's *Le Proumenoir* », *L'Esprit créateur,* XXIII, 2, Summer 1983.

Sweetser, Marie-Odile. « La Femme abandonnée: esquisse d'une typologie », *PFSCL,* 10, 2, 1978-79.

———. « *La Princesse de Clèves* devant la critique contemporaine », *Studi Francesi,* 52, 1974.

Tacite, *Annales,* IV-VI, éd. Pierre Wuilleumier. Paris: Les Belles Lettres, 1975.

———. *La Germanie,* éd. Jacques Perret. Paris: Les Belles Lettres, 1962.

Venesoen, Constant. « Madeleine de Scudéry et la 'Deffense du sexe' », *PFSCL,* XIII, 25, 1986.

———. « Polyeucte sous le masque de la grâce », *Studi Francesi,* 93, XXI, III, 1987.

———. *Racine et le procès de la culpabilité.* Paris: La Pensée universelle, 1981.

———. « Vir et Virago dans la comédie moliéresque », dans *Présences féminines. Littérature et Société au XVIIe siècle français,* éd. Ian Richmond et Constant Venesoen. Paris, Seattle, Tuebingen: Biblio 17, *PFSCL,* 1987.

Villedieu, Madame de. *Annales galantes,* présentation René Godenne. Genève: Slatkine Reprints, 1979.

Bibliographie 173

———. *Cléonice ou le roman galant*, présentation René Godenne. Genève: Slatkine Reprints, 1979.
———. *Les Désordres de l'amour*, éd. Micheline Cuénin. Genève, Paris: Droz et Minard, 1970.
———. *Marie-Catherine Desjardins, Lettres et Billets galants*, éd. Micheline Cuénin. Paris: Société d'Etude du XVIIe siècle, 1975.
———. *Mémoires de la vie de Henriette-Sylvie de Molière*, éd. Micheline Cuénin. Université François Rabelais, 1977.
Villey, Pierre. *Les Sources de l'évolution des Essais de Montaigne*. Paris: Hachette & Cie, 2e éd., 1933.
Virmaux, Odette. *Les Héroïnes romanesques de Madame de La Fayette*. Paris: Klincksieck, 1981.
Voiture, *Lettres*, tomes I et II, éd. Octave Uzanne. Paris: Bibliothèque des Bibliophiles, 1880.
Voltaire. *Le Siècle de Louis XIV*, tome II, éd. René Groos. Paris: Garnier Frères, 1947.
Wilmerth, Evelyne. *Visages de la littérature féminine*. Bruxelles: P. Mardaga, 1987.
Xénophon. *Banquet*, éd. François Ollier. Paris: Les Belles Lettres, 1961.
———. *Economique*, éd. Pierre Chantraine. Paris: Les Belles Lettres, 1949.
Yaguello, Marina. *Les Mots et les femmes*. Paris: Payot, 1979.
Zéphir, Jacques. « Simone de Beauvoir et la femme », *Revue de l'Université d'Ottawa*, vol. 54, no. 1, janv.-mars, 1984.
Zinguer, Illana. *Misères et Grandeur de la femme au XVIe siècle*. Genève: Slatkine, 1982.
Zuber, Roger. *Les « Belles Infidèles » et la formation du goût classique*. Paris: Armand Colin, 1968.

Index des noms propres

(A l'exclusion des réferences strictement bibliographiques)

Agrippa, Cornelius, 26, 41
Amyot, Jacques, 29, 31, 138, 139, 140, 141
Angennes, Angélique d', 49
Angennes, Julie d', 45, 47, 48, 49, 50, 146, 149, 150
Anne d'Autriche, 24, 25
Antisthène, 26, 36, 37, 40, 143
Aristote, 26, 28, 33, 139, 140, 141
Aspasie, 26, 28, 29, 30
Augustin (saint), 114

Baillet, Adrien, 13
Balzac, G. de, 138
Barbin, Cl., 71, 77
Barillon, 83
Baronius, Cesar, 156
Bary, R., 10
Basile (saint), 37, 38, 40, 139, 143
Baudelaire, 91
Baudius, Dominique, 13
Bauny, le P., 86
Bayle, P., 14
Blais, M. Cl., 5
Boccace, 78
Boileau, N., 45, 145
Bossuet, 116

Bourdaloue, 114, 116
Bourges, Cl. de, 6
Bourges, Geofroy Tory de, 140
Brachart, 10
Brantôme, 7, 100, 105, 147, 160
Brossard, N., 5

Camus, Albert, 97
Castiglione, 41
Chapelain, 138, 149
Charpy, 157
Chaste, C. N. de, 93
Chevreuse, Mme de, 68
Clarino, Ange de, 156, 157
Claudel, P., 117
Colette, 5
Condé, 50
Constant, B., 126
Corneille, P., 1, 11, 65, 98, 115, 117, 119, 131, 161, 163
Coste, Hil. de, 9, 10
Courbé, 146
Cremutius, 36
Cyrille (saint), 28

Dacier, 29
Descartes, 10, 25, 41, 116

Index

Deshoulières, Mme de, 49, 93
Dioclès, 143
Diotime, 26, 28, 29
Drouet, J., 130
Du Bosc, J., 10
Dupuy (frères), 138

Erasme, 26, 41
Esprit, Jacques, 163
Estienne, Ch., 138
Eustochium, 39

Friedan, B., 132
Furetière, 51, 137, 141, 155

Gassendi, P., 138
Gazotti, P., 157
Gide, A., 91
Gomberville, de, 75
Gournay, Marie de, 3, 4, 8, 10, 11, 13-42, 53, 56, 72, 124, 125, 126, 129, 133, 134, 135, 136, 137, 138, 139, 140, 141, 142, 143, 151
Green, J., 126
Greer, G., 7, 132
Grignan, M. & Mme, 162
Grotius, 13
Guedreville, Mme de, 147
Guillaume, J., 10, 76
Guilleragues, 9, 123

Hannibal, 142
Hébert, A., 5
Heinsius, 13
Henri IV, 13, 134
Hugo, V., 3, 130
Hypathia, 28

Imbert, 155
Ischomaque, 30, 140

Jean (saint), 38, 139
Jérôme (saint), 37, 39, 40, 139, 145
Judith, 139

Labé, Louise, 6, 11, 14, 131
La Calprenède, 45
Laërce, Diogène, 143
Lafayette, Mme de, 2, 3, 4, 7, 8, 11, 61, 81, 89, 91, 93, 95-122, 125, 126, 158, 159, 161, 162, 164
La Fontaine, 78
La Mothe Le Vayer, 138
Landi, Ortensio, 138
La Rochefoucauld, 1, 11, 76, 87, 91, 104, 116, 120, 125, 126, 162, 163, 164
La Vallière, Mlle de, 97
L'Enclos, Ninon de, 157
L'Escale, 10
Lesclache, L. de, 10
Liébault, N., 7, 9
Lipse, Juste, 13, 15, 21, 143
Locatelli, S., 158
Longueville, Mme de, 163
Louis XIV, 11, 67, 68, 69, 160
Lowenborsch, S., 140, 141
Luc (saint), 38
Lulli, 98
Lysistrata, 6

Malherbe, 14, 134, 137, 138
Marcella, 144
Marcia, 36
Marie-Madeleine, 139

Marmontel, 45
Matthieu (saint), 85
Ménage, 2, 125, 138
Mesmes, de, 138
Meynier, de, 10
Miremont, 10
Molière, 1, 5, 65, 70, 82, 107, 131, 137, 148
Monbazon, Mlle de, 68
Montaigne, Léonore de, 15
Montaigne, 3, 5, 13, 14, 15, 16, 17, 20, 21, 22, 25, 26, 27, 36, 37, 41, 126, 134, 135, 136, 137, 138, 139, 143, 147
Montausier, 50, 149
Montespan, Mme de, 160
Montesquieu, 157
Montherlant, 1

Nanteuil, 151
Navarre, Marguerite de, 6
Naudé, G., 138
Nicole, 161

Olivier, J., 138

Pascal, 1, 11, 13, 84, 85, 86, 115, 116, 117, 157, 161, 162
Pasquier, 21
Paterculus, V., 26, 37, 143
Patru, 75
Paul (saint), 23, 26, 27, 37, 38, 39, 40, 139, 158
Péguy, 96, 99
Pellisson, P., 49, 149
Périclès, 29
Pierre (saint), 38, 39, 139
Pisan, Christine de, 6, 130

Platon, 26, 27, 28, 29, 30, 36, 40
Platus (Jérôme Piatti), 156
Plutarque, 26, 27, 29, 30, 31, 32, 40, 137, 138, 139, 140, 141, 142
Poitiers, Diane de, 7, 105, 160
Politien, 26
Pons, abbé de, 157
Poullain de la Barre, 10
Pure, abbé de, 10

Racine, J., 1, 3, 11, 61, 69, 91, 94, 96, 115, 121, 131
Rambouillet, M. de, 45, 49, 146, 147, 148
Rancé, abbé de, 116, 162
Réaux, Tallemant des, 13, 49, 51, 68, 147, 149, 153, 157
Rhenanus, Beatus, 143
Richelieu, 17
Richer, L., 130
Romieu, Marie de, 6, 131
Ronsard, 134, 143
Roquette, abbé de, 157

Sacy, le Maitre de, 144
Saint-Amant, 124, 153
Sainte-Beuve, 12, 150
Saint-François, J. de, 38
Saint-Val, Fr. de, 154
Sales, François de, 22, 137, 158
Sand, G., 5
Scudéry, George de, 125
Scudéry, Madeleine de, 3, 4, 8, 9, 11, 43-66, 67, 68, 69, 72, 82, 87, 89, 93, 101, 124, 125, 126, 131, 145, 146, 147, 148, 149, 150, 151
Segrais, 2, 95, 125, 159, 162
Sénèque, 26, 35, 36, 40, 137, 150

Sévigné, Mme de, 116, 126, 162
Socrate, 26, 27, 28, 29, 30, 33, 36, 40, 140
Somaize, 148
Staël, Mme de, 5
Stendhal, 3
Suze, Comtesse de la, 151

Tacite, 34, 35, 142
Taillemont, Cl. de, 17
Tasse, 20
Théodoret (de Cyr), 143
Tibère, 34

Urfé, Honoré d', 75, 131

Vaugelas, 14
Vigoureux, 10

Villedieu, Antoine de, 71, 75, 77, 154, 155
Villedieu, Mme de (Marie-Catherine Desjardins), 3, 4, 8, 9, 11, 53, 67-94, 95, 121, 124, 125, 126, 131, 152, 153, 154, 155, 156, 157
Virgile, 147
Voiture, 49, 50, 148, 149
Voltaire, 67, 152

Xénophon, 26, 27, 30, 33, 36, 139, 140

Yourcenar, Marguerite, 5

Zola, Emile, 3